VIDA COTIDIANA EN BUENOS AIRES

Andrés Carretero

VIDA COTIDIANA EN BUENOS AIRES

2. Desde la organización nacional hasta el gobierno de Hipólito Yrigoyen (1864-1918)

 Planeta

Diseño de cubierta: Mario Blanco - María Inés Linares
Diseño de interior: Schavelzon-Ludueña. Estudio de diseño

© 2000, Andrés Carretero

Derechos exclusivos de edición en castellano
reesrvados para todo el mundo:
© 2000, Editorial Planeta Argentina S.A.I.C.
Independencia 1668, 1100 Buenos Aires
Grupo Planeta

Primera edición: octubre de 2000

ISBN 950-49-0604-4
Hecho el depósito que indica la ley 11.723

AGRADECIMIENTOS

Deseo agradecer el apoyo y la colaboración recibidos de mi esposa Leonor y de mi hijo Rodrigo Martín. Al mismo tiempo deseo manifestar mi reconocimiento a Alberto y Luis Lacueva, de Librería Platero, por facilitarme bibliografía fuera de mis posibilidades de adquisición; a Juan Neddeler, por poner a mi disposición documentación referida a gastos familiares; al personal de la Biblioteca del Museo de la Ciudad por orientarme en el material contenido en la misma, a lo que agregaron amabilidad y prontitud en facilitarme documentación; lo mismo corresponde indicar para los funcionarios del Archivo Municipal, por la ayuda permanente y la orientación respecto a la documentación inédita contenida en el mismo. También deseo hacer llegar mi agradecimiento para el doctor Ernesto Quiroga Micheo y para Miguel Ángel Martínez, por facilitarme sus colecciones de soldaditos y juguetes, para fotografiarlas; a Ana y Daniel Donzino, Gabriel C. Roume y Elena Cañataro por concederme la utilización de sus esculturas y pinturas de las reproducciones de uniformes militares históricos. Deseo destacar la diligencia prestada por Víctor Sabanes, que facilitó mucho mi trabajo final. Antes de terminar, quiero expresar mi agradecimiento a la señora Lucía Gálvez, por permitirme incluir imágenes familiares. Para ellos, y para los que involuntariamente omito, no tengo más que dos palabras,

muchas gracias.

INTRODUCCIÓN

Portada de
***Caras y Caretas* alusiva**
al Centenario.

Para 1910, la Argentina ya
había consolidado el proyecto
de país alumbrado en la
década de 1880 y, no sin
dificultades, se esmeraba por
equipararse con las grandes
naciones europeas.

A partir de 1864, la Argentina inició el difícil camino de encontrarse a sí misma, de encontrar
la identidad nacional, presentida y sabida, pero amorfa e indefinida, teniendo como brújula
orientadora la Constitución Nacional.

Se reiteraron errores de un federalismo mal entendido por parte de quienes desempeñaban el
P.E.N. y también de los caudillos provinciales,
algunos de los cuales ocupaban en una suerte
de rotación predeterminada gobernaciones y/o

bancas senatoriales. Así, se fomentaron las luchas civiles, al amparo de los fracasos del gobierno nacional.

Sin embargo, a partir de la presidencia de Sarmiento, la Nación tomó el camino del progreso material, logrando en las presidencias de Roca la inserción casi total en el mercado internacional y la paz casi perfecta con las naciones limítrofes.

Por ello, los cambios en el ámbito político, educativo, en las comunicaciones y en los transportes se aceleraron de manera muy notable y casi permanente.

La estancia se vio complementada con la chacra; los periódicos nacionales con los barriales; las estaciones del ferrocarril reemplazaron las postas; las grandes tiendas anularon la vigencia de las pulperías.

Se inició un estilo de vida orientado a lo nacional y no a lo provincial, regional o personal. La escuela y el colegio quedaban abiertos a todos los niños y jóvenes del país. La educación dejó de ser el lujo de unos pocos para pasar a ser un bien de todos.

Estas transformaciones no se lograron sin problemas internos, pues hubo fuertes resistencias y hasta conatos armados.

Éstos tuvieron como marco externo conflictos que influyeron de manera directa en la vida nacional, como la guerra franco-prusiana, la anglo-boer y la Primera Guerra Mundial —por su magnitud, llamada *La Gran Guerra*— que produjo entre otras consecuencias inmediatas, la desaparición del Imperio Zarista y el nacimiento de la Unión Soviética.

Pero no todos fueron trastornos bélicos, también hubo avances pacíficos, como el primer vuelo de los hermanos Wright, en 1903; la Teoría de la Relatividad de Albert Einstein, formulada dos años más tarde; el sistema de trabajo creado por Henry Ford, para la producción de autos en líneas de montaje continuas, que ahorró costos y multiplicó la cantidad de productos obtenidos. Estos y otros adelantos técnicos y científicos mejorarían notablemente el nivel de la vida de todas las clases sociales.

POLÍTICA INTERNACIONAL

La segunda mitad del siglo XIX se caracterizó por la expansión de las naciones industrializadas de Europa en Asia, África y América, como signo elocuente de la política internacional que querían encarar y consolidar sobre la base de su desarrollo productivo.

La política de expansión colonialista consistió en apropiarse de mercados consumidores de sus productos fabriles y, al mismo tiempo, de las materias primas que necesitaban para sus industrias. Esta metodología se plasmó en la ocupación de la India, la dominación de Egipto o de los grandes territorios africanos.

Otro método utilizado por el colonialismo permitió las relativas independencias nacionales, siempre que se dominara la economía de producción y la de consumo. Éste fue el camino empleado por las grandes centrales industriales en las naciones jóvenes de América latina.

En 1890 las principales naciones europeas habían desarrollado definitivamente la expansión colonialista. A partir de entonces se afianzó el imperialismo, con su gran desarrollo industrial, comercial y sobre todo financiero.

Desde 1871, con el fin de la guerra franco-prusiana, en Europa se había iniciado un período de paz entre las principales naciones, en el que las diferencias o enfrentamientos se resolvían por la vía diplomática. Se tendía a lograr el gran sueño de todos los estadistas: el equilibrio de

poderes internacionales que garantizaran la paz
eterna por intermedio de alianzas, con el consiguiente progreso infinito, para proporcionar
a cada una de sus poblaciones altos niveles de
vida y cultura.

La excepción durante este período fueron Japón
y los Estados Unidos, que intentaban convertirse en imperios. Para ello usaron las fuerzas militares, las invasiones territoriales y la inobser-
vancia de la política europea. El primero sobre
el Asia continental y el segundo sobre Centroamérica. En ambos casos se procedió a adecuar
las respectivas economías a las necesidades y
prioridades de la nación imperialista.

En Asia se impusieron desde las autoridades
hasta las decisiones administrativas y económicas. En Centroamérica se ejercieron influencias
para adecuar las economías locales a la central,
aceptando cierta autonomía interna, siempre
que no interfiriera el suministro de materias
primas o entorpeciera el pago de las garantías
de las ganancias correspondientes a las inversiones realizadas, en obras de infraestructura
casi siempre inexistentes.

Ese interregno, prolongado hasta 1914, se caracterizó por la instalación de la democracia en algunos países europeos, tal como la entendían
los gobernantes de cada uno de esos Estados.

Cada gobierno imperialista asumió el papel de
conductor y hasta hacedor de la educación popular, regulador de la libertad de imprenta, de
la expansión de los medios de comunicación y
de transporte. Fueron Estados controladores,
antes que Estados empresarios.

Por su intermedio, se lograron resolver sin guerras problemas internos y externos de las principales naciones. Pero la mayoría de los estadistas llegaron a la conclusión de que la
democracia era una invención europea, que tal
vez no convenía más que a la raza y a la cultura de Europa.

La referida paz fue una paz armada, pues todas las naciones, ante el potencial económico, financiero, bancario y militar de Alemania, intentaron equilibrarlo en la medida de sus propias posibilidades, implantando el servicio militar obligatorio.

Durante este período Gran Bretaña perdió supremacía sobre las otras naciones, pero continuó reteniendo la condición de Imperio ganada sin discusión, en base a su extenso dominio territorial y a la flota naval y marítima.

Conservó y consolidó el rígido estilo de vida victoriano, dentro de sus propias fronteras, pero lo aligeró fuera de ellas.

En Europa se consideraba democracia el permitir la expansión de las ideas socialistas, que no combatían la esencia del sistema político, sino que se contentaban con denunciar las deficiencias o excesos de los gobiernos conservadores. En ninguna de esas naciones (Gran Bretaña, Francia, Italia o Alemania), el socialismo llegó al poder político de manera total y plena. Cuando mucho, logró una representación parlamentaria numerosa, pero incapaz de imponer decisiones propias al gobierno de turno.

Los gobiernos que aceptaban la democracia liberal europea tenían como contrabalanceo de la misma, importantes ejércitos que, en tiempos de paz, eran la reserva para aniquilar las manifestaciones opositoras, especialmente cuando los reclamos o las huelgas amenazaban con afectar la economía estratégica de la nación.

También combatían sin descanso las manifestaciones políticas que intentaban, con la abstención, socavar el poder del partido gobernante.

Este modelo de la democracia europea, como se lo ha llamado en el pasado y se lo sigue llamando en el presente —muy simplificado— se aplicó en la Argentina.

POLÍTICA NACIONAL

Al asumir Bartolomé Mitre la presidencia de la Nación (1862) se inauguró un largo período de sucesión constitucional. En realidad, la vigencia de la Constitución fue formal, pues la realidad de los hechos demuestra la continua violación del espíritu liberal de 1853.

En primer lugar, ocurrió la lamentable guerra de la Triple Alianza y, en segundo lugar, la instauración del fraude popular, como sistema de gobierno, para perpetuar el dominio de camarillas.

La diferencia más notable en materia política entre las naciones europeas —no importa cuál de ellas— y la aplicada en la Argentina, sin importar qué presidente gobernara, fue que en Europa, cada Estado tenía muy en claro qué modelo de nación quería y cómo ejercer el pleno poder político en ese sentido.

En cambio, la Argentina no tenía definido, ni en claro, qué modelo de Nación se pretendía y, por ello, se gobernó en medio de una suma de contradicciones.

El período entre 1864 y 1880, bien puede ser considerado como la etapa de aprendizaje, en el que se fue definiendo el modelo de Nación que se tendría en el futuro. Se cometieron graves errores, pero también aciertos significativos.

Le sucedió el período de la mal llamada oligarquía vacuna, que en realidad no fue más que una burguesía muy enriquecida por la posesión de tierras y ganados. Fue el período que en Europa se denominó la *belle époque* (1871-1914).

Esta segunda etapa terminó junto con la quiebra total de la esencia del imperialismo, en la vieja concepción pre-ortegueana, el viejo modelo imperialista fue reemplazado por nuevas formas de dominio.

Si bien Roca había insinuado un modelo nacional de desarrollo y de gobierno, no logró consolidarlo de manera exitosa.

El primer triunfo del nuevo modelo consistió en la inserción de la Argentina en la economía mundial como productora de materias primas (no había otra posibilidad cierta, por falta de industrias, capitales, tecnología, mano de obra y mentalidad entre los dirigentes de todos los partidos y los principales industriales o comerciantes).

El fracaso estrepitoso se produjo al pretender reservar el gobierno para una elite muy selecta, que, como el mismo Roca definió, debía ser poseedora de riqueza para ejercerlo. Al mismo tiempo debía estar capacitada culturalmente para desempeñarse en las responsabilidades del gobierno nacional.

Este fracaso, por acción y omisión, no fue sólo y único de Roca. Corresponde a todo el conjunto de sus contemporáneos.

Fue un fracaso por acción, al haber exagerado las posibilidades del modelo. Esto quedó explicitado durante el gobierno de Juárez Celman, que desató una inflación galopante. La crisis del '90 sería muy bien expuesta en los escritos analíticos y críticos de José Balbín, Juan Balestra y José A. Terry.

Pero también por omisión, al no haber tratado de corregir, o por lo menos morigerar, los desaciertos del grupo liberal, que no había entendido ni la teoría del liberalismo europeo, como tampoco la del gobierno conservador, y lo que es más grave, no conocía ni intuía nada de la verdadera esencia explotadora y dominante del imperialismo económico, presentado bajo formas liberales.

Se creyó a pie juntillas en la inefabilidad de la teoría respecto al desarrollo material infinito, sin detenciones ni retrocesos.

Repasando los diarios de sesiones, como las publicaciones periódicas, o libros de las décadas

16

que van desde 1885 hasta 1914, se tiene el convencimiento y la certeza final de que salvo muy contadas excepciones, nadie entendía ni sabía qué era el imperialismo ni la verdadera democracia. A ello se sumó el agravante de considerar a Buenos Aires, la capital intelectual de América latina.

Las excepciones no gravitaban en las esferas del gobierno. Sólo llegaban a representar voces que clamaban en el desierto.

Todo ello configuró una estructura decadente, impotente e inoperante, incapaz de salvar el destino de la clase que gobernaba, al no entender la realidad de la sociedad de ese tiempo.

Lo que es más grave todavía, la clase dirigente resultó incapaz de encontrar una salida intermedia entre las fuerzas económicas y la fuerza social naciente (clase media), que pretendía llegar a gobernar, para alcanzar un equilibrio que evitara las rupturas y quiebras sociales. Ambos factores (económico y social), se debatían en la aplicación del modelo de la democracia europea adaptada a las condiciones de nuestra realidad. Una salida posible consistió en la Ley Sáenz Peña, que fue un avance muy notable, aunque lento, en las formas legales para alcanzar la pureza del sufragio.

Los viejos resabios caudillescos no se dieron por vencidos con facilidad y continuaron ejerciendo el fraude bajo nuevas formas. Una de ellas fue la practicada por Cayetano Ghandi (con muchos imitadores), autodefinido como *caudillo positivo*. En su oficina de la calle Corrientes al 1300, siempre tenía dispuestas las libretas compradas para hacer elegir a los candidatos que mejor pagaran por ellas.

ECONOMÍA

Por ser un país productor de bienes alimenticios (granos y carnes), la economía nacional dependía de las cantidades compradas por las naciones consumidoras.

Por eso, es normal y común encontrar en los diarios de aquellos años, las cotizaciones en alza o baja de los valores argentinos en relación con la suba o baja de los precios internacionales.

También sufrían esas fluctuaciones las cotizaciones del oro, de la libra esterlina y por ello el peso papel emitido. Como consecuencia directa, la economía global de la Argentina estaba condicionada a las cambios impuestos por el mercado internacional.

Ejemplo de ello fue la época de bonanza determinada por la guerra anglo-boer, al ser la Argentina proveedora directa y casi exclusiva del ejército británico, que necesitaba desde caballos hasta harina para el pan diario.

La contracara de esa bonanza se registró a partir de 1914, cuando se cortaron las líneas de suministros desde las naciones europeas. Esto influyó en la cantidad de desocupados, en la rebaja de salarios y en el aumento de mendigos callejeros en la ciudad y en los caminos del interior.

No es posible establecer sobre bases serias y ciertas los niveles del costo de vida en cada decenio, pero es posible indicar que las retribuciones a la mano de obra siempre estaban en el límite de las necesidades mínimas. El ahorro personal se realizaba reduciendo las cantidades de comidas, ropa, distracciones, etc.

En cuanto al ahorro nacional, tampoco fue abundante, ya que el grueso de las obras de infraestructura se realizaron mediante inversiones garantizadas con tierras fiscales, recaudaciones aduaneras y propiedades del Estado.

La mejor radiografía de esta dependencia nacional de los capitales invertidos se tuvo en la crisis del '90, que se inició como crisis moral y terminó en una fiesta macabra de especulaciones sobre los valores y las propiedades.

La crisis moral quedó al desnudo al denunciarse la reinserción en el mercado financiero de emisiones vencidas. Era, usando el lenguaje de nuestros días, plata trucha.

La fiesta macabra se concretó en los millones que no se pagaron a los bancos. La Nación debió asumir la responsabilidad de esas deudas preparadas para no ser pagadas, pues los pagarés firmados eran *Paga Dios*, o sea, paga nunca.

Pero como se ha dicho y repetido tantas veces, Dios es argentino, y cada tropiezo no significó la caída definitiva, sino un simple atraso en el progreso material y espiritual que hemos heredado y a veces no sabemos valorar.

El Centenario.
Los festejos oficiales fueron acompañados por numerosas actividades conmemorativas de todo tipo, organizadas por comerciantes y particulares. Muchas de las obras planeadas para la ocasión sufrieron demoras.

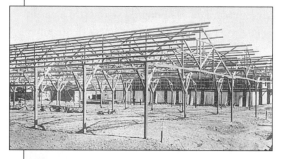

Automóvil Darraq,
ganador de la primera carrera realizada en Sudamérica, en conmemoración del Centenario.

CIUDAD DINÁMICA Y COSMOPOLITA

Plaza Mayor, actual Plaza de Mayo.

Epicentro político de la vida local y nacional, en donde se desarrollaron numerosos hechos de trascendencia histórica.

A lo largo de los años, la historia de casi todas las ciudades presenta sucesivos altibajos y vaivenes, que, a la postre, dejan el sello indeleble que caracteriza a cada urbe.

Durante un prolongado período, Buenos Aires no se destacó tanto por su riqueza o pobreza, sino por su fealdad. Y así era en 1864.

Sin embargo, a comienzos de 1918 ya había cambiado por completo. Aparecía como una gran ciudad, moderna, dinámica y cosmopolita, a la que las corrientes inmigratorias le habían impuesto su nota distintiva. En opinión de algunos viajeros de la época, Buenos Aires tenía mucho de Madrid; para otros, compartía las líneas arquitectónicas de Londres, Berlín o Lisboa; había quienes encontraban en sus rincones reminiscencias de barrios italianos, turcos, armenios y hasta orientales; no faltaban, tampoco, aquellos que la comparaban con Nueva York por su ritmo capitalista.

De algún modo, Buenos Aires sintetizó todas esas ciudades y logró adaptar sus características a la idiosincrasia local, lo que la convirtió en una capital con perfiles propios, colores y olores particulares y una cadencia única y especial.

Tal vez, haya ciudades más hermosas, más ricas, más pobladas, pero ninguna se le parece. Y esas cualidades singulares se desarrollaron en el período comprendido entre 1864 y 1918.

UNA CIUDAD MULTIFACÉTICA

Hacia 1881, Buenos Aires era una ciudad multifacética y contradictoria, marcada a fuego por los contrastes. Mientras unas 100.000 personas visitaban los museos y la Biblioteca Nacional recibía a unos 7.700 lectores, se cometían 22 asesinatos y 1.123 asaltos a mano armada al año. Mientras se fundaba la Sociedad Protectora de Animales, se llevaban a cabo carreras de caballos entre el Pangaré del Salado y el Zaino de Belgrano, donde se jugaban miles de pesos.

Asimismo, a raíz del espíritu optimista que reinaba, abandonó su antigua designación de Atenas del Plata, por la más moderna de "Petit París". Al tiempo que se instalaba la telefonía, se realizaban conciertos al aire libre en Plaza Lavalle, Retiro y en el recién federalizado pueblo de Belgrano; los paseos por la calle Florida después de la misa de una eran multitudinarios y en los bailes del Club Progreso las niñas de sociedad hacían su presentación.

En la ebullición del progreso de las manufacturas, las fábricas y los comercios, en La Boca estalló una agresiva huelga que provocó la intervención policial ante los reclamos patronales. Hubo tiros, bastonazos, gritos, golpes y carreras por calles y callejones. La reacción de la localidad dio como resultado que un grupo de genoveses fundara la República de la Boca.

Ya en 1890, Buenos Aires se encontraba en pleno proceso de transformación; iba dejando de ser una urbe típicamente española para convertirse en una ciudad cosmopolita.

LA INMIGRACIÓN MASIVA

El proceso de cambio tuvo su origen en el potencial económico del gobierno central, en la perseverante política de imitación del modelo europeo, así como en la influencia de la gran inmigración que provenía del viejo continente. En 1895, el 48 por ciento de la población era de origen extranjero, cifra que en el año del Centenario de Mayo había ascendido al 54 por ciento. Dentro de ese porcentaje, predominaba la colectividad italiana seguida de la española. Durante muchos años, el edificio que concentró la atención de las autoridades del gobierno, de los inmigrantes y de una gran parte de la población porteña fue el Hotel de Inmigrantes, ya que por él pasaban los millones de hombres, mujeres y niños que llegaban en búsqueda de un nuevo porvenir. Allí recibían alimento y alojamiento, a cargo de las arcas estatales, hasta que encontraban ubicación en el mercado laboral.

La mano de obra inmigrante se dividía entre quienes aceptaban trabajar los campos en el interior y los que optaban por quedarse en la ciudad, que por su ritmo de crecimiento, aseguraba de manera relativa una ocupación rentable. Para quedarse necesitaban comida y vivienda baratas. La solución inmediata la encontraban en los conventillos o construcciones multifamiliares, que les daban un resguardo contra las inclemencias, pero que carecían de privacidad, tanto personal como familiar.

La afluencia masiva e indiscriminada de inmigrantes convirtió estas viviendas en auténticas Torres de Babel, donde convivían zapateros remendones, sastres, costureras, cigarreras, albañiles, agricultores, mineros

Patio de un conventillo donde vivía una familia del cercano oriente.

Se observan caños de agua, el balde y la canasta usada para la venta callejera, además de la pobre indumentaria de los habitantes.

y changadores de los más diversos orígenes. El lunfardo y el cocoliche fueron el resultado lingüístico de esa gran mezcla de lenguas y dialectos.

Así también, las diferentes etnias se fueron agrupando en distintos barrios, entre los que sobresalía La Boca, por la concentración de italianos en general y de genoveses en especial.

LA ADMINISTRACIÓN ROCA

Todo esto conformó una fuerza transformadora, que se instaló a partir de la paz interna alcanzada durante el primer gobierno de Julio A. Roca. Este presidente, con la consigna de Orden, Paz y Administración, realizó un gobierno unitario, bajo las formas constitucionales federales y, de alguna manera, se convirtió en el unificador nacional, que anuló los poderes autonomistas dispersos en las provincias. Al mismo tiempo, Roca asumió como propias las necesidades y los reclamos nacionales. Esta centralización absorbente significó el fin de la política chucera, alentada por intereses localistas que no tenían ninguna perspectiva nacional. Así también, su forma de gobierno conllevó un mayor número de ausencias en los comicios por los fraudes que se cometían con desparpajo. Al respecto, Avellaneda llegó a señalar que si la pampa se había quedado sin indios, la política se había quedado sin ciudadanos.

Al éxito inicial de la primera administración de Roca le siguieron una sucesión de errores que, pese a los esfuerzos realizados, desencadenaron en la caída económica y política de la clase gobernante. Fue la primera gran crisis liberal de 1890. Ésta, a mediados de la década de 1910, perdió el gobierno político definitivamente, aunque continuó concentrando el poder socio-económico.

Paseo en carruaje por los caminos del Parque Tres de Febrero, considerado como el lugar para exhibir la calidad de los caballos y de las ropas de los paseantes.

"LAS COSAS HAY QUE HACERLAS MAL, PERO HACERLAS"

De todos modos, más allá de cuál fuera el color político de los gobernantes, Buenos Aires tuvo progresos materiales muy evidentes. En el ámbito municipal, este desarrollo comenzó durante la administración del intendente Torcuato de Alvear (1880-1887) y continuó sin interrupciones importantes hasta 1914. Entonces, se gestó el final de la Gran Aldea.

Así, se concibió la Avenida de Mayo, al estilo de las grandes arterias europeas, con algo más de trece cuadras de largo y un ancho que duplicaba el de las calles ordinarias.

Para abrirla se comenzó demoliendo tres arcos del antiguo Cabildo. Pareciera haberse seguido el criterio sarmientino: "Las cosas hay que hacerlas mal, pero hacerlas. Ya habrá tiempo para las correcciones".

Las resistencias y las críticas llovieron con más frecuencia que los cascotes de las demoliciones, hasta que la voluntad hecha acción transformó las ironías y los epítetos en aplausos.

Sin embargo, la Avenida de Mayo dio lugar a una gran cantidad de juicios contra la Municipalidad, que le costaron millones de pesos al presupuesto. También significó el enriquecimiento súbito de una serie de propietarios empobrecidos que, de la noche a la mañana, encontraron que sus edificios y terrenos tenían una valuación que triplicaba el verdadero valor.

UNA CIUDAD EN PROCESO DE CRECIMIENTO

El Censo Municipal de 1887 brinda una semblanza bastante elocuente de la ciudad cuando informa, por ejemplo, que la población total era de 404.173 habitantes, con una densidad de 89 habitantes por hectárea. Esa población se cobijaba en edificios que tenían 241.138 piezas, con un promedio de 1,67 personas en cada una de ellas.

Las manzanas censadas medían 130 por 130 metros, con un total, dentro del ejido urbano, de 1.736 manzanas registradas, en las que se levantaban 30.604 edificios, lo que daba un promedio de 17,6 casas en cada una de ellas.

Respecto de las calles, no todas estaban trazadas y no eran raros los casos de calles inconclusas por la existencia de quintas o bañados. Esta deficiencia no sólo aparecía en los barrios apartados, sino también en las zonas céntricas.

Aunque abundaban las solicitudes de edificación, eran preponderantes las construcciones de caballerizas y galpones, cuartos de madera, caballerizas con cochera y piezas para usos no habitacionales.

Hasta que la ciudad no llegó a ser más europea que española o criolla, abundaron las quejas y escasearon las alabanzas. Daniel García Mansilla, que llegó en el año del censo referido, hacía notar que las calles se hallaban pésimamente pavimentadas y que circular por ellas en coche significaba someterse a terribles sacudimientos por los desniveles de las mismas.

UN PUEBLO CURIOSO

Pueblo de las Ranas.

En esta zona era tanta la humedad y aguas superficiales que se criaban ranas en cantidades inusitadas.

Estaba ubicado en una zona baja, fácilmente inundable en las épocas de lluvias estacionales de invierno o verano, sin desagües apropiados, por lo que las zonas anegadizas o con pequeñas superficies de aguas estancadas predominaban la mayor parte del año. Pese a ello, las basuras rescatadas como posibles alimentos servían para que cerdos, ovejas y vacas se alimentaran, sirviendo luego para comercializar su carne en restaurantes céntricos o para las familias que en esa zona se habían asentado.

El nombre de Pueblo de las Ranas también sirvió para designar el origen geográfico de los vendedores de ranas que semanalmente proveían de ellas a las cocinas de ciertos restaurantes y rotiserías. La caza se hacía con un hilo al que se ataba un pequeño trozo de género rojo, con el que se atraía a los batracios, quienes al tratar de tragar podían ser atrapados vivos. En esa situación se llevaban para venderlos.

Entre los proveedores se destacó, por varios años, un personaje muy singular por sus ropas y aspecto, pues aunque se presentaba con camisa y corbata, muy bien peinado, se calzaba con ojotas, siempre húmedas y sucias que despedían un tufo desagradable, que era un anticipo de su presencia. Criticado por esta particularidad desagradable, decía que era una manera de lograr una rápida atención, sin regateos en los precios de las ranas, pues los mayordomos o dueños preferían no tenerlo cerca, antes que mantener una larga discusión por centavos. Se hacía llamar Arturo, ocultando su verdadero nombre, posiblemente por tener un pasado con la justicia. Una fea cicatriz en el rostro, desde la ceja derecha hasta el cuello, lo llevó a refugiarse en esa zona marginal.

Relatos obtenidos en entrevistas personales.
Archivo del autor.

Buenos Aires, pues, era una ciudad de calles extendidas y angostas, de edificaciones bajas, rematadas por falsos balcones, que les daban el aspecto de construcciones truncas. Parecía que en ella todo podía hacerse, porque estaba en pleno proceso de crecimiento. Sin embargo, poco se podía concretar a causa de la falta de mano de obra idónea y de profesionales adecuados para cada actividad. De allí, que no deba sorprendernos que a lo largo de nuestra historia ingenieros civiles hayan ocupado el Ministerio de Agricultura o que algunos abogados se desempeñaran como ministros de Guerra.

¡AL FIN, UN PUERTO MODERNO!

El incremento del comercio internacional produjo la necesidad apremiante de disponer de una puerto moderno. La Aduana de Taylor resolvió el problema de manera parcial y, en muy poco tiempo, su capacidad rebasó.

Por ello, en 1870, el ingeniero Bateman fue contratado para estudiar y proponer un nuevo diseño portuario. Con un presupuesto inicial de 4.000.000 de pesos oro sellado, el proyecto presentado consistía en la construcción de un malecón externo de defensa, con forma semicircular, que se extendería desde la Usina de Gas de Retiro hasta el Riachuelo. Esta y las restantes obras que se realizarían en tierra, demandarían 10.000.000 de pesos oro sellado.

Cinco años más tarde, entre la provincia y la Nación dispusieron fondos para llevar a cabo la canalización del Riachuelo, con la que se aumentaría la posibilidad de ingreso de barcos de mayor calado. Para tal fin, se aceptó la propuesta del ingeniero Luis A. Huergo, que pretendía hacer un canal de 10 pies de profundidad, para los barcos de regular calado, y otro paralelo, de 21 pies, para los de gran calado. Esta obra se inició en 1877.

Al año siguiente, se destinaron nuevas partidas para mantener limpios los canales y permitir el ingreso de buques de hasta 1.000 toneladas de porte. Como resultado, se logró que para 1879 llegaran al Riachuelo más de 21.000 barcos que transportaban alrededor de un millón de toneladas de mercadería.

Aduana de Buenos Aires.

Las construcciones monumentales modificaron la fisonomía de la ciudad, dándole la apariencia de una ciudad europea, pero mediante un acelerado ritmo de crecimiento.

En 1880, se dispusieron fondos para obtener un canal de 100 metros de ancho y 21 pies de profundidad. Al año siguiente, tales obras pasaron a depender exclusivamente de la esfera nacional, por lo que se contrajo un empréstito exterior para continuar hasta su finalización.

En 1882, el ingeniero Huergo presentó un plan para la construcción de un canal de entrada de 21 pies de profundidad, con varios diques perpendiculares, provistos de grúas, además de depósitos y vías férreas. Por su forma general, se lo conoció con el nombre de "proyecto del peine".

Unos meses más tarde, el Congreso Nacional autorizó al P.E.N. para contratar con Eduardo Madero la construcción de un puerto. El proyecto presentado recibió el nombre de "cuentas del Rosario", por la forma que presentaba en los planos. Así, se construyeron Dársena Sud, cuatro diques sucesivos, Dársena Norte y dos canales de entrada, uno ubicado al norte y otro, al sur. La obra presupuestada insumía inicialmente 20.000.000 de pesos oro sellado.

Al poco tiempo de iniciados los trabajos surgió la necesidad de realizar otros complementarios, para agilizar la carga y descarga de mercaderías. Al mismo tiempo, el calado de los barcos que arribaban aumentaba progresivamente, complicaban las tareas e incrementaban la mano de obra.

Una vez encargadas las obras a Madero, éste, a su vez, subcontrató a la empresa Walker y a la Armstrog, Michell y Co. para la ampliación y provisión de maquinaria hidráulica y guinches. Los trabajos se iniciaron en abril de 1887 y se concluyeron en marzo de 1898. Tres años antes de su terminación se amplió el monto de las inversiones en 3.000.000 de pesos oro sellado, para completar las obras faltantes y los diques de carena, en los que se podían reparar los buques mercantes y los provenientes de la marina de guerra de bandera nacional. Al terminarse en 1899, el puerto había costado la suma de 35.624.003,21 de pesos oro sellado.

El puerto metropolitano, pese a sus deficiencias, marcó el ritmo febril de los cambios que ocurrían en la República Argentina, como consecuencia de la conjunción de inmigración, inversiones y comercio exterior.

Paralelamente, se autorizó a un particular la construcción de un canal de navegación que, partiendo desde el antepuerto del Riachuelo, terminara en las proximidades del Canal Mitre del Ferrocarril a Ensenada. Este canal sería explotado por Paul Angulo y Cía. A poco de concluirse, la mencionada obra necesitó instalaciones para la descarga de combustibles líquidos y carbón. Por ello, en 1901 se aceptó la edificación de los depósitos adecuados para los materiales referidos, que se ubicarían a ambos lados del canal de entrada en la Dársena Norte, así como también la construcción de edificios destinados a la administración en terrenos que se ganarían al río de manera progresiva. El costo fue presupuestado en 6.000.000 de pesos oro sellado. Sin embargo, este proyecto quedó trunco al no aprobarse las propuestas del posible contratista.

Para poder utilizar la Dársena Norte, que carecía de depósito y se veía afectada por los vientos, entre 1904 y 1905, el P.E.N. dispuso invertir la suma de 208.759 de pesos oro sellado, para construir malecones defensivos y galpones, emplazar vías férreas, realizar instalaciones hidráulicas y otras obras menores que facilitaran la carga y descarga de mercaderías. También se dispuso la limpieza del canal de entrada y la construcción de una defensa. En 1905 se adoquinaron las principales calles de acceso y circulación del puerto, así como también se construyeron desagües para aguas superficiales.

En esa fecha, el tonelaje llegaba casi a los 12 millones, con signos de un continuo e ininterrumpido aumento.

Para facilitar el comercio internacional se proyectaron numerosas obras complementarias, que se fueron realizando de manera progresiva, y casi sin interrupción, entre 1909 y 1917. Por lo tanto, la capacidad bruta de los depósitos fiscales se amplió a más de 700.000 metros cúbicos.

A partir de 1908, el gobierno nacional dispuso importantes partidas presupuestarias para ampliar el puerto, ensanchar la calle Pedro de Mendoza, desde Branden hasta Irala, construir muelles, depósitos e instalar vías y guinches.

También se destinaron fondos para extender la profundidad de los canales de entrada, hacer dragados y obras de defensa. Asimismo, se dispuso la construcción de un canal de navegación que saliendo del Canal Norte siguiera la costa del Río Luján, hasta alcanzar una extensión de 28 kilómetros.

Estas y otras obras se aprobaron en 1911 y se dieron al contratista Walker y Cía., con el contralor de la Dirección General de Obras Hidráulicas.

LOS CAMBIOS ARQUITECTÓNICOS

Antes de Caseros, el tradicional estilo de edificación española había sufrido ligeros cambios, que, en general, se conocieron como pertenecientes a la línea italiana. Esta denominación surgió a partir de la nacionalidad tanto de los arquitectos (hermanos Canale) como de los albañiles, carpinteros y obreros calificados que acapararon el gremio de la construcción.

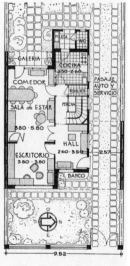

dormitorios y habitación de servicio.

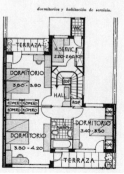

Las fachadas lisas y simples, con las ventanas guarnecidas mediante rejas saledizas, continuaron en auge por varios años, aunque se las comenzó a adornar con decoraciones y filigranas de hierro forjado en las herrerías locales. Las casas de alto, a su vez, presentaban sus balcones con barandas de hierro o balaustrada.

La afluencia de la inmigración y los procesos de migración interna provocaron, poco a poco, una moderada alza en el valor de la tierra, siempre de acuerdo con el lugar ocupado en el plano de la ciudad. Así, en las cercanías de la Plaza de Mayo el precio se cuadriplicó y en el Pilar, solamente se duplicó.

Esta suba produjo la necesidad de aprovechar los terrenos. Por lo tanto, los llamados patios de los fondos se dividieron en dos o tres patios interiores. El primero, techado y con cielo raso, se transformó en el vestíbulo, que tenía comunicación directa con la puerta de entrada.

Sobre la planta baja se construyeron dos o tres pisos, a los que se accedía por medio de una escalera instalada en el segundo patio. Las dependencias de servicio y la cocina se trasladaron del patio trasero al sótano que se cavó debajo de la línea de edificación.

En el segundo piso se ubicaron los dormitorios, las salas de lectura y los vestidores. Los lavaderos, baños y dependencias para el personal de servicio ocuparon el tercer piso.

Con este cambio en la distribución de los ambientes y el agregado de nuevas habitaciones, se logró un aprovechamiento prácticamente óptimo de los terrenos de 8,66 metros de frente por 26 metros de fondo, medida que se convirtió en la dimensión ideal en el centro porteño.

Sin embargo, la inserción de la Argentina en el mercado internacional, volvió a modificar los modelos arquitectónicos. Hicieron su aparición las casas consignatarias de cereales, las de venta de herramientas e implementos agrícolas, así como también las compañías navieras que se dedicaban al transporte de pasajeros y de la producción ganadera. Muchas casas de familia se transformaron, por lo tanto, en oficinas administrativas, que aunque no fueran más que sucuchos mal ventilados y peor amueblados, servían a los efectos de realizar transacciones internacionales. Como contracara, también surgieron empresas que ocupaban edificios completos, con instalaciones amplias, luz eléctrica profusa, teléfono, alfombras en los pisos y un enjambre de empleados.

El auge del comercio internacional también trajo aparejado un cambio en el estilo arquitectónico. Entonces, la línea italiana fue desplazada por la francesa, en obras que aún perduran, por ejemplo, en la Avenida de Mayo. El aporte de ingenieros alemanes, daneses e ingleses fue esencial en la consolidación de esta nueva moda.

EL CAMBIO URBANO

Los mercados callejeros

significaron otra pauta del acelerado crecimiento de la ciudad, pues reemplazaron a los mercados internos, que no contaban con edificios adecuados. La diversidad de emplazamientos dio un color y olor característico a cada uno.

En las ciudades residía, naturalmente, la alta burguesía compuesta por terratenientes, banqueros, industriales y comerciantes, funcionarios públicos jerarquizados, gerentes de empresas poderosas, etcétera, con 45.000 representantes. Además, allí vivían los rentistas, los comerciantes e industriales menores, los agentes fiscales, la oficialidad de las fuerzas armadas, los profesionales liberales, los docentes, el clero, los empleados del comercio, la industria y los transportes; en una palabra: la pequeña burguesía o clase media, compuesta por unas 310.000 personas.

Las clases media y alta eran auxiliadas por 225.000 servidores domésticos. En changas variadas (puertos, ferrocarriles, mano de obra no especializada), se ocupaban unos 100.000 jornaleros y otros tantos estaban dedicados a la construcción, la imprenta, la carpintería y el manejo de máquinas diversas. Había 120.000 costureras y 40.000 tejedores que trabajaban por su cuenta, o en minúsculos tallercitos. La producción industrial daba trabajo a 366.000 obreros.

La población ocupada de las ciudades se elevaba, así, a 1.350.000 personas aproximadamente, de las cuales cerca de la tercera parte eran extranjeros. Lo que podía llamarse proletariado o quasi proletariado urbano sumaba unos 700.000 individuos. No había grandes fábricas. La mayoría de los establecimientos coexistían con talleres artesanales, y sólo los ferrocarriles, los frigoríficos, algunos astilleros aún precarios y escasas empresas dedicadas a la realización de obras públicas, representaban una industria manufacturera de cierta significación. El censo muestra la existencia de 23.000 establecimientos industriales, casi todos propiedad de extranjeros. Esto fue un importante factor para la concentración urbana; mientras en 1869 sólo había 47 centros con más de 1000 habitantes, en 1895 el número había subido a 113, ubicados casi todos (93) en la región ribereña. Mucho influyó también en esta concentración el tirado de ferrocarriles, pues cuando un poblado quedaba provisionalmente como punta de riel, allí se concentraba gran actividad y se estimulaba la apertura de tiendas y almacenes; cuando la vía se prolongaba, el pueblito, ya prestigiado en la zona, servía como centro de distribución y concentración; fue común que muchos campesinos y gringos medieros abandonaran la tarea rural y con sus ahorros, fueran a instalar pequeños comercios urbanos.

Crónica Argentina. Nº 66, Códex, Buenos Aires, 1968.

EJEMPLOS DE ESTILOS ARQUITECTÓNICOS

La línea italiana tuvo su mayor exponente en el frente de la Casa de Gobierno Nacional y en el del Palacio del Congreso Nacional. Por su parte, el Palacio de la Cancillería, ex Palacio Anchorena, fue un ejemplo del estilo borbónico abarrocado; el Palacio Errázuriz, sede actual del Museo de Arte Decorativo, del borbónico ortodoxo; el Palacio Alvear, de un estilo híbrido, pues su esquina fue construida con lineamientos franceses, mientras que en las alas laterales se siguió la tendencia italiana. A su vez, la Villa Ombúes, en la avenida Luis M. Campos, no fue sino una expresión del medievalismo romántico.

Para sintetizar, hasta la década de 1880, dominó la tendencia italiana y, desde entonces hasta fines del siglo pasado, prevalecieron los estilos franceses.

Hasta 1920, el modernismo sentó sus reales, mediante un nuevo desarrollo técnico e industrial y un concepto espacial diferente. Aunque en la mayoría de los casos sólo se quedó en formalidades novedosas pero superficiales.

A principios del siglo XX, la aristocracia porteña, en sus frecuentes viajes a Francia, tuvo la oportunidad de admirar la decoración de Luis Marmez y de León Sonnier, en el Maxim's parisino, así como el *modern style* del restaurante Julien. Ambas corrientes fueron adaptadas en numerosas casas de comida de la clase alta de Buenos Aires y tuvieron su mejor exponente en el Pedemonte.

Balcón porteño.

El art decó y el nouveau influyeron durante un decenio en todas las actividades de la vida cotidiana, y se manifestó hasta en los balcones de las casas de la pequeña burguesía radicada en los barrios porteños.

En la enumeración de las novedades arquitectónicas y estéticas de principios del siglo XX se hace ineludible mencionar los muebles y papeles de Morris, las joyas y ornamentos de Lalique, Tiffany y Gallé; las ilustraciones de Beardsley; los muebles de Mackintosh, Rennie o MacDonald y también de Galle, que no tardaron en popularizarse en las grandes tiendas y almacenes de Buenos Aires, como Gath & Chaves, Harrods y La Ciudad de México. Estas casas los ofrecían, por medio de catálogos y en planes de pago mensual, a los potenciales compradores de las ciudades del interior.

El modernismo, a su vez, se vio estimulado por la euforia y las expectativas que generaba el nuevo siglo, lo que dio como resultado un clima donde predominaba la belleza que sirvió, en última instancia, para poner fin a los últimos rebrotes del eclecticismo historicista.

ART NOUVEAU Y ART DECÓ

El *art nouveau* y el *art decó* tuvieron su período de apogeo con posterioridad a 1880, que se extendió hasta la década de 1920.

Ambos estilos eran de origen francés y tuvieron la particularidad de incorporar el hierro y otros materiales a las construcciones. El art nouveau o "arte nuevo" utilizó formas no conocidas para expresar un nuevo sentido estético. Logró su consagración en la Exposición Internacional de París y en Buenos Aires se manifestó en troncos de mamposterías, y en grutas, profusamente distribuidas en jardines, donde se reunían formas y estilos ya caducos, pero remozados con nuevas formas y materiales que apuntaban a un nuevo rococó que pretendía consolidar su inclinación por lo ficticio y lo disimulado. Esta deformación era la esencia del art nouveau, pues mezclaba desnudos con batracios, monstruos y ángeles, en el intento de liberar el inconsciente del creador. Esta tendencia tuvo la virtud de mezclar el hierro, el cristal y la cerámica junto con otros materiales, en una proporción y de una forma desconocidas hasta entonces. De esta manera, revolucionó el concepto estético imperante. Y no se detuvo simplemente en la arquitectura, sino que extendió su influencia a los objetos de uso cotidiano. A través de las formas alambicadas cobraron dimensión estética y trascendieron el objetivo meramente utilitario. Como ejemplos podríamos citar: las peinetas de asta, topacios y antenas de oro, donde se entremezclaban abejas, flores u hojas; los espejos de mano, en plata cincelada con relieves de rosas, violetas o pequeños abejorros; los relojes empotrados en cajas de madera, en las que se grababan motivos florales; los cinturones de cuero y los bolsos de mano que llevaban aplicaciones florales en metal semiprecioso; las puertas, en las que el metal reemplazaba las molduras; los *vitreaux*, donde las figuras humanas aparecían muy estilizadas en medio de intensos paisajes; así también, encontramos vasos, jarras y copas, para agua y para vino, con el sello de Emile Gallé o de Gisela de Falke, que se distinguían por los adornos incorporados y el diseño de sus bases; mangos de paraguas, bastones y estoques, en los que se mezclaban metal y cristal coloreado; palmatorias y candelabros que intercalaban flores, hojas y batracios o, por el contrario, eran de un diseño muy simple, aunque de líneas entrecruzadas; juegos de cubiertos de plata con motivos florales y animales; lámparas de pie y de mesa y atriles metálicos que en sus partes esenciales reproducían formas vegetales o miembros animales; peinetones, peines y broches que representaban cabezas femeninas o de aves, en los que se destacaba la policromía y una estilización de formas por demás atractiva.

Portal.

Ambas corrientes estéticas no dejaron de manifestarse en las construcciones de la clase media-media, como en el caso de este portal, de Avenida de Mayo

32

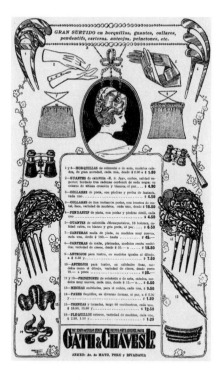

Aviso de Gath & Chaves.

Aun los avisos publicitarios sintieron la influencia de los estilos art nouveau y art decó. No sólo pueden verificarse en el diseño de éste aparecido en *Caras y Caretas*, sino también en la confección de las peinetas, ofrecidas a precios muy accesibles.

En opinión de los detractores era sólo un estilo compuesto, que había tomado distintos elementos de otras tendencias con el fin de intentar la creación de una novedad perdurable a partir de la combinación de líneas.

Hacia 1901, Buenos Aires presentaba ángeles, firuletes de mampostería en hierro, flores, techos de pizarra como París y glorietas como Barcelona o Madrid.

El art nouveau lo había invadido casi todo. Los edificios de la Ciudad de Londres, la Asociación Patriótica Española, la Sociedad Fotográfica, el Teatro de Mayo, el Hotel Frascati, el Gran Hotel España, The Windsor, Imperial, el Metropole, el Mataldi, el Café Tortoni, o la Confitería Gaulois son exponentes de esta manifestación arquitectónica que le dio carácter y distinción a la entonces joven Avenida de Mayo.

Entre los edificios que responden al art nouveau, podemos mencionar: el edificio ubicado en el noroeste de Rivadavia y 24 de noviembre; la torre de Wenceslao Villafañe y Almirante Brown; Salta 479; ángulo sudeste de Garay y Bolívar; Bernardo de Irigoyen 172; Sarmiento y Callao (lo que fue Bazar Dos Mundos); ángulo noroeste de Emilio Huge y Vicente; el edificio Colmegna, Marcelo T. de Alvear y Paraná; Suipacha 940; Bartolomé Mitre 2632; ángulo sudoeste de Independencia y Paso; Defensa 1283; Herrera 773; la llamada Casa de los Lirios ubicada en Rivadavia 2031, entre otros.

El art decó fue considerado como el "arte de las decoraciones" y se manifestó en las formas alcanzadas a fuerza de refinamiento y alambicados entrecruzamientos. Este arte se concentró mayormente en los objetos de uso diario y mucho menos en formas arquitectónicas.

Los ejemplos casi puros de art decó se encontraban en el ángulo sudoeste de Viamonte y Paso; las esquinas de Tucumán y Suipacha; Tucumán y Maipú, sobre el ángulo noroeste; Venezuela 722/8; ángulo sudoeste de Sarandí e Independencia; ángulo sudoeste de Alberdi y Mariano Acosta; Yrigoyen 2972; Río Bamba 739; ángulo noroeste de Lezica y Medrano; en la Costanera sur, el edificio donde funcionaba la Confitería Munich, y Santa Fe 3510 y 3910. En la actualidad se pueden hallar construcciones que corresponden al art decó en los barrios de Once, Flores y Caballito.

CARIÁTIDES Y ATLANTES

La incorporación de cariátides y atlantes, esculturas femeninas y masculinas, a la arquitectura porteña deviene de fines del siglo XIX y coincidió con el esplendor económico producido por el comercio exterior y con la presencia de la elite roquista en el gobierno.

Dichas esculturas irrumpieron en Buenos Aires con la construcción de la Avenida de Mayo y luego se extendieron a otras áreas. Algunas de ellas se pueden encontrar en: Avenida de Mayo 650 y 984; Belgrano al 601; San Martín 154; Viamonte al 400 y 700; el Teatro Colón; el Palacio Pizurno; el Colegio Carlos Pellegrini; Santa Fe 1355; Libertad 1202; Superí 1466; Rivadavia 3216; Avenida de Mayo entre el 600 y el 900; Viamonte al 700, entre otros.

LOTEOS

Los loteos se anunciaban a través de diarios y revistas y, en general, el traslado de los interesados en tren o tranvía quedaba a cargo de las empresas rematadoras. En el lugar señalado, se levantaban carpas para ponerse a resguardo del mal tiempo o del calor excesivo, se colocaban banderines y se contrataban bandas musicales a fin de atraer y entretener al público. Entonces se iniciaban las operaciones con disparos de bombas de estruendo.

En 1898 en la calle Alberdi entre Armonía y Rondeau, un lote de 10 por 25 varas se pagó 1.725 pesos, un precio excesivo, si nos atenemos al comentario del diario *La Nación*.

Aviso de venta de terrenos,

cercanos a una estación de ferrocarril, en un barrio en plena urbanización.

(Archivo Histórico Municipal.)

Entre 1907 y 1912, el diario *La Prensa* anunció loteos que tenían como base 1,50 pesos la vara cuadrada. Otros avisos típicos fueron los que anunciaban la venta de 120 terrenos en las Lomas de San Isidro, pagaderos en 40 meses, sin interés; 300 lotes en Liniers, sobre terrenos de la quinta Carreto a 60 meses, sin interés; 124 manzanas divididas en 2.974 lotes frente el Riachuelo y al *tranway*, con 30 casas de material y 2.000.000 de ladrillos, con posesión al pago de la primera cuota; en Adrogué se ofrecieron 60 lotes a 8 pesos por mes, pagaderos en 100 mensualidades, sin interés; en Flores, 320 lotes por una mensualidad mínima de 3 pesos, pagaderos en 60 meses.

CAMBIO DE SIGLO TRAUMÁTICO

Propaganda de aspirina.

A principios del siglo XX, el público porteño y de todo el mundo recibió una medicina de múltiples aplicaciones: curaba dolores de cabeza, bajaba la fiebre, calmaba tensiones nerviosas. Se trataba de la aspirina, producto de la farmacopea alemana.

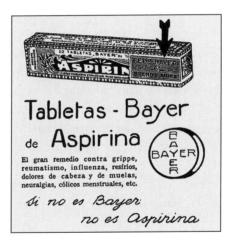

Para 1900 Buenos Aires tenía una población calculada en algo más de 820.000 personas. Dicho año se cambió la mano derecha en la circulación, contrariando la izquierda que prevalecía en naciones europeas y Estados Unidos.

El verano venía pesado y peligroso. La Asistencia Pública atendió durante la primera quincena de diciembre a más de 120.000 personas afectadas de insolación.

Las calles además de calientes estaban solitarias. Nadie quería asomar la nariz por temor al sol. Las autoridades médicas recomendaban a través de los diarios y de carteles murales cómo prevenir los efectos del golpe de calor en niños y grandes. Se aconsejaba comer jamón crudo o una caja chica de sardinas. Si éstos no se podían ingerir había que reemplazarlos con unos granos de sal gruesa en la lengua o diluida en un poco agua.

Si se notaban mareos o cualquier malestar, se sugería acudir al médico de inmediato. En esas condiciones la mejor receta era irse de Buenos Aires, a las quintas, a Mar del Plata y, si no se podía, a Quilmes.

Paralelamente a estas angustias, el público porteño y el mundo recibieron una medicina de múltiples aplicaciones, pues curaba dolores de cabeza, bajaba la fiebre, hacía tolerable los malos ratos causados por tensiones nerviosas, no producía molestias secundarias, no provocaba ardores estomacales ni intestinales. Se trataba de la aspirina, producto de la farmacopea alemana que, partiendo del sauce, había logrado aislar el principio activo del ácido acetilsalicilato.

Diarios de la época. Archivo del autor.

En aquellos años, por el martillo de los rematadores pasaron las quintas de Zubizarreta, Herrera, Senillosa, Álzaga, Ramos Mejía, Fair, Llavallol, Elizalde, Somellera, Luro, Videla Dorna, Escribano, Subiarre, y muchas otras.

Otro ejemplo de loteo fue la oferta en Lavalleja y Corrientes, de los terrenos de la quinta de Vázquez, ofrecidos sin base y con escritura gratuita.

Muchos de los loteos fueron acaparados por obreros industriales, como ocurrió en el barrio de Mataderos con el llamado Mataderos del Sur. En esos terrenos loteados no siempre se levantaban edificaciones unifamiliares. Muchas veces se hacían viviendas polifamiliares, construcciones de casas chorizo, que se intercalaban con pisaderos de barro, para hacer ladrillos, almacenes de ramos generales y algún taller artesanal para reparaciones menudas.

Entre 1904 y 1918 los precios de los terrenos loteados aumentaron 500 por ciento, en promedio, a raíz de la mejora de la calidad, las cercanías de medios de transporte, las instalaciones industriales y otros factores. Los barrios que más incremento sufrieron en los precios fueron los de Belgrano, Flores y Palermo. En 1908, en Boedo el metro cuadrado costaba 7,50 pesos; en San Nicolás, 250 pesos; en Monserrat, 180 pesos y en Belgrano, 68 pesos.

Contrastando con estos precios, en Piedras 486, pleno centro de la ciudad, una propiedad con un terreno de casi 300 metros cuadrados, se pagó a razón de 1500 pesos el metro.

No siempre los terrenos eran vendidos de buena fe, ya que abarcaban zonas inundables, que se habían formado en las antiguas excavaciones para hornos de ladrillos. En esos lugares abundaban ranas, sapos, grillos, gatos, perros casi salvajes y hasta algún pato silbón.

También se reiteraban las ofertas de préstamos usureros o tramposos, por las hipotecas con que se gravaban tanto el terreno como la construcción posterior.

Aviso de lotes en remate, con facilidades de pago y entrega inmediata, éstos menudeaban en los diarios porteños, con una frecuencia semanal de hasta cuatro, y por varios años.

PASAJES Y CORTADAS

Muchas veces, los loteos no se vendían en su totalidad y quedaban sectores libres que, con el correr del tiempo, se iban poblando.

La mayoría de los pasajes y cortadas de Buenos Aires se remontan a la época de auge de los loteos, es decir, entre 1880 y 1915 y en las décadas de 1920 y 1930.

Otras veces, el trazado de las vías del ferrocarril dejaba espacios de formas geométricas muy diversas, que se fueron loteando y poblando paulatinamente, y que dieron origen a diagonales sin circulación o a calles que cortaban manzanas.

Así pues, por ambos motivos, en todos los barrios quedaron sectores estrechos que, con el tiempo, se convirtieron en pasajes, cortadas o pasadizos, a los que los franceses han llamado *cul de sac* (fondo del saco), porque no tienen salida ni comunicación con calle alguna.

Si se observan tanto los viejos mapas de Buenos Aires recopilados por Alfredo Taullard como una moderna guía de la ciudad, se ven con claridad pasajes, cortadas y esos *cul de sac* en la mayoría de los sectores de la ciudad. Un inventario improvisado de ellos eleva su número a 700.

En la actualidad muchos están cuidados, reciclados y limpios y otros no son más que auténticos basurales. En algunos todavía quedan vestigios de antiguas caballerizas (Dellepiane), convertidas en garages o en departamentos de muy mala calidad por lo barato de los materiales de construcción, lo arbitrario de las disposiciones internas y las reducidas dimensiones disponibles por sus moradores (King).

En el centro porteño se detacan: Pasaje Dellepiane, entre Tucumán y Viamonte al 1600; Pasaje Belgrano, en Bolívar al 300, casi esquina Belgrano; Pasaje Colombo, en Rivadavia 2400; Pasaje de la Piedad, en Bartolomé Mitre 1500, casi enfrente de la iglesia homónima; Pasaje del Carmen, entre Viamonte y Córdoba al 1500 y Pasaje Rivarola, entre Bartolomé Mitre y Perón al 1300. Como curiosidad se pueden señalar dos pasajes anónimos. Uno situado en Perón al 3000, y el otro, en Rivadavia al 11.000.

PRECIOS DE LA CONSTRUCCIÓN

Algunos precios de construcciones de casas de familia y conventillos, hacia 1900, sirven para ilustrar el aumento en los réditos.

Así, una casa de familia, ubicada en avenida San Martín entre Atenas y Habana, con 57 metros cuadrados, tenía un costo medio de 51,36 pesos el metro cubierto. A dos cuadras de allí, una construcción semejante, con 55 metros de superficie cubierta, se cotizaba a 56,50 pesos el metro. Otra, ubicada en Lima y Méjico, con 325 metros cubiertos y muy buenos materiales trepaba a un valor de 173 pesos el metro.

La casa de familia de Hernandarias al 800, con una superficie cubierta de 262 metros cuadrados, se ubicaba en un costo intermedio de 96 pesos el metro. La construcción de Guido 166, de 370 metros cubiertos, que disponía de sótano, entrepiso, azotea, fogones con campana en la cocina, caños de hierro para el gas, escalera de mármol y hierro batido, dos puertas a la calle y dos canceles, tuvo un precio de 95,57 pesos el metro.

Para los conventillos, en cambio, el promedio del metro cuadrado cubierto era de 33,19 pesos.

ZONAS INUNDABLES

Hacia fines del siglo XIX, el Bañado de Flores, en especial desde el bulevar Chiclana hasta el Puente Alsina, era una zona peligrosa por las inundaciones reiteradas, las aguas que quedaban estancadas y los residuos de los mataderos ubicados en la zona aledaña.

Los olores pestilentes, los insectos y los roedores caracterizaban la barriada.

Los pobladores de Floresta también reclamaban por las inundaciones en calles de afirmado y por la falta de luz eléctrica. En general, las zonas más afectadas por las crecientes eran aquellas que se extendían por la costa del Río de la Plata.

Por su parte, el Riachuelo era considerado como la salida natural de los residuos industriales, tanto porteños como provinciales. Este hecho, además de la proliferación de criaderos de cerdos, la quema de basura y los desechos de los mataderos, convirtieron sus aguas en un foco de infección constante.

Pescadores en el río.

Muchos desocupados recorrían las zonas inundables en busca de objetos usados que en la reventa les servían para procurarse el sustento diario.

HOTELES TRADICIONALES Y MODERNOS

El Hotel de la Paz, situado en Perón y Reconquista, tenía luces a gas y eléctricas y un servicio de cuartos que se acercaba al modelo europeo. Para distracción de sus clientes, ofrecía una vista de la ciudad a la redonda, desde un mirador construido en ladrillos blanqueados, con asientos, donde se permitía concurrir con largavistas o binoculares. Este sitio se convirtió en un punto de encuentro, al que las mujeres acudían para tomar el té, reunirse con amigas y realizar reuniones informales fuera de los domicilios.

Otro hotel destacado fue el Hotel Argentino, situado sobre la calle 25 de Mayo, muy cerca del Fuerte. Estaba considerado como el más elegante de la ciudad.

A principios del período, también funcionaba el Hotel de Provence, con sesenta habitaciones. Allí se alojó Madame Lynch, la ex amante de Solano López, con sus tres hijos, de paso hacia Europa. En 1868, también lo hizo Richard Burton, el traductor al inglés de *Las mil y una noches*. A su vez, fue el lugar preferido por las compañías líricas que actuaban en el Colón.

LA LANGOSTA

Hombres de campo.

La langosta fue una verdadera plaga que tuvieron que sufrir los campesinos durante muchos años, pues destruyó cuanta vegetación encontró en los caminos de su migración.

Langosta es el nombre vulgar dado a insectos ortópteros (*schistocerca cancellata*). Durante mucho tiempo se ignoró el origen geográfico de estos insectos y por ello era imposible destruirlos desde el estado de mosquita, que es cuando deja el estado larval. Desova en tierra y cuando adquiere el estado de voladora, es cuando avanza volando, para tener alimentos vegetales. El acridiólogo O. B. Lean ha dicho de ellas que son extraordinariamente plásticas en sus caracteres morfológicos y su comportamiento.

En un extremo los individuos se comportan como saltamontes solitarios. En el otro extremo, o fase gregaria, es cuando se agrupan en las llamadas mangas, que son las que asolan toda la vegetación que encuentran a su paso.

Las autoridades municipales fracasaron estrepitosamente ante las visitas anuales de las langostas. El mes más peligroso era noviembre y para combatir el hambre voraz que traían, se organizaban cuadrillas de peones municipales, a los que se agregaban vecinos de buena voluntad y la chiquillería, que encontraba en la tarea de ahuyentarlas con ramas y ruidos, una diversión atractiva.

La vegetación capitalina casi desaparecía por completo, cada vez que las langostas pasaban camino a los campos sembrados de la provincia. En ocasiones la densidad de la mangas oscurecían la luz diurna, como lo demuestran numerosas fotos publicadas en *Caras y Caretas*, casi todos los años.

Estas invasiones periódicas que tanto daño causaban a la ciudad y a los campos sembrados, eran motivo de diversión y juegos para los niños, que usando ramas, intentaban cazarlas al vuelo, para luego, cuando habían reunido una cantidad apreciable, quemarlas en las plazas, mientras bailaban a su alrededor. En los barrios también se organizaban pandillas de chicos, que para ahuyentarlas de las plazas golpeaban recipientes metálicos, causando un estrépito que espantaba a los insectos y los hacía desplazarse a zonas más silenciosas y tranquilas.

Diarios de la época. Archivo del autor.

Le sigue en importancia el Roma, inaugurado en 1857 en San Martín 104. Su fuerte eran las comidas servidas al estilo italiano, por mozos vestidos muy a la moda. Duró menos de una década.

La antigua y tradicional posada de Clara la Inglesa, punto de concentración de la inmigración anglosajona, había perdido importancia y fue reemplazada con ventaja por el Hotel Claraz. Tenía una sucesión de cuartos pequeños que se disponían a lo largo de un corredor lateral. Sus comodidades se reducían a una cama, una silla y una banqueta que hacía las veces de mesa de luz. En realidad, era un sitio de copas, mujeres ligeras, estadías breves y cuartos por horas para clientes ocasionales, que sabían de la discreción que el dueño y el personal de servicio guardaban y hacían guardar. Ocasionalmente, algunas colectividades pequeñas lo usaban para celebrar sus fechas patrias.

El Hotel de la Paix abrió sus puertas en 1865, en el Paseo de Julio número 19 (actualmente Alem). Se mudó más tarde a un edificio de dos plantas, con un gran mirador ubicado frente a la iglesia de la Merced, en Cangallo y Reconquista. Tenía iluminación a gas y en 1879 instaló uno de los primeros ascensores hidráulicos de la ciudad. El plato fuerte de su cocina era el mondongo a la Bayonesa. En el aspecto culinario competía con la Fonda de la Catalana que ofrecía a precios muy económicos un buen surtido de comidas sabrosas, entre las que se destacaban el bacalao, los hongos con porotos, los chorizos fritos, las berenjenas rellenas y el arroz con leche con chocolate molido. Otra competencia, la Fonda de la Buena Sopa, servía en su menú bifes de vaca fritos en grasa, con papas y huevos fritos de avestruz. Como postre tenía una verdadera novedad para la época (década de 1870): el queso fresco mantecoso, preparado en la cocina de la fonda, y que iba acompañado con dulce de batata o dulce de leche.

Las bebidas que se ofrecían en estos sitios eran vinos de la tierra, importados o cervezas nacionales o europeas.

Por su parte, el Gran Hotel Argentino, inaugurado en 1868, se ubicaba en la esquina de 25 de Mayo y Rivadavia y, por varios años, fue considerado como el más lujoso de la ciudad. En él sobresalía el Salón de las Columnas

Aviso del Hotel Bristol.

Los hoteles marplatenses se esmeraban en publicitar en los diarios porteños entre los meses de noviembre a marzo, época que consideraban la más importante del año. En este aviso art decó de *Caras y Caretas*, se aprecia la vestimenta femenina, complementada con el sombrero elevado que estilizaba la figura, además de la infaltable sombrilla, que protegía el cutis de los rigores del sol.

iluminado a gas, donde se dieron numerosos banquetes y comidas en honor de destacadas personalidades nacionales e internacionales. Los mozos atendían vestidos de rigurosa etiqueta. Allí, estuvo refugiado José Hernández y se dice que en su habitación escribió *El gaucho Martín Fierro* (1872). Se asegura que los muebles de su cuarto eran de jacarandá y que su ventana daba a la Plaza de Mayo.

HOTELES DE AVENIDA DE MAYO

La Avenida de Mayo se inauguró oficialmente el 9 de julio de 1894. Estaba iluminada por 260 faroles de gas y 78 focos eléctricos que, para la época, eran un derroche de lujo.

Grand Hôtel Frascati
EDIFICADO CON TODAS LAS EXIGENCIAS DE HIGIENE
Salon Restaurant para 150 cubiertos
SALON DE BANQUETES, LECTURA Y DE FUMAR
AVENIDA DE MAYO ESQUINA LIMA
BUENOS AIRES

Cuartos confortables. Baños fríos y calientes
Tramway para todos los lados de la Ciudad

A lo largo de sus calles se podían contar unos cincuenta hoteles de primera línea, cien de segunda categoría e infinidad de fondas, posadas y casas de pensión.

De acuerdo con la documentación de la época, durante la segunda mitad del siglo XIX se calcula que en la ciudad hubo unos 7.000 hoteles.

De los hoteles ubicados en la Avenida de Mayo, se destacaban: Gran Hotel España, París, Eslava, Madrid, Magestic Hotel, Metropole, Castilla Hotel, Albio Hotel, Imperial Hotel, entre otros.

La mayor concentración de establecimientos de primer nivel se hallaba entre las alturas del 800 al 1.100, donde funcionaban el 40 por ciento de los mismos.

El Gran Hotel España se destacaba por la calidad del servicio, la atención en sus habitaciones y el muy buen nivel de su restaurante. Inaugurado en 1897 por Javier Laurenz, se convirtió en la virtual sede del radicalismo, pues uno de sus más asiduos concurrentes era Hipólito Yrigoyen, que solía almorzar allí o se hacía enviar la comida a su casa de la calle Brasil 1039. La tradición sostiene que el caudillo lo había elegido porque el España disponía de una salida por la calle de atrás, donde siempre lo esperaba un coche de su confianza que le permitía burlar la vigilancia policial. Asimismo, fue residencia de intelectuales y artistas extranjeros, en general, de origen español.

HOTEL DE INMIGRANTES

Hasta 1870, las autoridades orientaban a los inmigrantes a que residieran, temporal y precariamente, en locales ubicados en la zona de la Recoleta y la Chacarita.

Sin embargo, el permanente aumento de los ingresos produjo la necesidad de alojar tanto a los hombres solos como a las familias, en un lugar más cercano a la administración y a los centros relacionados con la producción que demandaban mano de obra de manera creciente.

En el original Asilo de los Inmigrantes de 25 de Mayo y Corrientes se proveía a los recién llegados de alojamiento y comida gratuita, por un tiempo breve, que expiraba ni bien encontraban ubicación.

En 1898 se gestionó la construcción del Hotel de Inmigrantes y en 1907 se entregó el edificio para el alojamiento inicial. Las obras se concluyeron recién en 1911. Tenía cuatro grandes cuerpos, que albergaban la Administración y las 1000 camas del hotel. Tenía instalaciones sanitarias completas con agua caliente y fría, sala de lectura con biblioteca y cartografía, hospital y dependencias para el personal que atendía a los inmigrantes.

OTROS HOTELES

El Palace Hotel, ubicado en Perón y 25 de Mayo, e inaugurado en 1906, se trasladó de manera sucesiva a Paseo de Julio 204 y 220, a Perón 207 y 299 y, finalmente, a 25 de Mayo 201 y 221. Su propietario, el empresario Nicolás Mihanovich, tenía la administración de su empresa naviera en la planta baja, por lo que el hotel recibía a los inmigrantes que llegaban en sus barcos.

El Palace hacía honor a su nombre por el lujo de sus instalaciones, dentro de las que se destacaban el vestíbulo, las ocho columnas de mármol, el plafón y el techo decorado e iluminado de manera excelente. Contaba con tres ascensores: uno para los pasajeros; otro, para el uso particular del dueño y el tercero, que permitía el acceso al jardín de la terraza, donde se brindaba servicio de cafetería. Actualmente, el edificio se ha transformado en una dependencia de la Facultad de Filosofía y Letras, en 25 de Mayo 217.

Otro hotel de calidad, distinción, buen gusto y selecta clientela fue el París Hotel, que abrió sus puertas en el año del Centenario, en Avenida de Mayo 1199. Disponía de 1.250 habitaciones de gran confort, lo que lo convertía en el más moderno de su tiempo. En la planta baja funcionaba el restaurante a la carta, una verdadera novedad por la variedad de platos ofrecida. También tenía salones para familias y banquetes. Cerró sus puertas en 1930.

LOS CAFÉS

De todos los cafés porteños, el que más páginas mereció fue el de Los Inmortales, ubicado inicialmente en Corrientes entre Suipacha y Carlos Pellegrini, y al que Vicente Martínez Cuitiño le dedicara su libro homónimo, lleno de sabrosas anécdotas e historias de la bohemia porteña a fines del siglo pasado. Entre sus paredes encontraron refugio seguro la mayoría de nuestros literatos y periodistas.

Le siguió en importancia El Tortoni, en Avenida de Mayo. Fundado en 1858 en Esmeralda y Rivadavia, luego se trasladó a Rivadavia 826 y, al abrirse la avenida, obtuvo la doble entrada. De alguna manera, fue el heredero de la bohemia literaria y artística.

Otro café muy recordado es el de Hansen, ubicado en el Parque 3 de Febrero. Todavía se discute si en él se bailaba el tango, en la época en que esta música estaba marginada por las clases alta y media.

También se pueden mencionar el Récord, en Santa Fe 2462 y el Café del Cine, en Sarmiento y Carlos Pellegrini.

Una variante del café en los años finales del siglo XIX fue la conjunción entre café y restaurante. Como ejemplo, podemos citar La Armonía abierto en 1899, en Avenida de Mayo 1002. De allí pasó a Bernardo de Irigoyen 67, donde siguió atrayendo clientela consecuente y fiel, por la calidad de sus pucheros y lo acomodado de sus precios. En este renglón, fue un serio rival del restaurante que funcionaba en el Hotel Castelar, bien acreditado por los puche-

Aviso del Café de París.
Cuando los salones familiares dejaron de ser los centros preferidos para brindar cenas, almuerzos u homenajes masivos, los hoteles de buena categoría ofrecieron sus salones, con detalles sobre comidas y bebidas.
(Caras y Caretas.)

ros a la española donde no faltaban carnes, legumbres, verduras y tocinos ahumados o salados.

Tanto a La Armonía como al Castelar concurrían miembros de la colectividad española y de las compañías teatrales. La Armonía, a su vez, aventajaba a muchos cafés, hoteles, confiterías y lecherías por la calidad de su chocolate con churros de elaboración propia.

Entre los cafés de Avenida de Mayo, refugio de periodistas, artistas y noctámbulos errabundos se pueden mencionar: Café La Prensa y La Nueva Prensa, en la cuadra del 500; La Ciudad de Londres, al 600; Padilla, Latino y Gambrinus al 700; Eslava y Paulista al 900; La Armonía, Yokohama, y American al 1000, desaparecidos al abrirse la Avenida 9 de Julio; La Castellana, La Puerta del Sol, La Toja y París, al 1100.

LAS CONFITERÍAS

La transformación edilicia de la ciudad estuvo acompañada por numerosos cambios en las costumbres de sus habitantes. La aparición de las confiterías se puede tomar como ejemplo. El antiguo café, ubicado en cualquier sector de la ciudad, dio paso a estos nuevos locales, mucho más amplios, que abrían sus puertas en el centro o en las calles principales. Se distinguían por sus mesas con manteles y flores, por las cortinas en las ventanas y los cuadros que adornaban las paredes. A ellos concurrían familias o grupos de mujeres que, al principio, se daban cita para tomar el té con masas, luego con emparedados y más adelante, se reunían para degustar un vermouth. El café, en cambio, continuó manteniendo su clientela masculina, obrera y de bajo nivel cultural. La diferencia entre ambos la ha marcado con mucha claridad la Confitería París, que siguió las huellas iniciales de la Confitería del Gas.

El Molino, ubicada en Rivadavia y Callao, fue un símbolo para la vida social y política del país. Fundada por Rossi en 1860 con modestia, pero también con visión de futuro, tuvo su primera ubicación en la esquina de Rodríguez Peña y Rivadavia. Cayetano Brenna estaba a cargo del servicio de confitería. Su nombre se tomó de un molino que había en la Plaza Lorea. Cuando se abrió la Avenida de Mayo y se remodeló la Plaza de los Dos Congresos, se trasladó a su ubicación más tradicional.

La Confitería Colón, sita en Avenida de Mayo y Bernardo de Irigoyen, desde sus primeros días se distinguió por su selecta música, sus excelentes licores y cafés de importación y porque desde el dueño hasta el último de los parroquianos eran anarquistas. Hacia 1910, dio un abrup-

44

UN RANCHO EN BARRACAS

Refugio temporario.

Contrastando con las comodidades de la clase media y alta, el pobrerío debió recurrir a muchos elementos descartados, para construir sus refugios considerados momentáneos, que, en muchos casos, se convirtieron en permanentes.

Transcurría 1890. En los alrededores de Plaza Herrera, en Barracas, a espaldas de la quinta de Daneri, que estaba circundada por tunas y cina-cinas, en un medio casi agreste se alzaba un rancherío, habitado en su mayor parte por gente tenebrosa.

Sus moradores, salvo raras excepciones, no mostraban mayor preocupación en desempeñar una tarea u oficio determinado, ni en tratar de mejorar el género de vida que llevaban. Sus afanes se limitaban a procurarse el sustento en la forma más cómoda posible y agenciarse de unos "cobres", que luego se encargaban en gastar en los "boliches" cercanos.

Los Muchachos en horas de la mañana solían concurrir a los mataderos de Pizzorno, situados en la calle Ceballos (prolongación), casi en su intersección con el camino a Puente Alsina (hoy Avenida Alcorta), donde sólo se sacrificaban corderos. Y a veces se llegaban hasta los Corrales (actual Parque de los Patricios), a fin de recoger los deshechos de los animales destinados al abastecimiento de la población. Esto era la base de la alimentación de esa gente, juntamente con el mate.

Para lograr la yerba y algunos otros comestibles, utilizaban parecidos procedimientos, aunque con algunas variantes, pues entonces eran las mujeres las que se encargaban de "limosnear" en las puertas de las casas de las familias pudientes, principalmente entre aquellas que ocupaban las quintas de la Calle Larga.

Muchas veces las dádivas no resultaban lo suficientemente generosas, dado el abuso de los pedidos. Entonces se resignaban a adquirir lo más esencial, en lo posible "a fiado", en el boliche de Tomasín, un genovés que atendía a su clientela en una casilla de madera convertida en almacén, situada en la calle Herrera entre Suárez y Olavarría, estas dos últimas conocidas entonces en aquel tramo como "La Banderita" y "Casajemas", respectivamente.

La poca o ninguna inclinación que mostraban muchos de estos vecinos por cualquier clase de trabajo, los obligaba a depender también del desprendimiento ajeno para vestirse. Esto daba lugar a escenas pintorescas, pues era común ver pasar a hombres con los pies metidos en unas alpargatas raídas que dejaban escapar los dedos, llevando por contraste el cuerpo enfundado en una de las clásicas levitas que estilaba la gente pudiente de la época. A veces, el ajuar se completaba con una galera que encajada en una cabeza de cabellos largos o mal recortados, tornaba aún más pintoresca la figura del nuevo dueño. Pero justo es expresar —en mérito a la verdad— que si bien abundaban esos genuinos representantes de la holgazanería convivían allí vecinos voluntariosos y trabajadores, de conducta ejemplar, que ansiaban labrarse una posición merced a sus esfuerzos y constancia.

PUCCIA, Enrique H., *Intimidades de Buenos Aires*, Corregidor, Buenos Aires; 1990.

to giro y se convirtió en un reducto lírico, que posteriormente dio cabida a orquestas de tangos.

LAS LECHERÍAS

La lechería fue el refugio de muchos noctámbulos famélicos y timberos empedernidos que con un café con leche y una ensaimada mitigaban el hambre sin gastar demasiado.

Allí también, muchos esperaban la hora de salir a buscar trabajo, pues tenían amparo y calor, por el bajo costo de un vaso de leche.

En la Avenida de Mayo había algunas lecherías famosas por ser reductos de prostitución homosexual.

CORTADA DE CARABELAS

La cortada de Carabelas, que unía las calles Sarmiento y Perón, mantenida al calor del Mercado del Plata, de donde provenía la mayor parte de su clientela, también concentró ciertos sectores de la bohemia porteña.

En la cortada no había más que negocios: cambalaches, venta al menudeo y comederos, donde concurrían artistas teatrales, literatos, poetas, periodistas y hasta políticos que compartían con el personal del mercado y las yirantas, las busecas, los tallarines al dente, los minestrones o pucheros de cola, apurados con el Chianti importado si había dinero, o el Carlón, cuando faltaba.

Allí, hacia fines del siglo XIX, se instaló la famosísima Fonda del Pinchazo, que, por una moneda de cinco centavos, ofrecía la oportunidad de pinchar en sus ollas enormes trozos de carne vacuna o de aves y, si no había suerte, alguna verdura.

PULPERÍAS URBANAS

Las pulperías funcionaban en construcciones elementales, semejantes al rancho campero. Además del despacho de bebidas y mercadería, contaban con un depósito y habitaciones para el pulpero y su familia.

Tanto en la campaña como en los centros poblados, a las pulperías se acudía para proveerse de bebidas y alimentos, hacer contactos sociales, traficar, cambalachear, distraerse y tener relaciones sexuales con las mujeres que hacían de ellas su centro de acción. También tenían comodidad para los juegos de naipes, taba, bochas, riñas de gallos, sortijas, carreras cuadreras, pato. A su vez, servían como lugar de concentración de payadores con sus consiguientes tenidas.

Se pueden citar: La Estrella del Sur y la que funcionaba en la casa de Cuitiño, ambas en el barrio de Boedo; La Rondanita y La Paloma, en la actual calle Santa Fe y la del Caballito, que también fuera posta y, más tarde, fonda y café.

Mercado del Centro.

En él se reunían más de 180 despachos de venta minorista muy variados: desde pescados frescos, hasta frutas de la estación pasando por el pan y la carne. También se concentraban artesanos que ofrecían sus servicios para arreglos domiciliarios o mujeres que tejían prendas a pedido y gusto de la clientela.

MATADEROS Y MERCADOS

En el barrio de Mataderos, además de esa actividad industrial, funcionaban saladeros. Hasta 1908 su producción tenía importancia para el comercio exterior argentino, pero para la década del 30 subsistía sólo uno.

Alrededor de las playas de faenamiento de los mataderos pululaban los niños y mozalbetes, bautizados con el mote de "mucanqueros", que

recogían los restos de la grasa y menudencias no comestibles, para derretirlas y obtener sebo.

Allí también se reunían los que, llevados por ciertos mitos de salud, trataban de beber una copa de la sangre caliente del animal recién faenado.

Como actividad secundaria, funcionaban los triperos y los que, aprovechando la falta de control municipal, faenaban caballos viejos. En sus alrededores había numerosas carnicerías al menudeo.

En esos años, la ciudad contaba con dos grandes mercados: el Mercado Constitución o Mercado del Sur del Alto, con un movimiento tan importante que se pensó en trasladarlo hacia la estación Sola, en Barracas y el Mercado del Pilar, instalado en Santa Fe 1980, que funcionó entre 1883 y 1966.

En Constitución había otros mercados menores: Independencia, General Roca, Buen Orden, Mercado Proveedor del Sur y el Reta. En pleno centro estaba también el Bon Marché, que abarcaba la manzana de Florida al 600 y que en 1918 era una gran quinta de legumbres y frutales.

A medida que crecía, cada barrio iba teniendo su propio mercado, donde se expendían verduras, legumbres, frutas, carnes, etcétera.

La mayoría de los proveedores se asentaban en las zonas limítrofes de la Capital, pues estas localidades, antes que concentraciones habitacionales, fueron zonas de quintas que satisfacían la demanda de la población porteña.

LA ILUMINACIÓN

Durante el período que va desde 1890 hasta 1914, convivieron en la ciudad tres sistemas de iluminación: la electricidad, el gas y el querosene.

En 1900, casi todo el centro, tanto en las calles como en los domicilios particulares, tenía iluminación eléctrica, provista por la Compañía Alemana Transatlántica de Electricidad, con unos 1000 focos instalados. Sin embargo, los faroles de gas predominaban en los barrios; había unos 14.000, que se complementaban con los 9.000 de querosene.

Lo expuesto no significa que todas las zonas de la ciudad tuvieran iluminación, pues en Villa Devoto, por ejemplo, había muchas cuadras oscuras. Esta situación también la padeció hasta 1908 el barrio de Liniers. En ambos lugares a la oscuridad se sumaba la ausencia de pasos adecuados en las bocacalles, especialmente en las épocas de lluvia.

Uno de los factores que más dinamizó la electrificación pública y privada en los barrios fue la puesta en funcionamiento de los tranvías. Sus tendidos eléctricos, al mismo tiempo, le dieron vida a las distintas zonas ya que posibilitaron la apertura de negocios, periódicos y bibliotecas.

LA MUNICIPALIDAD REALIZA LA LIMPIEZA

En 1864, la limpieza de las calles estaba a cargo de la recién creada Municipalidad, con las subsiguientes deficiencias provocadas por la falta de práctica y de personal idóneo y por la desidia de los pobladores.

Los domingos y las fiestas de guardar, los presidiarios barrían los atrios y cercanías de las iglesias y de la catedral, en tanto aprovechaban la oportunidad para mendigar entre los que concurrían a confesarse o a oír misa.

Portavelas moderno.

A medida que la electricidad penetraba en los barrios, muchos ingeniosos artesanos crearon artefactos que eran una continuación formal de la tradición pero puesta al día, con las bombillas eléctricas.

48

Los carros en los que se apilaba la basura también se usaban para retirar los peces muertos y la resaca de la ribera. A veces se necesitaban hasta cinco carros para dejar la playa limpia. Con esta tarea se facilitaba el acceso de las lavanderas, de las familias que solían acudir a tomar fresco y de los bañistas.

A raíz del gasto ocasionado por esta limpieza se creó un impuesto proporcional a la riqueza de los propietarios de las casas cuyos sectores eran higienizados. Esto provocó resistencias, por lo que se procedió a licitar tanto el barrido y la limpieza, como el cobro del impuesto. Como éste no tenía vigencia en todo el radio urbano, había zonas alejadas del centro que se caracterizaban por la acumulación de basuras y la abundancia de roedores.

Las calles se barrían entre las seis de la mañana y las cinco de la tarde, con escobas fabricadas por los presos. Los propietarios debían hacerse cargo del aseo del frente de las casas, por lo menos una vez a la semana, aunque no todos cumplían con esta obligación.

En las calles de tierra, fuente de polvo en los días de viento, se aplicó el sistema de riego, que se veía dificultado por la escasez general del agua en la ciudad.

Hacia 1880, se comprobó que muchos vecinos, propietarios o inquilinos arrojaban sus detritus domiciliarios en las letrinas públicas, preparadas y mantenidas por la Municipalidad. Esto provocaba que las bocas de tormenta y los sumideros se taparan e impidieran que las aguas de lluvias escurrieran.

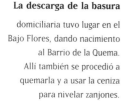

La descarga de la basura domiciliaria tuvo lugar en el Bajo Flores, dando nacimiento al Barrio de la Quema. Allí también se procedió a quemarla y a usar la ceniza para nivelar zanjones.

Para facilitar la higiene pública, se comenzó a clasificar la basura en los domicilios. Se separaban los residuos animales de los vegetales, los papeles, cartones u otros elementos que se podían quemar con facilidad, de los objetos metálicos, etcétera.

A mediados de septiembre de 1876, el atraso en el pago de los salarios provocó la primera huelga de peones municipales. La demanda tuvo un acuerdo parcial, pues al año siguiente se repitió la paralización de tareas.

La recolección regular de residuos se realizaba en determinados radios, por lo que quedaban calles donde los tachos y paquetes se amontonaban en las aceras produciendo molestias para los transeúntes y olores pestilentes.

Con la propagación de la moda de las estufas de leña, se produjo el problema del hollín que enturbiaba el aire de la ciudad. Entonces, se comenzó a obligar a quienes tuvieran estos artefactos a utilizar un aparato fumívoro que evitaba la salida del hollín.

Refugio hecho de restos.

Muchos de los que usaron la basura domiciliaria como medio de vida, usaron los restos de chatas y latas, para construir refugios temporarios y hasta verdaderos galpones achaparrados donde guardaban los materiales rescatados y reciclables.

UNA SOLUCIÓN NECESARIA

Las deficiencias en la higiene pública fue la causante directa y principal de las epidemias, especialmente por la existencia de huecos o plazas que, en realidad, eran depósitos de detritus. Allí se juntaban animales muertos, verduras, carnes de los mercados, restos de comidas domiciliarias y hasta algún que otro cadáver.

Como solución precaria se comenzaron a abrir zanjas, donde se enterraba la basura. Este método rápidamente demostró sus limitaciones y, por eso, se procedió a quemar la basura por medio de un horno o incinerador portátil, que se transportaba de barrio en barrio. La producción de ceniza se usaba en el relleno de pozos o pantanos que abundaban. Con las 200 toneladas de residuos diarios se logró que casi medio centenar de pantanos desapareciera. Con la ceniza se mezclaban también los escombros de las obras en demolición.

El primitivo horno portátil, de hierro, se fue deteriorando por el calor, los golpes y la impericia de algunos servidores, al mismo tiempo que comenzó a resultar insuficiente por el crecimiento de la cantidad de basura.

Los carros municipales se usaban para recoger la basura y transportar escombros, así como las piedras y la arena que se necesitaban en la

PASEO PORTEÑO

Avenida de Mayo.

La modernidad porteña quedó expresada al inaugurarse la Avenida de Mayo, pues además de los edificios recientes albergó tiendas muy bien surtidas, teatros y confiterías o cafés lujosos, algunas de ellas convertidas en peñas, como el caso del Tortoni.

Desde las once y media Sorel se dio en llenar las vidrieras de la calle Florida, con sus miradas provincianas y calculadoras. Dejaba una mirada pero recogía una impresión de su persona. Los cristales dábanle un Sorel de galera, enguantado, casi elegante. Muy disimulado el provinciano, que ocultaba con decoro. Un Sorel que bien valía una mirada femenina, desde un doble faetón con la capota arrollada a las espaldas, como una mochila militar ...

... A las doce menos cuarto se cruzó con un Lincoln, a la altura del 900. El reloj de la Torre de los Ingleses le salpicó el cocktail de las campadas del tercer cuarto de hora. En el automóvil iban dos criaturas adorables. Sorel volvió a Florida adentro, aguas arriba, se podía decir, si viésemos en la amplitud de la calle Charcas la desembocadura del torbellino matinal. La estela que dejaban las "adorables criaturas" le impulsaba a seguir hacia el sur.

El tráfico no terminaba de hacerse frecuente. Caminó tres cuadras, paso a paso, y concluyó por enredarse en las miradas, pesadas como cables, de los socios del Jockey. Se le ocurrió observar la fachada del Club y hallóle un aire de viejo edificio de museo. Y con esa impresión, vio en la cara de los socios apostados un poco de museo, es decir, fachadas despintadas de viejos cuadros patricios. Como lienzos descolgados de una pared de museo, sacados a tomar el sol.

Al detenerse se llevó por delante a un alto señor inglés, el cual, haciendo "training" se dirigía a Retiro a tomar uno de esos doce y siete o doce y veintiuno, rápidos al Tigre o a Belgrano.

Sorel golpeóse las solapas, a fin de que volaran las ceniza de la pipa del inglés, continuó su camino. Se le metieron en el oído las serpentinas de tres frases desconcertantes: "¡Andá, hombre, si te están haciendo señas!", la primera. "Si lo dejan en ese estado, no va a pagar a nadie", la segunda, puesta en voz aguardentosa; y la tercera frase que le tirabuneó el oído derecho, decía: "Pero si es la misma el 'Cap Norte', la cordobesita".

Sorel, alado de respuestas imaginarias continúa su camino. Siente que se lleva un cielo por delante, un cielo bajo de sábado audaz que morirá en el pesado domingo. Frente al Richmond se almibara de miradas pegajosas. Y unos pasos más vuelve a cruzarse con el Lincoln, con las dos criaturas, con unos ojos verdes y con unos impertinentes plegados en las manos de una de las mujeres, como un diminuto arco de flecha, con la cuerda floja.

A Sorel no le perecen ahora tan hermosas las "adorables criaturas". Al verlas por segunda vez comprueba que se trata de una criatura adorable y de una señora buena moza.

AZORÍN, Enrique M., *Buenos Aires y sus aspectos*, Galerna, Buenos Aires, 1967.

construcción. El ritmo de crecimiento se aceleraba día a día, por lo que la flota de medio centenar de carros y casi un centenar de animales pronto se vio multiplicada, igual que la cantidad de personas que se ocupaba de las tareas de limpieza.

En 1880, la Municipalidad disponía de algo más de ciento cincuenta animales, unos ciento veinte carros y tres corralones, donde había comodidades mínimas para el personal que trabajaba en las horas del día y los que velaban por las noches.

Los precios de los carros variaban mucho, aunque el promedio no bajaba de los 3.000 pesos. Cada caballo útil tenía una cotización cercana a los 600 pesos.

LA BASURA Y LAS PESTES

La década de 1870 dejó un trágico recuerdo en la memoria de los porteños. Entre fines de enero y mayo de 1871, en Buenos Aires fallecieron 13.725 personas.

La gravedad de la fiebre amarilla hizo que se paralizara todo el aparato estatal y, colateralmente, sirvió para que las autoridades municipales, provinciales y nacionales buscaran una solución para la higiene pública, dadas las deficiencias que se pusieron de manifiesto.

La mayoría de las opiniones coincidió en señalar al Riachuelo como el principal foco propagador de la epidemia, dada la presencia de barcos, barcazas, saladeros y barracas que se amontonaban a sus orillas.

Se sugirió, entonces, concentrar la basura cerca de un punto situado entre Puente Alsina y La Boca, para incinerarla y dejar que los cerdos sueltos se comieran lo restante.

Además, se planteó la idea de concentrar los residuos por medio de un tendido de vías férreas, como ramal secundario del Ferrocarril Oeste. A pesar de la gravedad del tema, ambas propuestas tardaron en concretarse.

Dos años más tarde de la fiebre amarilla, estalló el cólera, que desde la calle Moreno se extendió con velocidad y sin piedad por los barrios aledaños.

Como remedio y, siguiendo métodos intuitivos, se procedió a desinfectar con ácido fénico los sumideros –los llamados pozos negros– y las letrinas. Esta limpieza se extendió a los zanjones del norte y sur de la ciudad, que, en la práctica, eran los sitios donde verdaderamente se descargaba basura urbana, pues las lluvias apuraban a sus cauces desde árboles tronchados hasta cadáveres de perros, gatos o alimañas.

Basural de Flores.

Aspecto que presentaba un sector del basural en el Bajo Flores, después de haberse procedido a su distribución y separación de los distintos elementos que lo constituían. Al fondo se observa la basura, ya lista para ser llevada a los hornos.

NUEVAMENTE LA QUEMA DE BASURA

Para proceder a la quema masiva, se necesitó un lugar adecuado. Éste se conoció genéricamente como la cina-cina o Paso de Burgos, remoto origen del Barrio de las Ranas. Sin embargo, el sitio se llenó más rápido de lo que se había pensado, pues el volumen de la basura se había multiplicado por tres.

Ese millonario gasto y los magros resultados obtenidos hicieron que se pusiera el acento de la acción en la quema directa de todo lo reunido.

BASURA EN TREN

El trazado de las vías del Tren de la Basura se iniciaba en Sánchez de Loria y Rivadavia y llegaba hasta las orillas del Riachuelo. Tenía una extensión de 8.500 metros y terminaba su recorrido en un terreno de unos 75 metros de frente por 150 de fondo. Estaba rodeado por una línea de postes de ñandubay unidos con alambre liso. Como el terreno recorrido no era parejo se hicieron terraplenes, rellenos, nivelaciones y viaductos, como el Puente Colorado.

Los vagones que llevaban la basura desde el centro hasta el Riachuelo, regresaban cargados de carbón, que se usaba en las máquinas del ferrocarril. Ocasionalmente, el tren servía también para el traslado de carnes y pasajeros, por lo que se le agregaban dos coches para tal fin. El precio del viaje desde Once hasta el Riachuelo era, por persona, de tres pesos para la ida y de cinco para la ida y la vuelta.

El aumento de basura, que llegó a superar las 400 toneladas diarias, incrementó la cantidad de vagones y de viajes, así como también promovió algunos proyectos para utilizar los residuos con fines más útiles como el abono. En 1880, se estima que había 93 personas trabajando en la quema.

A causa del elevado costo y sus escasos resultados, el servicio duró hasta 1895.

A medida que la ciudad se extendió, se adoquinaron y pavimentaron más calles, por lo que la limpieza de estos sectores mejoró notablemente.

El método más eficaz para hacer desaparecer la basura siguió siendo la quema en hornos o a cielo abierto.

SANEAMIENTO DEL RIACHUELO

Ya hacia fines del siglo XIX se hizo imperiosa la tarea de salvar el Riachuelo de la contaminación ambiental, ocasionada por las corrientes que llegaban, arrastrando detritus y basuras de los domicilios o de las manufacturas. En sus aguas se arrojaban productos de las destilerías y también residuos sólidos que, por desidia, se evacuaban durante el traslado. Los desechos de las casas de comida y de las carnicerías se debían destinar como alimento para los cerdos que pululaban en algunas zonas y que eran propiedad de los cirujas.

Estaba absolutamente prohibido descargar en el Riachuelo el contenido de los carros atmosféricos que hacían el destape de los pozos negros domiciliarios.

LOS BARRENDEROS

La limpieza de las calles adoquinadas o pavimentadas estaba a cargo de cuadrillas de barrenderos que, en forma orgánica, atendían determinados sectores o zonas más o menos libres. Este sistema de limpieza, con cepillos y carritos manuales, fue creciendo a medida que se extendió la ciudad y la Municipalidad contó con más dinero para pagar jornales.

Los planteles de barrenderos se incrementaron durante las pestes, pues entonces se hacía necesario extremar la higiene, aunque, pasada la alarma, volvían a los niveles considerados como normales.

Al personal municipal que se dedicaba a barrer las calles se los llamaba barrenderos y fueron el antecedente de los posteriores musolinos, conocidos así porque la mayoría era de nacionalidad italiana.

En 1900, de las casi 4.500 cuadras transitables de la ciudad, había un 52 por ciento adoquinadas, un 27 por ciento empedradas, un 1 por

DE ALDEA A METRÓPOLI

La Casa de Gobierno o Rosada, con el aspecto que presentaba, después de la demolición del Fuerte. Por su calle frontal circulaban tranvías a caballo, luego reemplazados por los eléctricos. Ambos tenían parada frente a la entrada principal.

Las calles eran empedradas, algunas con veredas tan altas en relación con la calzada, que recuerdo, siendo yo niño, haber visto en la calle Paraguay, entre Maipú y Florida y en la del Temple (hoy Viamonte), en cada una de esas cuadras, un puente de hierro pintado de rojo para que la gente pudiera atravesar de una acera a otra, sobretodo cuando las copiosas lluvias convertían esas calles en arroyos. El tránsito no era intenso; los carruajes, cupés, landós, victorias, arrastradas por caballos trotadores rodaban ruidosamente sobre las piedras; los había lujosos con briosas yuntas manejadas por cocheros de librea y chistera: los tranvías, vagones cerrados en invierno y jardineras abiertas en verano con cortinas de lienzo protectoras del sol, se anunciaban desde lejos con toques de cornetín en las esquinas, y cuando el terreno se empinaba, aguardaba al coche el jinete cuarteador, compadrito orillero que cumplía su oficio canturreando milongas, mientras el mayoral estimulaba con interjecciones las bestias de tiro.

En los barrios residenciales veíanse de mañana a los lecheros, casi todos vascos, que llevaban en los costados de sus cabalgaduras sus clásicos tarros de la-

tón, o a los que arriando alguna vacas con sus mamones, al son tintineante de su cencerro, ofrecían leche recién ordeñada; andaban todavía viandantes vendedores de mazamorra: aguateros, cuando aún no se había establecido el servicios de aguas corrientes, llevando el líquido traído del río en enormes pipas de madera; en las esquinas esperaban al cliente los changadores con su cordel: eran mocetones corpulentos y membrudos; los faroleros corrían en la hora crepuscular con sus encendedores, rematados en una pequeña antorcha para prender los faroles de gas que iluminaban las calles con luz amarillenta.

Quedaban en esa época bastantes negros, a pesar de su disminución considerable desde los viejos tiempos; la casi totalidad de los servidores de la Administración y Congreso lo eran, y también estaban, sobre todo las mujeres, adscriptas al servicio doméstico de las familias tradicionales que las tenían de criadas vinculadas muchas de ellas a la casa a través de varias generaciones.

IBARGUREN, Carlos, *La historia que he vivido*, Peuser, Buenos Aires, 1955.

ciento afirmadas en madera y un 20 por ciento pavimentadas; el resto era de tierra.

Para seleccionar la basura callejera se usaban carros que recogían los papeles y cartones. Sin embargo, a medida que estos carritos se multiplicaron, comenzaron a entorpecer el tránsito, pues el personal a cargo los dejaba estacionados en cualquier parte o, durante la noche, encadenados a los postes de alumbrado o de telégrafo.

MUCHAS ORDENANZAS, POCOS RESULTADOS

Durante el período, se sancionaron numerosas ordenanzas, como la que intentaba sincronizar el paso del recolector y el momento en que la basura se sacaba a la calle o la que buscaba el uso de recipientes prácticos e higiénicos.

Una ordenanza de 1887, que tenía buenas intenciones pero que obtuvo magros resultados, fue la que dispuso que los bodegones, inquilinatos, fondas, casas de comida y alojamientos, entre sus instalaciones sanitarias, debían tener inodoros en buenas condiciones de funcionamiento.

Otro problema que seguía preocupando a las autoridades eran los residuos hospitalarios. Para solucionar el tema se propuso la instalación de hornos incineradores en los hospitales que estaban fuera de la red cloacal. A esta iniciativa siguió la de instalar incineradores en industrias y domicilios. Pero, dado el costo excesivo, sólo las casas de la clase alta podían colocarlos.

En 1908, finalmente, se sancionó la ordenanza para instalar hornos en hospitales, sanatorios, hoteles, cuarteles, conventos, colegios con pupilos y otros lugares, donde la producción de basura diaria llegara a los cien kilos.

LA VERDADERA QUEMA

La quema estaba ubicada en el bajo Flores, en los actuales barrios de Nueva Pompeya, Barracas y Parque Patricios. Se inauguró en la década de 1870 y funcionó durante varias décadas del siglo XX.

El piso se hundía con la simple presión del pie y no era raro que de las fisuras, que se formaban al paso de carros o personas, surgieran vapores pestilentes, líquidos podridos y huesos de animales muertos.

Una vez descargada, la basura se apilaba en parrillas de hierro y lata de manera desordenada y rápida, pues los peones no querían someterse a los olores, líquidos y ácidos que se desprendían de los desperdicios.

El método era inadecuado, porque se apilaban huesos, con restos metálicos, cartones y papeles; cuando llovía se apagaban los fuegos y había que esperar el cese del agua y que la basura se secara, para volver a

CONTRASTES DE LA CRISIS

Puerto de Buenos Aires, antes de su modernización. Se observa el malecón que se internaba en el río y terminaba en la Aduana de Taylor, que en la actualidad los porteños y turistas pueden apreciar gracias a posteriores excavaciones.

A fines de ese año (1890), según la prensa periódica de Buenos Aires, la aduana está abarrotada de productos encargados a Europa con el oro más bajo; el comercio no los retira ante la imposibilidad de poderlos vender, y si bien los artículos de primera necesidad no faltan están a precios que se consideran "fabulosos", por lo que el trabajador debe disminuir el consumo y es así que se consigna el cierre en 1889 de unos 400 almacenes al menudeo en la Capital. A fin de año el oro había pasado la barrera de los 240 %, y los gerentes de las casas importadoras, reunidos a tomar conjuntamente las medidas más oportunas, decidían telegrafiar a Europa anulando o suspendiendo sus pedidos, mientras los comerciantes minoristas elevaban los precios de sus mercaderías y los obreros y empleados pedían de continuo aumentos que compensaran la carestía de la vida.

En contraste las estadísticas nos hablan del aumento de la población de la ciudad en 61.000 almas, que cada habitante consumía en el año 72 kilos de carne, 25 de verduras, 6 kilos de aves, 36 kilos de pan y cinco docenas de huevos, que la Bolsa había cotizado títulos por 1.000 millones de pesos, en el Registro Público de Comercio habían anotado 122 sociedades anónimas que se comprometían a suscribir acciones por 350 millones de pesos y que la vida social era tan intensa que siempre estaban llenos los hipódromos, los frontones para practicar el popular deporte de la pelota vasca y los teatros que existían en número de 13 a los que habían asistido casi 3 millones de espectadores. Se había perdido en gran parte la cosecha de maíz y trigo es cierto, pero se habían pavimentado 350 calles; cruzaban la ciudad 7 líneas de tranways, habían transitado 13.700 vehículos; los permisos de construcción se elevaban a 3400 y las casas de cambio prosperaban merced a la afluencia de inmigrantes, que llegados por 300.000 en ese año, exportaban sus ahorros o lo metalizaban.

SAMBUCETTI, Susana Ratto de, "El trabajo en Buenos Aires, precios y salarios según una fuente inglesa", en III Jornadas de Historia de la Ciudad de Buenos Aires. El Trabajo en Buenos Aires, Instituto Histórico de la Ciudad de Buenos Aires, Buenos Aires, 1988.

prender los fuegos. En esas oportunidades, los cirujas recorrían la quema con sus bolsas y pinches metálicos, aunque debían competir con roedores, cerdos, vacas, aves de corral y algunos perros que tenían allí sustento seguro.

Lo que juntaban los cirujas iba a los depósitos de reducidores o de licenciatarios que reciclaban todo lo que se podía, como vidrios, botellas, metales, maderas, telas, carnes y animales muertos; estos dos últimos se destinaban a alimentar cerdos y aves que luego se vendían a los restaurantes a muy bajo precio. Quienes vivían de los desechos recuperados se aglutinaban en construcciones muy precarias construidas con latas, maderas o palos, a pocos metros del actual estadio del Club Huracán. La pobreza y la falta de aseo se veían tanto en la ropa como en los alojamientos. Los cirujas se distinguían según el tipo de material que reunían: botelleros, fierreros, bronceros, traperos, etcétera. La recolección de materiales livianos se dejaba para las mujeres y los niños.

CÓMO ERA EL SERVICIO

A principios del siglo XX, la Municipalidad utilizaba algo menos de 800 caballos, destinados a la tracción de unos 400 carros. El servicio de recolección de basura tenía varios itinerarios, a fin de realizar con la mayor eficiencia posible la limpieza de la ciudad.

El horario –en términos generales– se adecuaba a las estaciones; en verano el trabajo se iniciaba a las cinco y concluía a las once de la mañana y en invierno comenzaba a las seis y finalizaba a las cuatro de la tarde. Hasta que eran descargados, los residuos entraban en descomposición y, a causa de los trayectos desparejos, una parte se caía en las calles.

La ciudad estaba dividida en tres sectores principales de recolección. Algunos sitios como Flores y Belgrano carecían de una atención diaria.

A principios del siglo XX los residuos diarios superaban las 700 toneladas. Esa cantidad puede dividirse en algunos rubros. Así, los metales representaban el 24 por ciento; los alimentos desechados, el 56 por ciento; los trapos, papeles, botellas, cerámicas y lozas, el 18 por ciento; el 2 por ciento restante era de materias muy variadas. La cantidad de comida desechada demuestra que en la ciudad se comía mucho y mal. La zona céntrica, de mayores recursos, generaba el doble de ese tipo de basura que los barrios alejados y pobres de la ciudad.

HORNO BAKER

Finalmente, la Municipalidad adoptó el horno Baker para proceder a la quema de la basura. Era de fabricación inglesa y, para su prueba, se instaló en Palermo. A fin de que tuviera un óptimo funcionamiento fue necesario adaptarlo a la naturaleza de la basura porteña, con lo que se logró superar los inconvenientes y las críticas. El tiempo de ensayos insumió un año. Entonces, se procedió a la instalación definitiva en Flores (Varela, entre Remedios y Tandil) y se trató de aprovechar su energía calórica para generar electricidad, ya que la combustión llegaba a superar los 1000 grados de temperatura.

Dados los buenos resultados, a partir de 1907 se instalaron otros hornos en varios lugares, como, por ejemplo, Pompeya, que fueron reemplazando la vieja quema.

HUELGA DE BASUREROS

En 1914, el Tercer Censo Nacional informó que la población porteña ascendía a 1.575.824 personas. Si se estima la producción de basura en un kilo por persona, se pueden calcular más de 1000 toneladas de basura diaria.

La tarea de recolección se vio complicada cuando, en 1917, estalló la huelga de basureros que paralizó la eliminación cotidiana. Aunque duró poco tiempo, las pilas acumuladas en las calles inundaron toda la ciudad con un olor pestilente, que dio origen al consiguiente malestar y las quejas de los ciudadanos.

Una vez superado este inconveniente y luego de corregirse algunos aspectos del funcionamiento general, se pudo determinar que, para la fecha, la cantidad de cuadras cubiertas por el recorrido de la limpieza era de 13.579, lo que representaba el 72 por ciento de las que había en la ciudad. Los carros ascendían a 594 y el número de personal era ligeramente superior. Para la limpieza de los mercados, como el de San Telmo, Spinetto, Monserrat, se destinaban unos treinta vehículos.

La modernización en la recolección de basura se acompañó con digestos punitivos, para quienes arrojaran basura en la calle o desatendieran las medidas precautorias para mejorar la higiene general de la ciudad.

COMIDAS RÁPIDAS Y HOGARES MODERNOS

Sopera, con su correspondiente plato soporte.

La vajilla de la clase alta se formó con piezas importadas desde Inglaterra, Alemania o Francia. Muchas de ellas demuestran una exquisita manufactura y un delicado gusto en la decoración.

En Buenos Aires se produjeron transformaciones similares en el exterior e interior de los hogares.

De la misma manera como se modificaron los frentes de los edificios y las disposiciones internas de las construcciones, haciendo desaparecer habitaciones y patios, en los menús diarios de las familias, sin distingos de clases sociales, se fueron introduciendo novedades culinarias, eliminando progresivamente preparados, para que los almuerzos de siete o más platos, quedaran reducidos a sólo dos o tres y el postre.

Poco a poco el ritmo diario iba cambiando, para pasar de moroso a ligero. Ya no había tiempo para ocuparse de molduras o artesonados recargados —salvo excepciones—. Los jefes de familia ya no tenían dos o más horas de descanso en los mediodías, para almorzar con toda la familia y luego quedarse a hacer la sobremesa con la esposa y los hijos.

Las construcciones necesitaban darse en uso, a la brevedad posible, ahorrando tiempos y costos. Asimismo las comidas debían ser preparadas en menos tiempo del tradicional y tener al final una presentación aceptable en las formas y el contenido.

La ciudad fue adquiriendo un ritmo cada día más acelerado, donde la premisa "el tiempo es oro" tenía plena vigencia, tanto en las actividades bursátiles, como en la intimidad de los fogones proletarios.

En los sectores más pobres ya no era posible destinar tres o cuatro horas para asar un costillar completo, pues los horarios impuestos por los empleadores en fábricas, talleres, comercios o servicios, imponían actividades de más de diez horas, muchas veces con intervalos que sólo permitían mordisquear un mendrugo. Lo mismo ocurría en los sectores gerenciales. Éstos regulaban los almuerzos de trabajo, para hacerlos lo más concretos y breves, pues la presencia del gerente, director o propietario era necesaria al frente de las actividades.

En la construcción ocurrió el mismo fenómeno. Ya no era posible tardar tres o cuatro meses para realizar una obra, pues la ciudad reclamaba de manera silenciosa pero perentoria construcciones nuevas en todos los sectores urbanos, para dar alojamiento a talleres, depósitos, fraccionadoras, negocios mayoristas o al menudeo, o sencillamente para permitir la instalación de remendones, adaptadores de ropas o menaje averiado.

COMIDAS

La alimentación tradicional a base de carnes, casi sin consumo de pescados, verduras, hortalizas ni frutas, que predominaba en la clase trabajadora, fue cambiando por la influencia de los inmigrantes.

En la década de 1870, entre las amas de casa, se popularizó el libro de cocina de Juana Manuela Gorriti, *Cocina ecléctica*. A través de sus trescientas recetas trataba de rescatar y modernizar las viejas comidas de la época hispánica. Con este objetivo, reemplazaba condimentos e ingredientes típicos del norte argentino o del Alto Perú, por los que se hallaban disponibles en las proveedurías porteñas. Por ejemplo, en las empanadas cambiaba la carne salada por la fresca, que se podía adquirir con facilidad en las carnicerías y los mercados de la ciudad.

Una de las características predominantes en las comidas era el uso de grasa animal (vacuna o porcina) derretida. Poco a poco, esta costumbre fue reemplazada por el aceite de oliva, a causa de la influencia de la inmigración mediterránea y, más adelante, por otros aceites, también vegetales y de fabricación nacional.

La grasa vacuna se compraba en las carnicerías bajo el nombre de grasa peya y se derretía a fuego lento.

En algunos platos, de preparación exquisita y origen francés, se empleaba grasa de ave (especialmente de gallina o de ganso). Sin embargo, esta tendencia no llegó a popularizarse.

En la mayoría de las casas de la alta burguesía y de la clase media en ascenso, el puchero era casi el plato diario obligado, que contenía unas ocho variedades de carne, además de embutidos, legumbres y verduras.

Este panorama cambió, de manera sutil aunque constante, a raíz de la presencia de las distintas colectividades (alemana, inglesa, árabe, francesa, judía, española), que trataban de mantener las costumbres alimenticias de sus lugares de origen. Por eso, aparecieron en las mesas porteñas potajes y pastas, acompañados con chorizos en grasa, lewerburst, carnes crudas envueltas en hojas de parra, carnes ahumadas y verduras frescas. Es interesante agregar que la primera alusión al tomate en una obra escrita se realizó en el *Martín Fierro*.

Fuente de porcelana.

Formaba parte de la vajilla perteneciente al doctor Nicolás Avellaneda.

(Museo Histórico Nacional, Capital Federal.)

PIZZA

La tradición italiana se impuso con el consumo de pastas y polenta, aunque alcanzó su máxima influencia con la pizza, de preparado rápido, sencillo y de bajo costo. Esto último hizo que muchos sectores sociales la adoptaran, ya que por unos pocos centavos tenían el almuerzo o la cena para dos o tres personas. También se popularizó la fugaza que se podía comer sola o acompañando la pizza. Con el tiempo, ambas se

ESTUDIO DE LA PIZZA

Inmigrantes italianos. La pizza, de origen italiano, se ha convertido en el sustituto rápido, apetecible y barato, de muchos porteños, que a veces la complementan con la fainá del mismo origen. Tiene la propiedad de ser preparada para los gustos más dispares y de variada procedencia.

Un investigador italiano, Giovanni Artieri, ha dicho —seguramente en un provocador momento bajo los efectos de una porción rociada con buen vino— que la pizza debe nacer desnuda, como Venus, sobre la mesa de mármol y entre las nubes de harina del maestro batidor. Es hora de abrir un capítulo sobre la pizza clásica tal cual la concibieron en Nápoles hacia fines del siglo pasado. Es decir, el estado en que se encontraba la pizza cuando sus primeros dueños morales la hicieron cruzar el mar. La pizza clásica tiene tres rostros de inmarcesible pureza estilística, cuyas líneas llegan hasta nuestros días. Estos rostros son: La pizza alla porta e San Genaro, o sea, con albahaca; la pizza a la marinara y la pizza alla Margherita.

La pizza alla San Genaro incluye harina de aceite sazonada con sal, pimienta, queso y pellizcos de albahaca. La marinara (a la marinera), requiere aceite, tomates y hongos, aceite y tomate, o queso y tomate, pero siempre es definida, perfumada con orégano y ajo. Pueden añadirse filetes de anchoa en conserva.

La pizza alla Margherita es como la marinara, que lleva muzzarella y debe su hermoso nombre a la reina Margarita, esposa del rey Humberto I de Italia. Durante el verano de 1889, escribe Néstor Luján en su *Viaje por las cocinas del mundo*, escrito en 1971, la pareja real visitaba Capodimonte. Quisieron conocer la pizza. La reina era una saboyana, prima de su esposo, altanera, dignísima e intransigente y dio un porte majestuoso a la dinastía. Como era de esperar, no podía soportar el aroma grosero e insolente del ajo, tan grato a otros paladares reales. En Nápoles —continúa Néstor Luján— Don Raffaelle y su mujer, la signora Rosa, los reyes de la pizza, en aquel momento, decidieron elaborar una variedad acidulada, y sin grosería, para la reina. Y así nació la pizza alla Margherita, hoy difundida mundialmente, hecha con harina, aceite de oliva y queso muzzarella.

HORVATH, Ricardo *et al.*, *Café, bar, billares*, Instituto Movilizador de Fondos Cooperativos C. I., Buenos Aires, 1999.

convirtieron en los bocados que se expendían en las canchas de fútbol. El barrio de la pizza por antonomasia sería La Boca, donde se concentró la mayor parte de la inmigración xeneize.

Estos cambios culinarios también se vieron acompañados por nuevas bebidas. El tradicional vino carlón comenzó a ser reemplazado por los aperitivos y la cerveza.

DULCES

El dulce de leche, con vainilla, canela o chocolate rallado era un postre muy popular. Se preparaba en las casas de familia, a base de leche, a la que se le agregaba azúcar en cantidad necesaria. La leche se hacía hervir al fuego, mientras se la revolvía continuamente con cucharas de madera para evitar que se pegara y tomara feo gusto. Este dulce era el postre familiar y, también, el complemento del pan del desayuno o de la merienda.

El verdadero origen del dulce de leche no se conoce con certeza, aunque, ciertamente, por iniciativa de Vicente L. Casares –propietario de La Martona– en la década de 1870, se inició la producción industrial de este dulce que, de inmediato, se arraigó en el gusto popular.

Paralelamente a la venta del dulce de leche, La Martona logró imponer su leche y otros productos lácteos en los comercios porteños y se extendió, de manera paulatina, a los partidos de la provincia de Buenos Aires. Esta empresa le brindaba al consumidor la garantía de buena calidad, frescura y precios accesibles, por medio de una cadena de negocios distribuidos, tanto en el centro como en los barrios.

En la economía doméstica también existía la costumbre de preparar dulces, jaleas o compotas con frutas de estación. La habilidad y la imaginación de las mujeres dio lugar a una infinita lista de gustos, donde existían las más diversas combinaciones, muchas veces impuestas por la escasez de los distintos ingredientes. De esta manera, aparecieron los dulces de uvas y naranjas, hervidas hasta una consistencia que permitía untarlas con cuchillo o comerlas con cuchara.

Lo mismo se puede decir de las mezclas de duraznos con pelones o ciruelas, de higos con bananas, y de damascos con naranjas o duraznos.

A medida que la industria puso a disposición de los consumidores productos de buena calidad a precios accesibles se fueron dejando de lado los dulces caseros.

PAN

Otro cambio sustancial se produjo en la fabricación del pan. Del pan bazo, el de última categoría, hecho con un poco de harina de trigo mezclada con otras de menor calidad, se fue llegando progresivamente a dos categorías excluyentes: el de primera calidad, a 10 centavos el kilo y el de segunda, a 6 centavos el kilo, consumido casi exclusivamente por los sectores trabajadores.

Ese proceso de mejora fue paralelo a la obtención de harina de primera calidad con los trigos nacionales, que primero desplazó y, finalmente, concluyó con la importación de trigo de Europa y los Estados Unidos.

¿QUIÉN ES EL INVENTOR DEL DULCE DE LECHE?

Vicente L. Casares
[1848-1910]

Dio impulso industrial al dulce de leche, desde su empresa La Martona, fundada en 1890. Este dulce es desde entonces el postre o el complemento de muchas comidas.

Aunque Chile, Perú y Uruguay se disputan con la Argentina la paternidad del dulce de leche, la tradición oral bonaerense cuenta que el 24 de junio de 1829, en la estancia La Caledonia, se firmó el "Pacto de Cañuelas" entre Juan Manuel de Rosas —jefe de las fuerzas federales— y el comandante del ejército unitario Juan Lavalle. Supuestamente, una criada estaba a cargo de la lechada (leche caliente azucarada), con que tomaba sus mates Rosas. Al llegar Lavalle, cansado del viaje, se recostó en el catre en el que usualmente descansaba don Juan Manuel. La criada que le llevaba el mate al Restaurador encontró ocupado el lugar por el jefe enemigo y dio aviso a la guardia. Mientras tanto, la lechada olvidada hervía en la olla y su contenido se transformó en la mezcla que hoy todos conocemos como "dulce de leche".

La receta fácil es la siguiente: Ingredientes: 3 litros de leche, 1 kilo de azúcar y bicarbonato de sodio.

Para prepararlo se necesitan los siguientes elementos: 1 olla, 1 cuchara de madera para revolver y 1 plato chico. La preparación debe cumplir las siguientes etapas: 1) Mezclar en la olla la leche, el azúcar y revolver. 2) Colocar el platito en el fondo de la olla en forma invertida. Con ello se impide que se queme y pegue el contenido de la olla. 3) Cocinar la mezcla a fuego moderado, revolviendo con la cuchara de madera. 4) Debe hervir hasta que la consistencia sea la buscada. Una vez lograda, se agrega el bicarbonato para mejorar el color.

Se estima que el consumo anual en la actualidad, por habitante, en la Argentina es de 3 kilos. La producción, también anual, es de 110.816 toneladas, de las que se exportan 3.057. Los países más consumidores de dulce de leche son Rusia y Paraguay.

Revista *VIVA. Clarín.* 28-5-1999.

También coincidió con la tecnificación del proceso de producción, pues de los hornos pequeños se pasó a los grandes, instalados en las cuadras. Durante la noche, las cuadrillas de obreros, bajo el mando del capataz, preparaban, amasaban y cocinaban el pan, que, crocante y todavía caliente, se compraba por las mañanas.

Un proceso semejante se produjo en la fabricación de factura, con la incorporación de la amasadora mecánica, la cortadora de masa y el reemplazo de los hornos a leña por los eléctricos.

Muchas de las panaderías que contaban con hornos capaces de procesar gran cantidad de bolsas de harina, se convirtieron en proveedoras de las panaderías barriales, a las que les resultaba más barato comprar el pan hecho que fabricarlo. Las proveían de facturas, postres, harina suelta o empaquetada y, además, aceptaban la devolución del pan que no se vendía, pues lo convertían en pan rallado, que luego volvían a vender.

COMIDAS A PEDIDO

Otro cambio importante fue la aparición de las casas de comidas a pedido, que aliviaban las tareas domésticas, permitían improvisar una cena para visitas inesperadas y daban la posibilidad de ofrecer banquetes o cenas íntimas con comidas frías y calientes.

Estos negocios especializados también ofrecían el alquiler de cubiertos, copas, manteles, servilletas y personal, para que las comidas se ajustaran al más estricto protocolo culinario.

Se destacaban especialmente el restaurante Charpentier, El Molino y Los Dos Chinos, que acaparaban las preferencias de la clase adinerada porteña.

El Charpentier se instaló en 1879 en la esquina de Florida y Sarmiento. Tenía hermosos salones lujosamente decorados, con fuentes de agua y jaulas con canarios y ruiseñores.

Allí se podían instalar cincuenta y dos mesas, para el público general, y cinco de salón, para reuniones íntimas o familiares. La cantidad de comidas despachadas al mes insumía 1.500 pollos, 250 pavos y 1.400 kilos de carnes rojas variadas.

Frutera

Pieza de la vajilla que perteneció a Juan Manuel de Rosas, y que fue usada por los presidentes Julio Argentino Roca y Victorino de la Plaza.

(Museo Histórico y Colonial doctor Enrique Udaondo, Luján, Buenos Aires.)

VARIACIÓN CULINARIA

Como consecuencia de la inmigración, el menú porteño se multiplicó casi hasta el infinito.

66

Aviso de café.

El café ha sido desde siempre la coronación de las comidas diarias, y aun el pretexto de muchos para fumar después de comer. Para otras personas, es el motivo de reunirse con amigos e intercambiar ideas y opiniones.

(Caras y Caretas.)

En la mayoría de las familias porteñas, los menúes domingueros se dividían entre el asado tradicional y las pastas amasadas en la casa, que se acompañaban con tuco o manteca y se sazonaban con queso rallado.

El asado, a su vez, dejó de ser una comida exclusivamente carnívora, pues se lo empezó a acompañar con ensaladas de verduras frescas, muchas de las cuales se obtenían en la quinta familiar.

Asimismo, se difundió el consumo de pescados frescos, provenientes del río más cercano o conservados en aceite de oliva, salsa de tomate o escabeche; el bacalao para Semana Santa, llegaba de Islandia, Finlandia o Noruega; al mismo tiempo, aumentó el consumo de té, chocolate, café, pimienta, pimentón, sal, azafrán, polenta, garbanzos y porotos, estos últimos empleados, sobre todo, por italianos y españoles.

A pesar de que existían tierras suficientes para producir estos alimentos, se debía recurrir a la importación porque se carecía de producción local.

En 1905, por ejemplo, en Buenos Aires y en las chacras del interior, se consumían sardinas, cervezas holandesas, whiskys europeos, champagnes franceses, vinos italianos y españoles, chocolates españoles o suizos y dulces de diversos orígenes. La yerba paraguaya predominaba en los boliches de los pueblos del interior, lo mismo que el azúcar tucumano.

EL PAN DE FIN DE SIGLO

La masa se trabajaba en bateas de madera de uno, dos o tres metros de largo por unos ochenta centímetros de profundidad. Allí se echaban los ingredientes básicos: harina y agua, que era necesario mezclar; el panadero con enorme esfuerzo iniciaba la tarea a mano pero terminaba con los pies; debía recurrir a "la pisada" para darle consistencia (lienzo por medio, por supuesto).

Después, esa masa semiunida, de muchos kilogramos de peso, pasaba de la batea a una mesa llamada "tono", y el cuchillo era imprescindible para despegarla de su continente. Había llegado el momento de amasar, pero no había máquinas y el brazo resultaba poca ayuda para mover esa masa caprichosa que empezaba a fermentar, al contacto de pequeños restos de masa del día anterior (que hacía las veces de levadura).

Había que domarla, dividiéndola en trozos arrancados con las manos, que después se descargaban con fuerza ocho o diez veces sobre la mesa. Trabajo sobrehumano; y como aún persistía la resistencia del material y la masa continuaba elevándose, debía dejarla descansar unos minutos. Ya se podía separar en bollitos y darles la forma deseada. Después de un *impasse* de dos o tres horas sobre una estufa, se abría la puerta del horno (de ladrillo o de barro), que mostraba su boca roja y caliente y los panes colocados en hilera sobre la pala desaparecían en ese particular recinto de temperatura infernal, para cumplir el proceso de cocción y llegar a los canastos, olorosos y crujientes. Se fabricaban pan francés, pan milanés y galleta típicamente rioplatense.

DELGADO, Gladys A. I. de, *Pequeñas historias de cien años.*

LIBROS DE COCINA

Mientras se iniciaba el consumo de aceites de oliva cuyanos y se hacían muy populares las carnes, menudencias y facturas producidos por algunos frigoríficos locales como La Negra o Swift, dichos establecimientos editaban libros con más de 1000 recetas de cocina, para promocionar sus productos.

No faltaban, tampoco, las publicaciones de recetarios que contenían desde el bife vuelta y vuelta, hasta extensas listas de dulces. A fin de ser considerado como de segura calidad culinaria, ninguno bajaba de trescientas recetas. De todos modos, si se realiza un análisis concienzudo y desapasionado de los platos, se llega a la conclusión de que todos tenían como base no más de cien preparaciones. La diversidad aparecía en los fiambres caseros, los postres y las tortas. También contenían recetas de panes para hornear en la casa, con el agregado de anís u otras semillas sabrosas y aromáticas, que respondían a diversas tradiciones étnicas.

Las proporciones se indicaban en cucharas, vasos y tazas y las recetas no bajaban de las cuatro, seis u ocho porciones, lo que demuestra que estaban dirigidas a familias con dos o más hijos.

Otra de sus características era la ausencia de indicaciones para contrarrestar el colesterol, mantener la silueta y hacer una dieta equilibrada. Ninguno fue escrito ni contó con la colaboración de dietistas ni higienistas. Sus redactores eran casi todos hombres y mujeres prácticos en el arte de preparar y presentar platos apetecibles y muy sabrosos, de acuerdo con los paladares de la época.

Mil fórmulas de Cocina
"LA NEGRA"

4ª.
EDICIÓN

Publicación de la
Compañía Sansinena
de Carnes Congeladas

Portada del libro de recetas culinarias

regalado por el frigorífico La Negra.

Por su intermedio, se promocionaba el consumo de los productos elaborados. Tenía más de 100 maneras de preparar comidas sabrosas y nutritivas.

CAZUELAS, POTAJES Y GUISADOS

Las restricciones presupuestarias impusieron la necesidad de preparar comidas ricas y baratas. Por eso se popularizaron los guisados, potajes y cazuelas. Cada plato revivía las costumbres culinarias de las diversas colectividades. Por este motivo, había comidas al estilo español, italiano, portugués y, como no podía faltar, al gusto argentino.

Tenían gran aceptación las cazuelas calabresas y de otras regiones italianas, así como los potajes aragoneses, sevillanos o gallegos.

En realidad, se distinguían muy poco entre sí, pues las diferencias estaban dadas por los ingredientes de las sopresatas y otros embutidos y la mayor o menor abundancia de verduras frescas o secas y de legumbres.

En los platos al estilo argentino se usaba el choclo o el maíz blanco, que reemplazaba otras verduras. El guiso criollo, combinación de las costumbres culinarias nativas e inmigrantes, se hacía con carne vacuna, zapallo, cebolla, ají, tomate, papa, batata, choclo y condimentos. El guiso carrero, muy típico de las regiones rurales, tenía menos verduras.

Otra variante, que luego se comercializó, fue la preparación de embutidos, a base de carne de cerdo y de vaca, condimentado con ají molido, pimentón, ajo o pimienta.

Muchos de estos platos, ya fuera por necesidades del presupuesto, por la falta de ingredientes o por gusto, se fueron asentando en las cocinas porteñas y pasaron a ser comidas cotidianas de la clase media baja y del proletariado.

Aviso publicado en *Caras y Caretas*.

Se promocionaba el consumo del extracto de carne. Y la imagen del vacuno se agregó para sugerir fuerza y salud con su consumo.

BOVRIL

BOVRIL, el mejor extracto de carne.
BOVRIL, da fuerza.
BOVRIL, para salud y belleza.
BOVRIL, es carne líquida.
BOVRIL, es fabricado en Londres.
BOVRIL, se prepara instantáneamente con agua hirviendo.

Se vende en todos los buenos almacenes y principales farmacias.

Únicos Agentes para la República Argentina:
MACKINTOSH Hnos. - Sarmiento, 327

El tradicional asado con cuero, hecho con carne de ternera, era una verdadera especialidad argentina, reservado para la yerra, la castración y alguna que otra tarea rural. Se comía con el cuchillo, los dedos y los dientes. No obstante, algunos restaurantes lo comenzaron a presentar como plato del día, pero servido con mantel y cubiertos, con lo que perdía el estilo de la informalidad campestre. Allí tampoco se podía beber del pico de la botella ni del chorro de la bota española.

En los diarios y revistas de este período, aparecían avisos de digestivos para curar el estreñimiento, la acidez y el eructo. Eran líquidos o polvos que se debían tomar antes o después de comer. También se promocionaban polvos, cremas y bebidas que combatían los granos y los eccemas cutáneos. Todo estos síntomas, según los avisos publicitarios, eran causados por los desarreglos en la cantidad y calidad de las comidas.

CLASIFICACIÓN DE LAS CASAS

Durante el período, se pueden reconocer cuatro tipos en la clasificación de las construcciones.

Según los primeros censos, los más primitivos eran los ranchos, que no llegaban a representar el 8 por ciento del total y que se ubicaban en la periferia urbana.

En segundo término aparecieron las edificaciones levantadas con ladrillos, en las que las tejas reemplazaban los techos de paja. Eran casas espaciosas, de habitaciones grandes y patios amplios; las primeras tenían pisos de ladrillos y los segundos, de baldosas. Se las conocía como casas chorizo por la sucesión lineal de los ambientes que culminaba en la cocina. En ellas, el centro de la casa era el horno, pues no había casa pobre o rica que no lo tuviera. Estas construcciones se levantaban con la intervención de los albañiles llamados alarifes. De acuerdo con los datos del censo de 1887, representaban un escaso 10 por ciento de la construcción.

Portal de ingreso

a la casa conocida popularmente como la Casa de la Virreina.

Las del tercer tipo eran más sólidas y elegantes y revelaban la intervención de arquitectos, ingenieros o técnicos especializados. En ellas se produjo una disminución en las dimensiones de los ambientes. En el piso de los patios predominaba la baldosa francesa, la pizarra, el granito, y el mármol; en las habitaciones apareció el piso de madera, preferentemente de pino. Se desplazaron los hornos, que fueron reemplazados por las cocinas de combustión interna. Estas construcciones tenían más ventilación y luz natural y menos humedad. No respondían a un estilo único, sino que eran el resultado de una combinación que buscaba la adaptación, tanto al medio como a las disponibilidades económicas. Si algunas eran pobres en adornos artísticos, había otras, las más costosas, cargadas de capiteles, frisos, cornisas, columnas, florones y ojivas que rellenaban el frente y los patios y que caían en la repetición de los mismos motivos ornamentales. Algo similar ocurría en el interior de los restantes ambientes.

Estas edificaciones, de penúltima camada, carecían de baños modernos, de hermosos vestíbulos y de escaleras. Otro aspecto negativo, y no desdeñable, era la subsistencia de las letrinas que descargaban en el subsuelo (napas freáticas) de la ciudad y que infectaban las capas internas. Este tipo de casas representaban el 58 por ciento de las construcciones, aunque estaban en marcado retroceso.

Por último, hallamos las consideradas modernas que se caracterizaban por su elegancia. En ellas predominaba el hierro que desplazaba la madera. Se distinguían porque tenían tres o cuatro pisos y sótanos que se utilizaban como depósitos de mercaderías o para instalar talleres industriales, lujosos despachos de bebidas o casas de modas. En los edificios destinados a vivienda familiar, en los subsuelos se hallaban la cocina, las despensas, los baños y las dependencias de servicio.

En estos edificios predominaban los estilos arquitectónicos como el alemán moderno. Representaban casi un 22,8 por ciento del total, lo que indicaba su expansión aunque no su predominio.

El tema de la provisión de agua necesitaba resolverse con celeridad, ya que, de acuerdo con el Censo de 1887, casi el 8 por ciento de las casas porteñas carecían de agua; el 43 por ciento se la proveía por medio de pozos y sólo el 12 por ciento tenía agua corriente instalada. El 37 por ciento restante se proveía de manera mixta, combinando el agua corriente, el pozo y el aljibe.

Recién en 1894 se dio término al edificio de Obras Sanitarias, sito en avenida Córdoba al 1900. En los años siguientes, y en especial desde 1903 a raíz de la ley 4.158, se fueron extendiendo las redes de agua potable y cloacas.

ADAPTABILIDAD AL TAMAÑO

Uno de los cambios más notables y, al mismo tiempo, más sutiles consistió en la reducción del tamaño de las construcciones. Los amplios patios interiores, llenos de árboles, se fueron transformando en alojamiento para nuevas familias. De las casas de 120 metros cubiertos, con 12 habitaciones, cuartos de servidumbre, azotea, mirador y dos o tres piezas al frente, se fue llegando a las de entre 40 y 60 metros cubiertos, que disponían de las dependencias imprescindibles para la familia. De los salones de recibo de 90 metros cuadrados se pasó a las salitas de recibo de 16 metros cuadrados. Las familias se fueron adaptando a dar sus fiestas en salones externos y alquilados para la ocasión. Los dormitorios, de 25 o más metros, se redujeron a 12 o 15. Muchas cocinas fueron desplazadas de la planta baja al sótano, con lo que perdieron espacio. El mismo fenómeno se registró en los muebles. Las camas se redujeron de tamaño, desaparecieron los baldaquines, los cortinados y los roperos grandes y pesados, construidos en maderas macizas. El mobiliario cambió su estilo, dejó de ser tan ornamental y se volvió más práctico y funcional.

A su vez, las piezas delanteras ya no se usaron como locales, pues la ciudad comenzó a tener zonas comerciales cada día mejor y más delimitadas.

COCINAS

Durante la primera etapa del período, la clase media media y la alta burguesía utilizaban el fogón a leña y el horno de barro, que se ubicaban en el segundo piso de las viviendas. Luego, emplearon las hornallas internas y, más tarde, las cocinas metálicas, alimentadas con leña o carbón, que al principio llegaban importadas. Estas últimas estaban fabricadas de una manera verdaderamente ingeniosa, tanto por la gran economía de materiales como por el sistema para la eliminación de gases y cenizas. Cada modelo que se ofrecía era más práctico y útil que los anteriores. De las reducidas que reemplazaban a los hornillos, se pasó a las que contaban con hornos, donde se podían cocinar tanto comidas como postres. En una etapa posterior, aparecieron las que tenían un depósito de agua que se iba calentando y que servía para realizar la limpieza posterior. Asimismo, los aros de distintos tamaños comenzaron a emplearse para adecuar la salida del fuego a la dimensión de las ollas. Para retirarlos, así como para remover el fuego principal, las cocinas venían provistas de pinzas metálicas o ganchos largos. Las más grandes de uso familiar tenían hasta cuatro hornallas y las que se empleaban en restaurantes llegaban a diez, con tres o cuatro puertas laterales, para alimentar los distintos fuegos.

La disminución de espacio de las viviendas influyó no sólo en la disposición y reducción de los muebles, sino también en la de los utensilios. Estos últimos se restringieron a los imprescindibles en los hogares de clase media y baja, aunque aumentaron en los de clase alta, donde se empleaban los de excelente calidad que permitían una mejor cocción y una fácil limpieza.

De todas maneras, las cocinas más pobres estaban surtidas con no menos de veinticinco implementos. En las más lujosas esa cantidad se elevaba a más de cien, por la variedad de espumaderas, coladores, prensas, sartenes, ollas y cacerolas.

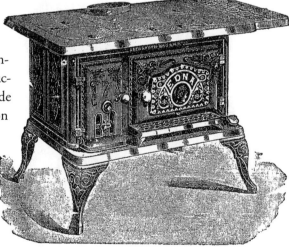

La cocina económica, tal como se la denominaba, permitía la combustión de muchos materiales descartables, desde maderas rotas hasta ramas podadas. Gracias a las patas altas, la leña se acumulaba en la parte inferior y quedaba a mano. Las hubo de muy variado tamaño, calidad y precios.

La clase media baja y el proletariado, que habitaban ranchos e inquilinatos, cocinaban en braseros que se alimentaban con carbón, leña o restos de combustibles. Fabricados con hierro fundido, chapa y otros materiales, tenían la particularidad de ser desplazables. Por eso se los empleaba tanto para cocinar como para calentar los ambientes. Sin embargo, eran sumamente peligrosos, por los gases letales que despedían durante la combustión. En estos hogares también se usaban como complemento los calentadores popularmente llamados Primus, nombre de la fábrica sueca que los introdujo. Eran baratos, durables, prácticos, movibles y muy seguros.

MUEBLES

Como se ha señalado, los muebles fueron cambiando paulatinamente. Las formas se simplificaron y las placas o chapas que permitían la combinación de vetas y colores reemplazaron la madera maciza.

La fabricación también se modificó gracias a la aparición de nuevas máquinas como la sierra mecánica, los tornos, el perfeccionamiento de las garlopas, etcétera.

La producción de muebles pasó de ser artesanal a manufacturera, primero, y luego fabril. Este hecho no sólo ahorró costos, sino que posibilitó variantes infinitas, pues los muebles se producían por partes y, de ese modo, se podían cambiar las patas, los regatones, el tamaño de las puertas, las alturas, los espejos interiores o exteriores, las tapas de maderas laqueadas, pintadas o con mármoles puros o reconstruidos. Esta posibilidad de combinación permitió la venta de muebles al interior, que eran remitidos por partes y armados en los lugares de destino. En el año del Centenario de Mayo era famosa la mueblería La Proveedora de las Catorce Provincias, ubicada en Rivadavia 2743, que poseía un gran surtido de muebles expuesto en un amplio catálogo de más de sesenta páginas. Éste se enviaba por correo al interior y los pedidos se despachaban en ferrocarril, bien embalados para evitar deterioros.

Los estilos ofrecidos variaban bastante, pues podían ser rústicos, coloniales, provenzales, franceses o americanos.

Sillones.

Los muebles pasaron por muchas etapas. Desde los sólidos y pesados hasta los de caña, livianos y elegantes.

FAMILIAS Y CONSTRUCCIONES

Las casas porteñas fueron evolucionando con el paso de los años. Así, en el Censo de 1869 aparecen casas de azotea, de dos o más cuerpos, de tejas, de madera de hasta dos cuerpos y de paja. Su total era de 19.309, habitadas por 171.404 personas. Esto daba un promedio de 8,8 personas por casa y 1,45 familias en cada una.

El primer promedio indica familias numerosas, no tanto por la cantidad de hijos, ya que la familia tipo era el matrimonio con 4,35 hijos, sino por la cantidad de personas agregadas, como se decía entonces. Sobre un total de 177.787 habitantes registrados entonces, el promedio del grupo familiar era de 6,35 personas. Eso señala que cada familia tenía por lo menos dos personas más en calidad de agregados o como personal de servicio.

Edificio de dos pisos.
El progreso material se manifestó externamente en las construcciones de los domicilios familiares, que de la planta baja y sencilla, pasaron a las de dos o tres pisos, con el agregado en muchos casos de sótanos, que se usaban de depósito o en donde se instalaba la cocina.

En el Censo de 1904 la clasificación de las mismas de acuerdo con los materiales empleados sufrió una variación. Aun cuando no habían desaparecido las casas de paja o madera, se iban consolidando las edificaciones de materiales (ladrillos, cal, cemento, etc.).

Todavía seguían existiendo las casas de azotea y techo de teja, pero se notaba el aumento de las casas de hasta cuatro pisos, desconocidas hasta entonces.

A su vez, aparecía un nuevo dato informativo: la cantidad de habitaciones por casa era en promedio de 5,83. Esto significaba una disminución con relación al Censo de 1887, que indicaba un promedio de 7,78.

Respecto del promedio de personas por habitación, en 1904 era de 1,9, un nivel que distaba mucho de los informes sobre inquilinatos.

En el Censo de 1909, todavía había 218 casas de adobe, pero eran una absoluta minoría, pues las de ladrillo y piedra constituían el 93 por ciento del total, un índice bien claro de los adelantos que se iban haciendo año a año.

En cuanto a la cantidad de habitaciones por casa, predominaban las de cuatro. Las construcciones con más de diez ambientes, típicas de los inquilinatos, eran mucho más escasas, aunque para esa fecha censal se hallaban muy difundidas en todo el radio urbano.

La renovación del personal técnico altamente capacitado favoreció y fomentó la construcción de palacetes, petit hoteles y mansiones majestuosas como: Palacio Ortiz Basualdo, Palacio Bosch, Palacio Unzué, Palacio Miró, Palacio Anchorena, entre otros.

LA HUELGA DE INQUILINOS DE 1907

Huelguistas.

Ese año se registró la importante huelga de inquilinos, que si bien no dio resultados benéficos para los huelguistas, sirvió para poner al descubierto las pésimas condiciones que predominaban en la mayoría de los inquilinatos porteños y de otras ciudades que se plegaron a la huelga.

En 1907, los excesos cometidos por una parte de los propietarios llevaron a la llamada Huelga de Inquilinos. Participaron unos 2.000 conventillos de Buenos Aires, que tenían apoyo en los de Bahía Blanca, Rosario, La Plata, Mendoza y Mar del Plata, lo que significaba más de 3.000 inquilinatos plegados que afectaban a casi 150.000 moradores en el ámbito nacional y al 10 por ciento de la población porteña.

El objetivo de este movimiento social no consistía sólo en el cambio de las condiciones físicas, sino también en la mejora de los alquileres y de los reglamentos internos de cada uno.

Hacia 1904, el número de conventillos se había elevado a 2.462 y el alquiler promedio de toda la ciudad a 21,69 pesos, con secciones de 23 y 24 pesos. A esta situación se agregó el encarecimiento de la canasta familiar, pues, si bien los precios se habían elevado en centavos, la suma se hacía importante para los restringidos ingresos obreros. Además, se deben agregar las violaciones constantes a las disposiciones municipales respecto de las normas de higiene.

En agosto de 1907, la Municipalidad anunció un aumento de impuestos, que los propietarios transfirieron en su totalidad al monto de los alquileres.

La huelga se inició en septiembre, cuando los habitantes de inquilinatos de la calle Ituzaingó se negaron a pagar el incremento. La protesta se propagó de inmediato, por lo que en los primeros días de octubre ya había más de 1.000 conventillos en rebeldía de pago.

La medida de fuerza se extendió a Rosario y otras ciudades del interior, con lo que adquirió carácter nacional. Hacia fines de ese mes ya había más de 2.000 conventillos en Buenos Aires; algo más de 500 en Rosario y unos 140 en Bahía Blanca.

La prudente intervención del intendente Alvear permitió arribar a una solución paulatina, aunque se registraron episodios de violencia ante los desalojos policiales.

Durante esta huelga, las mujeres, que defendían el alojamiento de la prole, tuvieron el mayor espíritu de lucha, en busca de justicia y equidad.

Diarios de la época. Archivo del autor.

LA CASA CHORIZO

El alza en los terrenos llevó a las clases media media, baja y trabajadora a realizar un aprovechamiento meticuloso de los espacios disponibles, lo que se manifestó en la casa chorizo.

Este tipo de construcción se puede describir como una sucesión de habitaciones con el baño y la cocina al final. Se levantaba sobre una de las medianeras. Al costado se dejaba un pasaje que se usaba como patio y para la comunicación interna. La característica que distinguía a las casas chorizo era que desde la puerta que daba a la calle se podía ver, en el fondo, a la cocinera haciendo la comida, planchando o lavando los trastos usados.

Los cuartos se protegían del sol y de la lluvia mediante una galería cubierta de chapa acanalada, sostenida por columnas de hierro fundido. El piso de este corredor podía ser de ladrillo o de baldosas, de acuerdo con el presupuesto disponible.

Hasta fines del siglo XIX, estas casas se levantaban sin la intervención de arquitectos ni ingenieros, pues su estructura era muy simple y la construcción se realizaba con materiales de la industria nacional.

La mayoría estaba preparada para soportar el peso de un primer piso, que, de levantarse, repetía la distribución de la planta baja.

Muchas de ellas todavía se pueden observar en diversos barrios porteños, aunque disimuladas, pues se les ha abierto una puerta lateral, que reduce las dimensiones de las habitaciones delanteras. En más de una ocasión, las ventanas se transformaron en puertas, para convertir estos cuartos en negocios.

Dichas construcciones se encuentran actualmente en el barrio de Chacarita, sobre avenida Dorrego de Corrientes al Norte, sobre la calle Fraga al 300, Santos Dumont al 3800 o Rosetti al 500. Una variante más moderna se encuentra en Ayacucho al 800 y 900, en las manos pares.

Esquema de una casa chorizo.

1- la puerta de ingreso. 2-4-5 y 6, las habitaciones. 3- las cocinas respectivas. 8-el lavadero compartido y 9 el patio común. Hubo otras distribuciones, según el terreno utilizado.

LA CASA POR ETAPAS

Una variante de la casa chorizo fue la construida en etapas sucesivas, de acuerdo con el presupuesto o el crecimiento de la familia. Tenía como característica un jardín al frente, un pasillo largo que llegaba hasta el final del terreno y que remataba en una quinta o en un gallinero. En el resto de la superficie se levantaban las habitaciones, el baño y la

76

cocina. También se edificaba sin la intervención de profesionales y con materiales de industria nacional.

Como la casa chorizo, ésta también fue el refugio de los inmigrantes que huían de los conventillos y que preferían afrontar la distancia, los viajes largos e incómodos y las calles de tierra, antes que continuar cediendo la privacidad familiar.

Se distinguen por la sencillez de sus líneas y lo rudimentario de su construcción, que, en general, seguía la línea italiana.

Ejemplos de este estilo de construcción se pueden encontrar en pleno centro, en Moreno al 300 y Paraguay al 1100 o Suipacha 50.

Portada de *Caras y Caretas*

que ironizaba la situación de inquilinos ante la requisitoria del pago mensual del alquiler, expresada en la mano derecha del encargado o dueño.

EL CONVENTILLO

En el conventillo convergieron tres factores importantes de la sociedad argentina de este período: inmigración masiva con preponderancia de hombres jóvenes y solos, bajos niveles salariales, a pesar de la gran demanda laboral y, finalmente, la necesidad de un alojamiento barato, aunque precario. Las consecuencias inmediatas fueron el acrecentamiento de la prostitución y el nacimiento del tango como música prostibularia, delictual y conventillera que luego se transformó en la música más popular de la ciudad. Se ha dicho que el tango nació en el prostíbulo, pero creció, se alimentó y se educó en el conventillo.

Desde 1810, Buenos Aires tenía el grave problema del alojamiento de las clases más desposeídas. En 1878 los conventillos eran 1.766, a los que había que sumar parte de los hoteles, fondas, restaurantes, corralones, caballerizas y cocherías. En total, los inquilinatos se estimaban en algo más de 2000. Para 1877 representaban un 10 por ciento del total de las casas de la ciudad.

En 1890, *El Obrero*, periódico del socialismo de izquierda, estimó que los conventillos se incrementaban en una relación directamente proporcional a la deuda externa de la Argentina. También a la deuda externa se debía el aumento de los precios de los artículos de primera necesidad, por lo que miles de familias trabajadoras no llegaban a cubrir las necesidades mínimas y debían recurrir a los Montepíos (casas de empeño), que estaban abarrotados de muebles, alhajas y hasta de menajes culinarios.

El origen de los conventillos se remonta a la época española, pues era una forma segura de inversión, ya que en la ciudad escaseaban las habitaciones. Según un estudio de la época, las casas antiguas, con techos de tejas, servían para alojar a varias familias de jornaleros.

El paso siguiente consistió en la ocupación de los corrales de las casas viejas, sobre los que se construyeron cuartos de madera con techo de zinc o hierro acanalado.

La designación de conventillo no abarca sólo las construcciones de habitaciones adocenadas, carentes de condiciones de higiene, metraje suficiente, privacidad y comodidades mínimas, sino que también incluye los galpones, caballerizas, casas desocupadas y otras variantes. Estas viviendas transformadas solían mantener su anterior denominación fiscal, para evadir los impuestos municipales establecidos a los inquilinatos, pues eran más elevados.

Algunos conventillos han trascendido a raíz de la particularidad de sus habitantes, ya fuera por su clase social o por sus actividades. Así, por ejemplo, se recuerda el conventillo Las 14 Provincias, cuyos ocupantes eran originarios del interior.

El Palacio de los Patos se distinguía por la calidad de su construcción, cierto lujo exterior, la distribución interna y las comodidades que brindaba. Ubicado en la calle Ugarteche al 3.000, fue construido para la clase media baja. Lo habitaban integrantes de la clase media media y por eso se le dio el nombre de *patos*, es decir, pobres, o venidos a menos.

Esquema de un conventillo levantado en torno a un patio central.

Se han construido 24 y 3 baños en planta baja. Dos de las habitaciones se reservan para la encargada, la primera la usaba de vivienda y en la segunda llevaba la contabilidad y recibía las inspecciones municipales.

(Archivo del autor.)

"PLANTA TIPO" DE CONVENTILLO

Las plantas tipo del conventillo porteño básicamente fueron tres. La primera era una construcción levantada sobre una de las medianeras, que dejaba el resto del terreno libre como patio, circulación y entrada de aire y luz.

La segunda construcción estaba edificada sobre ambas medianeras, por lo que el patio se ubicaba en el medio.

En la tercera se agregaba a la planta inicial una superior que reproducía la distribución y restringía el patio. Éste quedaba limitado a un

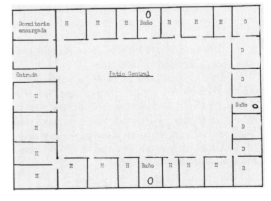

CONVENTILLOS CÉNTRICOS

Familia de inmigrantes rusos.

Se distinguieron por la persistencia en la ropa típica de su región de origen: las botas altas y los gorros de piel, hasta las orejas. Otra característica que distinguió a hombres y mujeres era llevar el faldón de las camisas cubriendo los pantalones.

Existe la idea de que los conventillos estaban en Buenos Aires concentrados en determinados barrios como eran San Telmo, Monserrat o Balvanera, pero la realidad era otra, ya que en cualquier lugar de la ciudad se los podía encontrar.

En la calle Florida al 600, sobre la vereda de los números impares, existía un gran conventillo. Tras la entrada ancha se abría un patio seguido de habitaciones, con una cocina de madera para cada una, que se prolongaba hasta la calle San Martín. La planta baja tenía su réplica en la alta.

Esta construcción desapareció el último año del siglo XIX. Para desalojarlo la Municipalidad recurrió al uso de mangueras y fuerzas policiales.

Entre Viamonte y Córdoba, siempre sobre Florida, en 1890 había una sucesión de conventillos, habitados en su mayoría por personal policial y militar de baja gradación.

Una cuadra después, entre Paraguay y Charcas había otro, que duró hasta 1900, donde vivía gente de todo pelaje y color. Era refugio de mujeres bravas y de no pocas pendencieras.

Sobre la cuadra del 900 había un conventillo en los altos de un despacho de bebidas.

Otro lugar donde se concentraban conventillos era la manzana delimitada por Larrea, Paso, Tucumán y Lavalle. En ella predominaban en 1903 las construcciones de madera con techos de cinc, en pésimas condiciones de conservación. En la mayoría de esas casas había criaderos de gallinas y palomas, que contravenían las ordenanzas municipales.

Para esos años, sobre Florida, entre Paraguay y Charcas había otro conventillo bastante grande, donde vivía gente que tenía modos de vida poco recomendables y que se distinguía desde los atardeceres hasta los amaneceres por las reuniones al son de guitarras y bailes ruidosos. Esas reuniones eran animadas por mayorales, estibadores, mozos de cordel, puesteros del mercado vecino, entre el elemento masculino y lavanderas, costureras, planchadoras y alguna ocasional prostituta, en el femenino.

En la misma calle, a la altura del 200, estaba instalado el almacén de Ángel Arata, que en realidad funcionaba como una antigua pulpería, posiblemente la última que hubo en pleno centro porteño. Tenía un largo mostrador de estaño que funcionaba como si fuera una gran bandeja, donde se apoyaban los vasos llenos y los vacíos. Esa venta de bebidas alcohólicas (grapa y caña), no siempre de buena calidad, daban lugar a trifulcas que no llegaban a mayores, pues Don Arata, tenía escondidos, bajo el mostrador y siempre a mano, garrotes, para imponer la paz en su negocio, aun a costa de alguna cabeza rota. Sobre el primer piso de este almacén había un conventillo prostibulario conocido desde el puerto, hasta Plaza de Mayo.

En la misma calle no fueron pocos los domicilios de familias tradicionales que terminaron en inquilinatos.

LLANES, Ricardo M., *Historia de la calle Florida*, t. III, Honorable sala de Representantes de la Ciudad de Buenos Aires, Buenos Aires, 1976.

corredor, con baranda y techo de chapa, para proteger de la lluvia, los vientos y el sol.

Este estilo de construcción tenía muchos puntos de contacto con la casa chorizo, pues las habitaciones, letrinas y piletas se sucedían unas a otras.

CANTIDAD DE CONVENTILLOS

Se puede indicar que en 1890 los conventillos llegaban a 2.249, con 94.743 habitantes. Esto da un promedio de 42 personas por construcción.

En 1894 se señalaba la existencia de 1.609 casas de inquilinato, 83 amuebladas, 185 fondas-posadas, 235 tambos y 324 caballerizas. Estas dos últimas designaciones brindaban un alojamiento sumamente precario.

En 1904, había 2.462 casas de inquilinato, que tenían 43.873 habitaciones y daban albergue a 138.188 personas. El promedio, de 3,16 personas por cuarto, superaba lo indicado en el Censo de 1887, lo que revelaba una mayor concentración demográfica.

Es posible encontrarlos, aún hoy, en los barrios de San Telmo y Monserrat. Por ejemplo, en la calle Santiago del Estero entre Estados Unidos y Carlos Calvo; en Defensa 169 y también en Méjico y Venezuela, entre el 200 y el 500.

Se estima que en la década de 1880 la quinta parte de la población de la ciudad se alojaba en inquilinatos.

Entre 1904 y 1909 la población de Buenos Aires aumentó al ritmo del 5,9 por ciento anual, pero los conventillos lo hicieron en un 17 por ciento. Se notaron ligeras disminuciones en los barrios de Socorro, San Nicolás, Catedral Norte y Piedras, pero se incrementaron en Vélez Sarsfield (250 por ciento), Palermo y Belgrano (200 por ciento).

A grandes rasgos, es posible decir que entre 1904 y 1912 el promedio de alquileres de casas y habitaciones para obreros aumentó el 80 por ciento, mientras que la locación de cuartos para personas solas sólo se incrementó en un 23 por ciento.

En 1914 había casi 3.000 conventillos que pagaban impuestos como tales, aunque en muchos de ellos, así como en hoteles, posadas y fondas, se ejercía la prostitución. Seguramente no declaraban su verdadera actividad, para evitar la suba de la tasa impositiva.

En 1865 el promedio de habitantes por conventillo o inquilinato era de 33; cada cuarto daba alojamiento a 2,36 personas y el promedio de cuartos por casa era de 14. El alquiler promedio estaba en 15,51 pesos, que representa el 18 por ciento del salario de un obrero industrial. En 1912, el monto del alquiler se había elevado a 21,15 pesos, es decir, un 30 por ciento del salario del obrero industrial, el 37,6 por ciento del oficial albañil y el 26 por ciento del oficial carpintero.

En ellos se violaban de manera permanente las ordenanzas municipales referidas a la higiene y la limpieza. En el Censo de 1904, se detectaron casi 600 inquilinatos sin baños.

ROPA PRÁCTICA Y ELEGANTE

Paseo por la calle Florida.

A ella se concurría para ver y ser visto, vestidas las mujeres con las últimas modas parisinas y los hombres a la moda inglesa.

De la misma manera que la ciudad fue cambiando en el aspecto edilicio, para dejar de ser la Gran Aldea y transformarse en una de las más modernas y populosas ciudades del mundo, la ropa de sus habitantes también fue sufriendo continuos cambios, para adecuarse a las directivas de la moda europea.

Esta transformación no fue pareja ni simultánea en el centro y los barrios. Así, existían diferencias notables entre los distintos sectores y clases sociales.

En 1890, el miriñaque había desaparecido de la vestimenta femenina, aunque perduraban el polisón y el corsé. Mediante la adecuación de estos modelos se trató de pasar de la figura de clepsidra a la de "S". Las faldas se aplanaron, de manera que el abultamiento quedó en la parte posterior del atuendo. El corsé, cada vez menos rígido, aplastaba la parte inferior del tórax, a fin de hacer resaltar el busto y formar el pecho de paloma. A esto se agregaban las mangas ajamonadas que aumentaban la ilusión de la cintura mínima.

Debajo del vestido se usaban las enaguas almidonadas, que tenían un remedo del antiguo miriñaque. Pero la tendencia de la moda a fines del siglo XIX estaba orientada a presentar un figura con cintura de avispa cuyo remoto antecedente era la Diosa de las Serpientes de Creta, que se mostraba con los senos prominentes, la referida cintura y la pollera tubular, larga hasta el piso.

MODA FEMENINA

La camisa, el calzón y, en invierno, el bolero, completaban la vestimenta. Toda la ropa, aunque quedara oculta por la superposición de prendas, estaba adornada con cintas, puntillas y bordados. Tampoco faltaban los botones que aseguraban los cierres.

Hacia fines del siglo XIX y principios del XX, se produjo una simplificación en la vestimenta femenina. El empleo de seda natural y de ligeros tejidos de algodón alivianó los atuendos, aunque en invierno se continuaron utilizando la abrigada franela, el jersey de lana y el bombasí.

La mujer que trabajaba abandonó el corsé que le impedía moverse con soltura. Además, comenzó a llevar polleras anchas y flojas, con escotes menos pronunciados que las de clase alta.

Muchos vestidos valiosos tenían entre cinco y seis metros de géneros, plegados de manera sumamente rebuscada, a fin de hacerlos más elegantes y distinguidos.

De forma lenta y progresiva fueron reemplazados por piezas más simples. A principios del siglo XX surgieron las faldas lisas, sin forrar, acompañadas de chaquetas que, si bien delineaban la figura del busto, no lo oprimían.

Con la aparición de la pollera acampanada, que daba libertad a los pies para desplazar-

Damas porteñas.

A pesar de los cambios que registra la moda femenina entre 1864 y 1918, siempre se distinguió por la elegancia y el buen gusto, que se destacaba especialmente en la mujer porteña.

se con pasos más largos y rápidos, la mujer perdió la rigidez y la escasa movilidad características del siglo anterior.

Aparece entonces la verdadera revolución en la moda femenina, pues la mujer pudo exhibir su femineidad y su belleza corporal, sin atarse al antiguo encorsetamiento. Este cambio sustancial coincidió, a su vez, con la ampliación de la red de agua corriente y el novedoso jabón de tocador que permitían el aseo corporal cotidiano.

LA MODA ENTRE 1910 Y 1918

Durante el Centenario de Mayo, la mujer argentina, y en particular la porteña, quiso mostrar sus mejores galas. Por eso, la moda se caracterizó por los trajes cruzados con grandes botones forrados del mismo género y faldas anchas.

Por su parte, las blusas derrochaban encajes y puntillas, especialmente de muselina fina debajo del saco, que se completaba con una fina corbata de batista.

Los llamados vestidos modistas se llevaban cortos, con adornos de *soutache* y botones de su confección.

En la ropa femenina de la década de 1910 a 1920 predominó el talle corto, al estilo princesa y el traje stuche o vaina de gran moda.

Las mangas, camisolines y canesúes se hacían preferentemente en telas transparentes, de color azul, alforzados en negro o blanco. Las mangas, muy largas y estrechas, terminaban sobre la mano con adornos y botones.

Por su parte, los trajes de sociedad eran largos, con colas, que se sujetaban a la línea de moda. Tenían un corte bastante estrecho, que se ampliaba hacia atrás para dar gracia a la cola. Predominaba el escote cuadrado.

En verano, los sombreros tenían grandes dimensiones y las alas caídas que ocultaban casi todo el rostro. Se los adornaba con cintas, flores, frutas, fantasías de plumas teñidas y hebillas brillantes.

En invierno, los colores perdían brillantez, las alas se estrechaban y las formas recordaban macetas, canastas y cacerolas, con copas altas.

Vestidos de paseo.

Muchas veces, el lujo y el buen gusto se confundió en la moda femenina con la cantidad de telas, géneros y adornos utilizados en los vestidos de paseo. En la actualidad, con los metros de tela que se usaban a fines del siglo XIX para confeccionar un vestido, se pueden hacer tres y sobrarían retazos para adornarlos.

Los velos continuaron confeccionándose en tul de ilusión o red gruesa, utilizando los colores de moda y de acuerdo con las estaciones.

En 1913, la ropa femenina se caracterizó por los abrigos de paño, adornados con pieles y estolas bordadas. Los vestidos también se hacían con paño turquesa, en forma de túnica.

Aparecieron los tailleurs en color crema o arena, adornados con cuellos de terciopelo. Los vestidos simples y lisos se distinguían por el color piel de Suecia e iban adornados con trencillas y botoncillos.

La toca se prefería en terciopelo y *skunge*, con fantasías de metal y cordoncitos.

MODA Y FRIVOLIDAD EN 1916

De cuatro a siete las toilettes femeninas a la moda se hacen admirar en los salones; se entra, se sientan diez minutos lo menos y quince lo más, y después de haber cambiado, con la amable dueña de casa, unas cuantas palabras sobre el tiempo o la última obra teatral que se ha inaugurado, o del concierto donde se han encontrado, en fin, banalidades, críticas, etcétera, se van para repetir un sinnúmero de veces la misma cosa. ¡Qué frivolidad y qué mal se emplea el tiempo!, me decía una señora anciana: en mis tiempos no se hacía así; la gente era más culta, se tenían menos relaciones y no se hacían alardes de tantas riquezas, efectivas o imaginables; pero hoy es verdaderamente un deleite ver tantas lindas toilettes, bonitos y hasta cómicos sombreros, suntuosas pieles que adornan a estas elegantes mujercitas. Se me pregunta si se pueden hacer visitas con trajes "trailleurs", sencillos: yo creo que sí, pero hay trailleurs sencillos y otros de mucho vestir; de todas maneras le diré que la sencillez de buen gusto, por todas partes está bien vista. Lo que choca y llama la atención, es la falsa elegancia, compuesta de joyas falsas, de toilettes llamativas, de feas imitaciones en pieles o encajes. Las personas que no gustan encontrarse en muchas visitas tiene el recurso de hacerlas más temprano, entre tres y cuatro (de la tarde), que seguramente no encontrarán a las elegantes que van para ver y hacer ver.

HELENE, "La elegancia y la moda", en *Caras y Caretas*, Año XVII, Nº 822, Buenos Aires, 1914.

Dama de 1916.

Muy pocas veces la sencillez en el diseño de la ropa femenina estuvo presente. Se prefirió la multiplicación de adornos y largas colas, para destacar la belleza del cuerpo.

Por su parte, las pieles eran muy buscadas. Las legítimas, por su escasez, alcanzaban precios fabulosos. La cibelina y el armiño eran fácilmente imitables. Asimismo, se impuso el *skunk*, una piel casi negra de pelos muy largos, seguido por los zorros, blanco polar y azul, la marta cibelina, la piel de foca, la marmota y otras menos populares. Las pieles se empleaban en la confección de gorros, estolas, cuellos y boas, sin entretelas, para hacerlas más flexibles. Esto permitía que se las usara arrolladas al cuello o colgadas de los hombros. Una de sus particularidades eran las patitas y cabecitas que las adornaban.

También abundaban los gorros de piel con plumas teñidas o naturales y gasas en forma de moños. A falta de pieles se usaban felpas y terciopelos para la confección de abrigos.

El tapado de noche se hacía en ricas telas de paño y seda, con un corte amplio y mangas perdidas en su vuelo; estaba lujosamente recamado en *soutache*, con bordados y largos lazos que terminaban en una borla con flecos. En cuanto a los colores, predominaban el azul oscuro, el marrón bronce, el verde, el violeta, el gris topo y el gris oscuro.

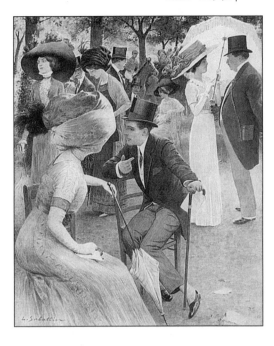

Reunión en los paseos de Palermo.

Se llegaba en coches tirados por caballos y se formaban grupos de jóvenes elegantes y acicalados. Como en el caso de la calle Florida, se concurría para ver y ser visto.

LA ROPA INTERIOR Y EL CALZADO

La ropa interior se volvió estrecha y lisa, eliminando abultamientos internos. Comenzaron las combinaciones, en una pieza, de enagua, corpiño y calzón y de corpiño y calzón. Los adornos se hacían en tules, puntillas y bordados. El corsé era lo más largo posible y también se le daba el nombre de levitón o frac. Se usaban entre cuatro y seis ligas para mantener las medias estiradas y ajustadas a las piernas.

Al acortarse el largo de las polleras el pie quedó a la vista, por lo que el calzado y las medias adquirieron un protagonismo desconocido hasta entonces.

En el verano con el traje blanco, el calzado era de taco intermedio, cerrado mediante lazos de colores. Para los vestidos claros se preferían los zapatos de cabritilla al tono, acompañados por medias caladas y bordadas. En invierno, se usaban los modelos de charol, escotados, con grandes tacos y enormes moños en el empeine.

Tienda porteña ubicada en Avenida de Mayo y Perú.

En su interior se podían ver y probar los modelos de las ropas recién recibidas de Europa, sin necesidad de comprar nada, o comprar en cuenta corriente y hacerse enviar lo adquirido.

Para las reuniones sociales importantes el calzado era de seda en colores variados y bordados, con adornos de perlitas.

De las casas de modistas que perduran en la memoria de las porteñas, dos se destacaron nítidamente: la de Madame Carreau, en Florida 61 y Maisson Pacault, en la misma calle al 100. A ellas se agregaban las visitantes ocasionales, que daban cuenta de su presencia, surtidos y fama, por medio de avisos en los diarios. Es el caso de Yolanda Angyal, que estuvo en Buenos Aires en marzo de 1899 y se alojó en Talcahuano 272. En aquella oportunidad se puso a disposición de las mujeres porteñas para dar consejos sobre belleza, sugerir dietas para engordar o adelgazar y recomendar baños aromáticos que fortalecían los nervios y hacían desaparecer las pecas.

LOS SOMBREROS Y LOS PEINADOS

Es difícil seguir la evolución de los peinados, pues éstos dependían bastante de los gustos particulares y de la disponibilidad de tiempo y dinero de cada mujer.

En general, predominaba el uso del cabello largo. Por eso, es posible establecer tres tipos de peinados: el de entre casa, el de salidas sin compromisos sociales y el de salidas con compromisos sociales.

En el primer caso predominaba la sencillez. El cabello se peinaba hacia atrás, y se sostenía con peinetas, cola de caballo o con un gran rodete.

En el segundo, aparecía el peinado con raya al medio, con un rodete central y bucles al costado del rostro. Como variante, aparecieron las grandes trenzas que caían sobre la espalda o que se recogían flanqueando el rostro. También se utilizaba el cabello peinado hacia atrás, ondeado, que terminaba en una cola sujeta con peinetas y cintas de colores.

El tercer peinado era mucho más elaborado que los anteriores, pues casi siempre debía soportar el sombrero, que se sacaba en los salones o en ocasiones especiales.

Muchos sombreros, por el tamaño, simplificaban el peinado en un simple recogimiento hacia arriba, sujeto con horquillas.

En las casas de peinados se vendían pelucas y postizos de cabello natural y se utilizaban tinturas y matizadores.

A su vez, los sombreros femeninos fueron creciendo en tamaño, adornos y complejidad hasta convertirse en verdaderos problemas, tanto para quienes los llevaban como para sus acompañantes. En los teatros impedían la visión de los que se sentaban detrás y en los autos necesitaban de techos muy altos.

Las plumas eran el adorno obligado y casi exclusivo de sombreros, capas, estolas y abanicos. Se preferían las más exóticas.

En esos años estuvieron de moda los sombreros que llevaban pelucas adosadas e intercambiables. Estos accesorios daban la posibilidad de cambiar no sólo el sombrero sino también el peinado, el largo y el aspecto de la cabellera.

Para el tratamiento de la calvicie se vendían aguas, pomadas y ungüentos. Abundaban, para la promoción de los productos, los avisos publicitarios donde se mostraba el antes y el después de las cabelleras.

EL AJUAR

Habitualmente, cuando una mujer joven se ponía de novia, antes de fijar la fecha del compromiso, iniciaba la confección o compra de su ajuar. Éste estaba compuesto por docenas de camisas, calzones, camisones, enaguas, corpiños, pañuelos, medias, todo en los más variados colores.

La clase alta compraba los ajuares, por encargo, a París o Londres. Las otras clases lo adquirían en las tiendas de barrio o dedicaban muchas horas a tejer, cortar y coser.

De acuerdo con los avisos de la época, hacia fines de la década de 1910, un ajuar completo, variado y de buena calidad redondeaba los mil pesos, que equivalía a los salarios de un año cobrados por un empleado administrativo (ayudante de contador). Por eso, muchas lo confeccionaban con sus propias manos.

Peinado.

La mujer porteña nunca abandonó el cuidado de su cabello y lo peinó de las más diversas formas, recurriendo a rellenos, trenzas, peinetas, horquillas y sustancias para darle formas onduladas o enruladas, tratando siempre de armonizar el peinado con los rasgos faciales. No olvidó ocasionalmente el teñido.

LOS CATÁLOGOS DE LAS TIENDAS

Las principales tiendas de la época eran: Palais de l'Elegance, La Porteña, De Micheli, Gath & Chaves, El Siglo, Harrods, Ciudad de Méjico, Ciudad de Londres, Adhemar, San Juan, La Imperial, Casa del Luto, La Piedad.

La Porteña, a su vez, editaba su propia revista de modas *La Elegancia*.

Estos grandes almacenes acostumbraban a publicar amplios catálogos, donde ofrecían vestidos, ropa interior, zapatos, sombreros, adornos, ropa de calle, de noche, etcétera.

También aparecían periódicos que cumplían la función de catálogos como *La Estación* y *La Mode Ilustrée*. Los seguían en importancia las secciones especializadas de *La Nación* y *El Diario*.

LA MODA MASCULINA

En la moda masculina, si bien se registraron cambios, éstos fueron sutiles y de menor importancia. La camisa, por ejemplo, sólo varió en la calidad y colores de sus géneros, así como en las pecheras lisas o plegadas. El saco tendía a ser entallado, con el fin de resaltar la cintura. Por este motivo también se usaba el chaleco, que llegó a tener siete botones. Para mantener el torso erguido y afinado se empleaban corsés o fajas, sin ballenas y menos rígidos que los femeninos.

De acuerdo con las circunstancias sociales, el saco podía sustituirse por el levitón cruzado o derecho, confeccionado con seda, terciopelo o vicuña. Los cuellos solían ser aterciopelados o de distintas pieles, como armiño teñido o astracán.

El frac, el jaquet y el smoking fueron las variedades del saco.

Se usaban los sombreros de Henry Heath, provenientes de Londres, que se compraban en Gath & Chaves a 14 pesos; también había galeras de felpa, redondas o cuadradas, y oriones que costaban 12 pesos. Por 2 pesos se podían comprar sombreros de inferior calidad y gorras de visera.

En 1914, el sombrero de copa y la galera eran prendas obligadas en las reuniones oficiales o de alto nivel social. El bombín, o sombrero hongo, se usaba en las actividades civiles que no requerían protocolo.

La clase media baja y los obreros llevaban sombreros de fieltro blando, entre los que se destacaban los Maxera, por el tamaño de la copa y el ala ancha, que se usaba sobre los ojos. Los colores más empleados eran el negro o el gris con una cinta ancha negra.

Durante el verano, prevalecía el Panamá, un sombrero liviano, de colores claros, confeccionado en paja. El Guayaquil era similar, pero estaba hecho con paja muy fina y trenzada. Por sus precios excesivos, las clases trabajadoras los reemplazaban con el sombrero rancho, que estaba hecho de paja trenzada nacional. Sus colores eran muy claros y se lo adornaba con una ancha cinta negra, que terminaba en un gran moño sobre el costado izquierdo. Por su bajo costo y su practicidad, este sombrero adquirió tal grado de popularidad que se solía teñir para usarlo durante los períodos de luto.

También hay que agregar las gorras y boinas, que complementaban las prácticas de tenis, atletismo, golf y ciclismo.

Ganchillo usado para abotonar las polainas.

Fue un implemento imprescindible, pues sin él la tarea de ajustarlas, para ocultar las medias, resultaba casi imposible de realizar.

(Archivo de autor.)

EL CALZADO MASCULINO

Al comienzo del período, el calzado se importaba de Francia, Inglaterra y los Estados Unidos. De manera muy lenta, pero sostenida, se fue imponiendo el zapato de industria nacional.

La zapatería de Perú y Bolívar tenía un verdadero acopio de hormas metálicas y de madera, así como un pequeño ejército de artesanos, que trabajaban a pedido.

La producción manufacturera y fabril se inició en 1899, cuando los hermanos Grimoldi instalaron la fábrica de calzado masculino.

Con posterioridad, se abrieron otras, cuya producción era de inferior calidad. Éstas tenían precios mucho más accesibles, pues estaban orientadas a satisfacer las demandas de la clase media y baja, para quienes el calzado era más una herramienta de trabajo que una prenda de elegancia.

Los compadritos y los bailarines profesionales usaban el taquito militar, que se distinguía por la puntera trunca, que facilitaba la caminata por las calles adoquinadas, y el taco de tres o cuatro centímetros, que producía una pose y una manera de caminar características, con el torso saliente y el cuerpo en balanceo.

LOS PEINADOS Y LAS BARBAS

El cabello masculino casi no sufrió variantes, pues predominaba el peinado liso hacia atrás, con o sin raya al medio. En cambio, la barba y el bigote sí tuvieron alternancias. Había quienes iban afeitados, quienes usaban el bigote solo, ya fuera corto, que terminaba en las comisuras, o largo, que se atusaba con cosméticos para elevar las puntas, y quienes llevaban la barba sola o la barba y el bigote. Entre las barbas podemos mencionar la de candado que se podía combinar con el bigote y la mosca, que era una pequeña porción de pelo debajo del labio inferior.

BOTINES

Calzado masculino.

Los zapatos y las botas, además de elegancia, debían reunir comodidad y duración. Estos zapatos exhibidos en un aviso de *Caras y Caretas* eran de origen norteamericano y confeccionados en cuero de caballo. Se distinguían por la resistencia al uso y lo accesible de los precios.

Era un pregón que salía de cada zaguán donde un par de lustrabotas armaban las tres o cuatro sillas con sus estriberas de bronce, delante o detrás del banquito del zapatero remendón con su mandil de cuero sucio y su boca bigotuda llena de tachuelas azules. "¡Gay, asiento, caballeros!", indicaba la oportunidad barata de una "lustrata" que dejaba los zapatos brillantes como "charola". Los primeros lustrabotas salieron quién sabe de qué andurriales itálicos, para entenderse en un dialecto que mechaban abundantemente en términos extraídos de los rincones porteños. Después, los grupos afines hicieron un palabrerío convencional que solamente ellos podían escucharse, ya que decir entender fuera una mentira demasiado abultada.

Durante un largo tiempo -muy de entrada al siglo XX- el pregón zaguanero, se acopló al chirrido de los fonógrafos a manija. Música preferentemente operística. Se escuchaba el anuncio:

A dieci una lustrada
E de yapa una cantata

O este otro macarrónico:

caballere
ca Caruso va cantare ...

Y arañaba la púa del disco clásico del "tenore" que durante sus repetidas temporadas en la Ópera contó noche a noche, sin faltar una, con el "gallinero" colmado de aquellos sencillos compatriotas suyos, melómanos sin padrino.

Los chiquilines que se iniciaron en los zaguanes porteños dando lustre charolado a los botines de los "marchantes" transeúntes tienen ya sus héroes, bien hallados por la cordial simpatía de los colegas y amigos: los principales tienen a Alice, los poetas a Bufano. Carga excesiva de homenaje ciudadano al más humilde de los menesteres. En la indeterminada región de los cuentos todos tenemos fingidos un personaje, encarnado en algún chiquitín, que grita en la puerta de un zaguán "¡Gay, asiento, caballero!" Andan por ahí sus congéneres, a la salida del Hipódromo, en los vestíbulos de los teatros, o en las esquinas, con su cajoncito y su sillín, tamborileando en él con el borde de un cepillo la marcha arrancada a los compases de un tango. Eduardo Talero creó uno con "ojos líricos, dramáticos; ojos de melodía", que tenían matiz de "castaña tostada a fuego lento" y que andaba junto a los que traían tanto azul que pudieran sin esfuerzo "formar una ola del Mediterráneo", siempre que las tales olas resultasen del mismo color ...

GONZÁLEZ ARRILLI, Bernardo: *Corrientes entre Esmeralda y Suipacha*, Kraft, Buenos Aires, 1952.

LA ROPA DE INDUSTRIA NACIONAL

Hasta bien entrado el siglo XIX, la mayor parte de la ropa se confeccionaba con telas y tejidos importados, ya que recién en 1872 se instaló la Primera Fábrica Argentina de Paños. De ella salieron los primeros tejidos de lana hechos con materia prima local. Carlos Pellegrini y un grupo de pioneros utilizaron estas telas en público, para demostrar su posible industrialización.

Tiempo después, otras fábricas iniciaron la producción textil, con lo que, lentamente, se fue desplazando la importación. En 1910, ya había un centenar de fábricas que seguían aumentando la cantidad y mejorando la calidad y diversidad de sus producciones.

LA MODA DEL LUTO

En la vestimenta femenina de clase alta, el luto no sólo abarcaba la ropa sino que se extendía a los accesorios. Los sombreros, velos, zapatos, collares y carteras se pintaban de negro para acompañar el tiempo de duelo riguroso. Como complemento, se imponía la capa que envolvía toda la figura y sólo dejaba ver la cabeza y los pies.

Algo similar sucedía con la vestimenta masculina, aunque morigerado, pues nunca se abandonaba la camisa blanca que en algunos casos era rosa o fucsia opaco.

El luto riguroso se manifestaba a través de la corbata o moño negro y las amplias bandas del mismo color que se colocaban en el brazo derecho. Durante la etapa del medio luto se llevaba corbata negra y una cinta al tono en el ojal de la solapa. Los sombreros y ranchos se adecuaban a la circunstancia y abandonaban los colores claros.

A los niños también se los vestía de luto, aunque más liviano. Por lo menos durante el primer mes posterior al fallecimiento debían lucir medias, zoquetes o escarpines negros.

Trabajadores.

Los pobres no podían seguir los dictados de la moda, por carecer de medios económicos. Por ello se vestían cómo y con lo que podían, muchas veces sin llevar saco pero sí chaleco. Su ropa no guardó coincidencia en cuanto a colores o estilos en las prendas.

LA MODA DEL POBRE

La vestimenta de la clase baja se diferenciaba, básicamente, por la calidad de las telas.

Entre los chalecos predominaban los blancos, que permitían que las corbatas de nudo o los moños en blanco o negro se destacaran. De todos modos, entre los trabajadores, en su lugar se usaban camisetas de frisa o lana.

Para que los sacos fueran más elegantes, se los ribeteaba con cintillas de colores contrastantes o con algo de brillo.

Los bailarines, compadritos y jugadores profesionales usaban sacos cortos, ajustados al cuerpo, con dos botones que casi nunca se abrochaban, a fin de sacar con rapidez el arma que llevaban en la cintura.

Los pantalones podían ser de tiro alto o corto, con la consiguiente variación en la cantidad de botones y presillas.

Como las clases media y baja no concurrían a los clubes sociales ni al teatro, no necesitaban ropas tan sofisticadas. Por eso, se constreñían a la sencillez que estaba al alcance de sus bolsillos.

En el trabajo diario, el calzado de cuero se suplantaba por la alpargata bordada con motivos florales. En ciertas actividades, la bombacha rústica y poco elegante reemplazaba al pantalón.

Las camisas eran lisas, de algodón u otra tela barata, y sin cuello, pues la corbata no había sido adoptada por la moda del pobrerío. En su lugar, se usaba el pañuelo amplio, de colores claros, preferentemente blanco, de raso o seda, con el monograma bordado en uno de sus extremos.

Equitación y ciclismo.
La mujer de clase media inició muy tibiamente la práctica de deportes, reservados para las de clase alta, como fueron la equitación y el ciclismo. Este último, junto con el tenis, fue practicado con mucho entusiasmo por grupos femeninos que aumentaban año a año.

LA MODA DE LA CLASE MEDIA

Los sectores sociales medios trataban de vestirse de acuerdo con los modelos imperantes en la clase alta, especialmente los que realizaban actividades burocráticas y administrativas. Sin embargo, debían supeditarse a su presupuesto, por lo que se pueden encontrar diferencias entre la vestimenta de médicos o abogados y la de los empleados de la administración pública o de las grandes casas consignatarias.

Por otra parte, en esta clase subordinada se puede rastrear y encontrar la influencia de la inmigración.

De la misma manera que la masa inmigrante trajo modalidades culinarias (garbanzos, porotos, chorizos en grasa, pescados en latas, etcétera), también fue imponiendo ciertos tejidos de sus países, que por la masividad de su consumo se importaban en grandes cantidades y terminaron siendo adoptados por la clase alta.

De todas maneras, más allá de la clase social, tanto los hombres como las mujeres usaban las modas para llamar la atención y sobresalir entre sus pares.

LAS RECICLADORAS DE LA MODA

Los sastres y las modistas colaboraban en la búsqueda de distinción. Éstos sugerían modelos especiales, que llegaban a ser verdaderas creaciones. También hay que agregar la industria de la moda, ya que las principales tiendas tenían, en Europa, sus agentes que enviaban dibujos de los modelos lanzados al mercado como el *dernier cri de la mode*.

Además, existían los agentes locales que viajaban anualmente para comprar modelos, telas, adornos o implementos. Luego, en Buenos Aires los adaptaban al mercado porteño.

En la moda femenina, las fuentes de inspiración y compra de modelos eran: Berry, 8 Boulevard des Capuchines, París; P. R. Saillard, 16 Fougourd Saint Denis –plumas–; Vinont, Rue Saint Honoré 23 –sombreros–; Berthe Jonneaux, 18 Rue de la Chausée d' Anten; Pieles Max, Place de la Boursa –pieles–; Gabriel Chanel, 21 Rue Cambon –ropa femenina en general–; Pieles Weil, 4 Rue Saint Ane y Marie Crozal –sombreros–.

Los complementos del vestir masculino eran los zapatos, que se usaban con o sin polainas y venían importados de los Estados Unidos, Francia, Suiza e Inglaterra. Poco a poco, los artesanos locales lograron superar la etapa manufacturera e ingresaron en la producción industrial, con lo que relegaron la manufactura al zapatero remendón que, con muy pocas herramientas y mucha habilidad, fabricaba zapatos masculinos y femeninos por encargo.

Tanto para el calzado como para la vestimenta masculina, la fuente principal de importación era Londres.

En cuanto a los guantes, bastones, relojes de bolsillo, alfileres de corbata y yuguillos, existían desde creaciones únicas y costosas hasta reproducciones facsímiles que estaban al alcance de los bolsillos más desprovistos. Por ejemplo, había yuguillos con pequeños rubíes o brillantes que costaban entre 12 pesos y 15 pesos, cuyas imitaciones valían apenas 60 centavos.

Aviso de sastrería

publicado en *Caras y Caretas*, que refleja muy concretamente la imagen del hombre elegante de una época. La figura masculina estilizada es la del *gringo Pellegrini*, siempre vestido a la moda inglesa, con galera, cuello duro alto y moño. El bastón refleja la costumbre de usarlos con empuñaduras que imitaban cabezas zoomorfas, casi siempre engalanadas con piedras semipreciosas en los ojos.

También se hicieron populares los abalorios y los alfileres de corbata adornados con perlas.

En materia de ropa de abrigo, hasta la primera década del siglo XX, las capas tuvieron predominancia en la moda femenina. Luego, lentamente, fueron reemplazadas por el tapado de género y las pieles.

BOATO Y TEATRO

Dandys porteños.
El cuidado de los detalles en las prendas de vestir cotidiano fue una ocupación que les llevaba horas, hasta encontrar el equilibrio elegante y estético.

En las altas ventanas y en las puertas, cortinados ostentosas y pesadas telas, todas con exagerada riqueza, pero llena de señorío, como era por lo demás, en el vestir, la moda de entonces: elegantes "toilettes" de grandes modistas de Europa, con profusión de bordados, canutillos, lentejuelas y encajes y por debajo de aquellas largas faldas, el deliciosos "fru-fru" del "tafetas", el corsé ceñido al cuerpo y todavía el "collier de chien" o la "guimpe" torturante, con sus invisibles ballenas, para mantener altas las cabezas y tiesos los cuellos ... Enormes sombreros de amazonas o valiosos "aigrettes", como complemento, suntuosas alhajas, collares auténticos, magníficos solitarios, inalterables "barretes", y todavía como carteras, mallas de oro con incrustaciones de piedras... eran tiempos señoriales en los que el tango no había pensado entrar en los salones, aunque rondaba en ellos, en el canturreo que el "niño bien" evocaba al día siguiente sus excursiones orilleras, añorando con ellas, sus meses de París, las "boites" de Montmarte, con la etapa final en "Maxim's"...

Los saraos de entonces rompían de tiempo en tiempo el estiramiento habitual con que las recatadas niñas exhibíanse en sus coches con campanillas, coche-

ros y lacayos de levitas grises, ya en los desfiles mañaneros de Florida, ya en la Avenida de las Palmeras, o por las noches en las veladas clásicas de la Ópera, donde la sociedad encorsetada distribuíase en los dos turnos en los que Nardi y Bonetti, como antes doña Amalia Passi y su esposo, el empresario Ángel Ferrari, les ofrecieran, las cantantes más notables del mundo, sin que ello fuera óbice para que la competencia de Bernabei lograra llenos populares en el viejo Politeama, donde notables "estrellas" como María Barrientos y Emma Corelli provocaban calurosas ovaciones.

La Corelli era entonces la rival de la también famosa Durclée, en aquellas "Toscas" en furiosa boga y a cuyos éxitos la primera agregaba los obtenidos en "Iris", la bella obra de Mascagni radiada del repertorio de la Ópera a raíz de un artículo de Miguel Cané... ¡Qué diría el fino autor de la deliciosa "Juvenilia" si viera a nuestras niñas asistir a películas ante las cuales el drama de la japonesita inocente resulta un poema ingenuo de candor!

Tobal, Gastón Federico, *Evocaciones porteñas*, Peuser, Buenos Aires, 1948.

Con posterioridad, el perramus sustituyó los tapados y las capas, tanto en la vestimenta masculina como femenina.

Asimismo, Buenos Aires registró un verdadero boom con el traje sastre porque, además de mostrar la figura femenina, podía adornarse con pañuelos, chales, tules, plumas y sombreros de cualquier dimensión y diseño, lo que multiplicaba las oportunidades de originalidad.

Esta evolución de la moda se vio impulsada también por el adelanto de la industria textil que, en muy pocos años, pasó del telar manual a las máquinas eléctricas.

En el año del Centenario de Mayo había un centenar de fábricas que utilizaban materia prima nacional e importada.

Estas fábricas, así como las tiendas mayoristas y las modistas, tenían períodos de prosperidad seguidos por otros de aletargamiento, impuestos por el auge de determinadas modas que producían desocupación circunstancial y no estructural.

De todas maneras, la industria de la moda en Buenos Aires era importante ya que, en la Exposición de París de 1910, había un salón en el pabellón argentino dedicado a la vestimenta, donde se exhibían creaciones locales.

Ese mismo año, en Buenos Aires se realizó la exposición de la Academia de Corte y Confección Sistema Juvé, en Corrientes 4181, donde se mostraba un centenar de modelos para mujeres, jóvenes y niñas, con sus correspondientes accesorios.

Ese año también se produjo la huelga de sastres y modistas, que tuvo la adhesión de 996 trabajadores. Éstos pedían un aumento del 30 por ciento en los sueldos mensuales y de 1 peso a 3 pesos en las confecciones de chalecos, pantalones y sobretodos, más 2 pesos por cada prueba. También buscaban la implantación de la jornada de ocho horas diarias.

MEDIOS PARA TRASLADARSE Y COMUNICARSE

Tranvía de obreros en Constitución.

Los tranvías y los ferrocarriles facilitaron los encuentros de las clases sociales, pues en ellos lo mismo podían viajar los obreros como los gerentes, diferenciados por la clase de vagones que ocupaban.

A medida que la ciudad fue creciendo, las distancias entre los distintos barrios se ampliaron y, con ello, se multiplicaron las dificultades de comunicación y transporte.

Junto con la extensión geográfica se produjo un aumento demográfico sin precedentes, por lo que los antiguos medios de transporte comenzaron a resultar insuficientes.

Gracias a las innovaciones tecnológicas, el tranvía a caballo fue reemplazado paulatinamente por el eléctrico. Éste contaba con el auxilio de centrales generadoras de energía que servían tanto para la iluminación como para la industria y el comercio.

A su vez, la extensión de los ferrocarriles fue relegando sensiblemente las diligencias, que sólo se utilizaban en las zonas donde los trenes no llegaban.

Estos avances también despertaron la competencia en el transporte de pasajeros, motivo por el que aparecieron los taxis y, ya en el siglo XX, el subterráneo.

DILIGENCIAS

En el Censo de 1869, en la ciudad se registraron 38 galeras, diligencias y mensajerías (todos vehículos de cuatro ruedas), para los trayectos largos; se utilizaban 1.698 jardineras y *tilburys* (vehículos de dos ruedas), para los trayectos cortos y 4.619 carros, para cargas ligeras y livianas.

Este medio de transporte llevaba y traía pasajeros y correspondencia. Su vigencia perduró hasta que el ferrocarril fue adentrándose en las provincias y subsistió, por algún tiempo, como entronque entre las estaciones ferroviarias y los sitios alejados.

LOS PRIMEROS TRANVÍAS

El tranvía constituyó el medio de transporte urbano que impulsó el desarrollo barrial, al posibilitar el acceso desde los domicilios particulares, a veces muy distantes, a los lugares de trabajo.

En 1868, a raíz del impacto causado por la circulación de los primeros tranvías con tracción a sangre, el gobierno dispuso que éstos debían circular por las vías precedidos por un pregonero a caballo, que anunciara su paso inminente. La medida se tomó para contrarrestar la creencia de que los tranvías eran peligrosos y que los habitantes morirían aplastados bajo sus ruedas.

En 1884, funcionaban en Buenos Aires seis líneas de tranvías que cubrían 1.150 kilómetros de recorrido; en 1890 el recorrido se había extendido a 3.374 kilómetros.

Ante el temor popular de morir bajo las ruedas de los tranvías, las empresas accedieron a colocar el miriñaque en la parte delantera. Este elemento debía funcionar como parrilla salvavidas y, para acrecentar la confianza, se hicieron demostraciones prácticas con niños y adultos que resultaron ilesos.

En 1903, había diez empresas de tranvías entre eléctricos y a caballo, cuyo recorrido alcanzaba los 4.642 kilómetros; en 1910, las empresas se habían reducido a cuatro, pero el trayecto sumaba 8.929 kilómetros. En 1918, el recorrido había crecido un 17 por ciento, con la misma cantidad de compañías, todas ellas de tranvías eléctricos.

En 1890, a pesar de los temores, viajaron en tranvía más de 55 millones de personas, cifra que casi se triplicó hacia el final del siglo.

El interior del tranvía fue como las estaciones de ferrocarril un lugar para permitir el encuentro de las clases sociales.

En cuanto a las relaciones entre las patronales y las asociaciones obreras del personal tranviario, no siempre fueron buenas, pues se registraron paros parciales por reclamos en mejoras salariales y condiciones de trabajo.

La huelga general de noviembre de 1902 abarcó el transporte de la ciudad y causó graves molestias a los usuarios. La reacción oficial fue muy dura, pues se allanaron locales sindicales, se detuvieron y encarcelaron a los dirigentes más lúcidos y se llegó a la aplicación indiscriminada de la Ley Cané o Ley de Residencia, con la consiguiente expulsión de extranjeros considerados indeseables.

A pesar de esto, al año siguiente los tranviarios volvieron a la huelga general y paralizaron la ciudad. Esta vez, la reacción fue más blanda, pues se recurrió a los tranvías tirados por caballos y conducidos por personal del Ministerio de Marina.

TRANVÍAS ELÉCTRICOS

Poco a poco, los tranvías de tracción a sangre fueron cediendo paso a la modernidad representada por el tranvía eléctrico. El primero causó pánico entre la población, pues se desplazaba por las vías a una velocidad de veinte kilómetros por hora. Durante la primera etapa circulaban los imperiales, de dos pisos, que, en el frente y a los costados, llevaban carteles de publicidad.

Pero los tranvías no siempre estaban al servicio de los usuarios, pues tenían tarifas demasiado elevadas, irregularidad en la frecuencia y las paradas eran arbitrarias. A su vez, había que agregar la cantidad de accidentes registrados, lo atiborrado de los coches en las horas pico y el maltrato de los guardias o conductores.

En 1909 la Anglo-Argentina (de capital inglés) estableció un virtual monopolio, al ir comprando, de manera progresiva, las empresas rivales. De esta manera, llegó a controlar algo más del 80 por ciento de los tranvías y el 85 por ciento de los pasajeros. Quedaban, pero sin capacidad seria de competencia, las líneas del Lacroze y otras dos menores. Ese año marcó el fin del tranvía a sangre.

Una vez aceptado, el tranvía sirvió como vehículo de distracción pa-

PERSONAJES DEL TRANVÍA

Algunos de los personajes del tranvía.

La mujer, el caballero, el guarda y el policía, quien muchas veces trepaba para vigilar o para viajar hasta su parada de destino.

Comencemos por conocer a quienes formaban parte de una empresa tranviaria. Los primeros coches tirados por caballos aparecieron en la década de 1870, conducidos por cocheros de los que alguien dirá que conducían acomodados en las plataformas delanteras, con sus camisas bien almidonadas, su pañuelo blanco al cuello, no faltándole la corneta de metal. Cada cual tenía su toque personal que hacía sonar en las bocacalles, o bien frente a una vivienda determinada, en cuyos umbrales no tardaba en aparecer alguna morenita que le sonreía hasta las orejas. Su compañero inseparable fue el mayoral. Ambos eran en su mayoría criollos, hasta que por efectos de la inmigración masiva comenzaron a ser acompañados por españoles o italianos, dado que se trataba de una tarea de escasa especialidad y de relativa facilidad y que tal vez no difería mucho de la que habían practicado en su lugar de origen.

Había otros personajes que hoy nos parecen pintorescos. Abriendo paso, unos metros delante del tranvía, como avisando la llegada del monstruo, iba un jinete llamado postillón. Según muchos porteños encumbrados de entonces eran medidas de seguridad absolutamente necesarias. Pero ante lo poco práctico del sistema, al poco tiempo, en 1873 quedaron suprimidos. Su corneta fue alojada, tras su desaparición, en la plataforma colgada del techo o bien en una tira de cuero que caía cruzada del pecho del cochero, resonando en manos de éste, en forma muy particular y distintiva.

Mezcla de gaucho y compadrito, aparecía cual estampa ecuestre el cuarteador. Era un personaje independiente, teniendo una parada fija en determinados lugares del recorrido de una línea, donde la pendiente del terreno determinaba la necesidad de un tiro adicional para remolcarlo. La cinchada era en cada caso ocasión demostrativa de la habilidad del sujeto, puesto que debía enganchar u soltar la cuarta al trote, sin que se detuviera el coche, y los más habilidosos debían evitar el tirón para no incomodar al pasaje.

WERCKENTHIEN, Cristian G., "Conflictos y huelgas en las compañías tranviarias de Buenos Aires, 1880-1910", en III Jornadas de Historia de la Ciudad de Buenos Aires. El trabajo en Buenos Aires. Instituto Histórico de la Ciudad de Buenos Aires, 1988.

ra las familias pobres, que por muy pocos centavos podían pasear por la ciudad y visitar barrios distantes.

TARIFAS

Cuando las tarifas tranviarias se uniformaron en 10 centavos, este transporte se hizo más accesible para los obreros. La cifra representaba menos del 5 por ciento del jornal del peón sin especialización y menos del 3 por ciento del especializado.

Las mejoras en el transporte, la comodidad de los coches, la educación de los empleados, el abaratamiento y la uniformidad de tarifa quintuplicó la cantidad de pasajeros entre 1900 y 1914.

En 1914, funcionaban en Buenos Aires tres empresas de tranvías eléctricos, dos de capital mixto y una, nacional. Entre todas sumaban 3.844 coches, cubrían 771 kilómetros en los recorridos respectivos y transportaban 411.494.512 pasajeros por año. El total del personal ascendía a 11.352.

TRENES

En 1864, el radio urbano contaba con las estaciones terminales Ferrocarril Oeste, Ferrocarril del Sud, Ferrocarril de Buenos Aires y Puerto de la Ensenada.

Interior de la Estación Constitución.

La atracción de actividades múltiples que concentraba la estación presenta desde changarines a coches de pasajeros, en apretada síntesis de su movimiento cotidiano.

A raíz del movimiento de pasajeros, alrededor de ellas se concentraron hoteles, fondas, casas de comidas y una variada gama de comercios,

EL FERROCARRIL, TECNOLOGÍA Y RIQUEZA

El ferrocarril en el campo

significó la aplicación de la tecnología (arados, cosechadoras, trilladoras, etcétera), que, agregada al trabajo humano, reemplazó métodos arcaicos y superados.

La producción de granos de cereales creció de manera proporcional a la expansión de los ferrocarriles en el interior de la pampa húmeda y del asentamiento de inmigrantes en calidad de chacareros.

El método de la siega con la hoz o la guadaña resultaba insuficiente, de la misma manera en que quedaron superados el arado de mancera y la siembra al voleo, que fueron reemplazados por maquinarias que hacían mejor y más rápido esas fatigosas tareas.

Un primer paso importante para reemplazar la hoz y la guadaña fue la segadora, introducida después de Caseros, pero difundida masivamente al terminarse la década de 1860.

En el año 1890 ya había varios miles de ellas trabajando los campos. En esa fecha las terminales del ferrocarril en la provincia de Buenos Aires alcanzaban Mar del Plata, Tres Arroyos, Bahía Blanca, Saladillo, 9 de Julio, San Nicolás y Junín, con lo que abarcaban importantes sectores productores de cereales.

Hasta que el ferrocarril no se convirtió en dueño y señor de las distancias y de las cargas, estas últimas eran transportadas por las legendarias chatas, que tuvieron vigencia hasta fines de la década de 1920 en algunos rincones pampeanos. A medida que se llevaban hasta los galpones de las estaciones de ferrocarril las bolsas de yute con trigo, maíz, cebada, centeno, girasol, etcétera, aumentaban los cupos de exportación de los puertos nacionales. Cualquier estadística sobre el tema lo confirma con cifras irrebatibles.

A esa conjunción de tecnología (ferrocarriles y maquinarias), hay que agregar la propagación del alambrado, otro adelanto tecnológico que permitió fijar sobre el suelo los límites de las propiedades, al mismo tiempo en que legitimaba y defendía los abigeos.

En forma paralela al aumento de la producción agraria, se registró el incremento de la importación de alambre de púa y liso para alambrar campos.

La suma de todo ello dio como resultado la conversión de la Argentina, de un país con fértiles tierras y vacas, en una nación productora de riqueza capaz de alimentar a importantes sectores de la población mundial, por lo que ganó el merecido nombre de "granero del mundo".

La contracara de esta conjunción, fue el cierre del horizonte pampeano, limitación de la próxima loma, para el hijo natural de la pampa, o sea, el gaucho.

Los alambrados cerraron los campos y los caminos libérrimos, pero al mismo tiempo fueron marcando derroteros que conducían irremediablemente a la gran ciudad capital que era Buenos Aires.

Como subproducto de este proceso de progreso material se tiene en nuestra sociedad la transformación del gaucho en compadrito arrabalero y de la vidalita, tras una larga transmutación y transculturación, en tango.

SCHIKENDANTZ, E. y REBUELTO, E., *Los ferrocarriles en la Argentina 1857-1910*, Fundación Museo Ferroviario, Buenos Aires, 1994.

muchos de los cuales no eran más que tapaderas, que ocultaban los malos medios de aprovisionamiento del malandrinaje.

Las siguientes cifras demuestran el intenso crecimiento ferroviario del período: en 1864 había 94 kilómetros de vías; en 1910, 27.994 kilómetros y en 1914, 34.534 kilómetros.

En la misma proporción creció la cantidad de cargas y pasajeros transportados, ya que de 601.854 pasajeros se llegó a 75.386.223 y de 70.970 toneladas, a 34.274.093.

TAXIS Y SUBTERRÁNEOS

El 14 de septiembre de 1913, se comenzaron las obras de construcción de la primera línea de subterráneos, actualmente conocida como línea A. El tramo inicial, que unía Once y Plaza de Mayo, se inauguró el 1° de diciembre de 1913. El segundo trecho, que iba de Once a la actual estación Río de Janeiro, empezó a brindar sus servicios el 1° de abril de 1914.

La construcción costó la vida de numerosos obreros, a raíz de los continuos desmoronamientos, hundimientos y caídas de vigas. Algunos edificios también se vieron afectados en sus cimientos, con los consecuentes derrumbes.

Subterráneos de Buenos Aires.

Visita del intendente De Vedia y Mitre a las obras de la línea Retiro-Constitución.
Atilio Dell'Oro Maini, Mariano de Vedia y Mitre, Manuel Carbonell -concejal- y José María Cantilo -diplomático-, entre otros.

En 1890 el servicio de taxis aún no estaba bien ordenado ni reglamentado, motivo por el cual predominaba el desorden en las paradas y una cierta anarquía en las tarifas.

Poco a poco, las autoridades municipales lograron que los taxistas aceptaran registrarse y, al mismo tiempo, se ordenaran dentro del gremio para mantener la vigencia de paradas, a fin de facilitar su uso al público.

En 1901, funcionaban en la ciudad 2.282 automotores, cuya tarifa dependía del uniforme que usaban y que, en general, se ajustaban a las paradas regulares.

CONTROL FERROVIARIO

Sistema ferroviario.

Fue dominado por cuatro compañías inglesas, que se dividieron los ramales que se extendían por todo el país.

Después de la crisis de 1890, el Congreso estableció en 1891 la Dirección General de Ferrocarriles. Por primera vez se hizo un esfuerzo por imponer, por lo menos, limitados controles estatales sobre los deberes y derechos de las compañías y para regular la futura ampliación del sistema ferroviario. Incluso las compañías privadas, bajo los efectos de la depresión, estructuraron sus sistemas aún más, a fin de controlar más eficazmente sus esferas de influencia. El Ferrocarril Central Argentino que había logrado acceso a Buenos Aires en 1889-1890, encabezó este movimiento adquiriendo en 1892 varios ramales del Ferrocarril Oeste. En ese momento el Ferrocarril Buenos Aires-Rosario competía agresivamente con el Central Argentino. Además de la lucha por el control del tráfico entre Rosario y la Capital Federal, el Ferrocarril Buenos Aires-Rosario completó en 1896 el Ferrocarril Poblador desde Belgrano al Tigre en el intento de quebrar el monopolio del Central Argentino sobre el Delta. Por último el Ferrocarril Sud compró el Ferrocarril Buenos Aires-Ensenada, logrando así el control total del transporte de pasajeros y carga en el sur de la provincia.

En los años anteriores a la primera guerra mundial, la Argentina atravesó un período de desarrollo más largo y próspero, cuyo auge debe situarse entre 1905 y 1912. En gran medida esta prosperidad fue el resultado de los esfuerzos hechos por las principales compañías privadas por extender sus redes sobre la mayor parte de la zona fértil del país y por consolidar esferas de influencias que impedían la competencia desleal. Las dos tendencias que aparecieron durante la década de 1880 quedaron ahora completamente satisfechas: los que bregaban por un sistema ferroviario que tuviera a Buenos Aires como único centro, y los inversores ingleses que determinaron prioridades, tarifas y la construcción de líneas, más que el gobierno argentino.

Cuatro compañías inglesas que operaban desde el exterior, se pusieron de acuerdo entre ellas para dividir y dominar el sistema ferroviario durante estos años de auge.

Scobie, James R., *Buenos Aires, del centro a los barrios, 1870-1910*, Solar, Buenos Aires, 1986.

La mayoría de los coches eran abiertos, aunque subsistían los antiguos modelos cerrados, menos requeridos en el uso cotidiano.

En 1904, las relaciones entre los propietarios y los peones llegaron al colapso, por lo que se produjo una fuerte huelga de taxímetros.

Ese mismo año, se hizo obligatorio el uso del taxómetro, nombre que se daba al reloj.

A pesar de los vaivenes, desavenencias, reglamentaciones y desacuerdos entre los patrones y el personal, la actividad fue en constante incremento. En 1909, había 1.510 coches con llantas de goma; 943, con llantas de hierro; 2.500 breaks, entre otros. Los conductores eran unos 6.000, de los cuales 5.000 trabajaban de manera regular.

Como el trabajo no siempre rendía lo suficiente, la Municipalidad autorizó la circulación de los coches, sin que tuvieran que permanecer en las paradas.

En 1910, los coches registrados eran 6.000 y la ciudad estaba dividida en siete secciones de servicio.

Como no todos los coches de alquiler estaban equipados con el reloj, que medía el recorrido y estipulaba la tarifa, en las calles se solía ver a pasajeros y conductores enzarzados en discusiones acaloradas. Con el tiempo, y en la medida en que se impuso el viaje tarifado, estos roces se fueron superando.

En 1916 comenzó a regir la tarifa de 10 centavos cada 300 metros. Sin embargo, en más de una oportunidad los inspectores municipales comprobaban que muchos relojes estaban alterados para incrementar el costo de los viajes.

El automóvil,

desde sus primitivos modelos, significó una verdadera revolución como medio de transporte.

Sin embargo, estaba reservado para la clase pudiente proclive a las innovaciones, pues sus precios triplicaban lo ganado por un obrero medio durante el año de trabajo.

TELÉFONOS

Hacia finales de 1880, la Pantelefónica Gower Bell inició en Buenos Aires la comunicación telefónica; de todos modos, fue la Compañía de Teléfonos del Río de la Plata la que popularizó ese medio de comunicación.

A fines de enero de 1881 se realizó la comunicación entre la Municipalidad y la Bolsa de Comercio. Con ella se confirmaron las bondades del servicio y, de inmediato, se instaló un aparato en casa del presidente Roca, que se alojaba, de manera provisoria, en la calle Rivadavia, actualmente 4905.

Luego, se realizó la instalación en la residencia del intendente Torcuato de Alvear y en el domicilio del ministro de Guerra, Manuel J. Campos. En menos de quince días ya había casi cuarenta aparatos instalados y en funcionamiento.

Para dar a conocer los favores del servicio, la compañía publicó un aviso en *El Ciudadano*, donde se informaba que el abono mensual era de 150 pesos, que se pagaba al mes de instalado el aparato. Los abonos podían tomarse por 3, 6 y 12 meses. Cada abonado tenía su respectivo hilo separado y podía comunicarse de día y de noche con los demás usuarios, entre los que se incluían las dependencias administrativas.

Se instalaron aparatos telefónicos de uso gratuito para los abonados en: Muelle de las Catalinas, Aduana, Depósito de Lanas, Boca, Barracas, Once de Setiembre, Plaza Constitución, Corrales de Abasto, Flores y Belgrano. En ellos se podía mantener una comunicación corrida de 15 minutos, sin interrupción.

A principios de setiembre, fecha del aviso, la red comprendía 250 suscripciones. Los teléfonos eran a magneto, por lo que la persona que deseaba comunicarse debía dar vuelta la manija lateral del aparato; luego, levantaba el tubo y esperaba hasta que desde la central se lo atendiera. A continuación, le daba a la operadora el número con el que deseaba comunicarse. En los primeros tiempos no todos conocían el número correspondiente y, por ello, decían el nombre de la persona, que resultaba conocida para la telefonista, por el reducido número de abonados.

En 1881 el servicio estaba atendido por la Compañía Telefónica del Río de la Plata, que usaba el sistema Bell perfeccionado, y por la Telefónica de Buenos Aires que era la propietaria de los aparatos llamados Gower Bell. Sus centrales estaban respectivamente en las calles Maipú 118 y Florida 212, de la antigua numeración.

Hacia fines de 1881 la primera de estas compañías dio a conocer por medio de los diarios que ya tenía 500 aparatos en funcionamiento, entre los que se encontraban los diarios *La Nación, La Prensa,* los principales comercios de plaza, la Municipalidad y la Central de Policía. El aviso indicaba que llegaban los hilos hasta San José de Flores y Belgrano, sectores aún no incorporados al ejido porteño.

La competencia entre ambas empresas se terminó en 1883, cuando se fusionaron. Tres años más tarde fueron absorbidas por la United River Plate Telephone Co. Ltd., de capital inglés, que se transformó luego en la Unión Telefónica y, muchos años más tarde, en ENTEL.

En 1886 la cantidad de abonados era de 6.000. El 1º de marzo del mismo año, Buenos Aires y La Plata quedaron unidas telefónicamente y tres años más tarde se unieron Buenos Aires y Montevideo gracias al tendido de un cable subacuático, que fue el primero del mundo en su género.

En 1906, la ciudad tenía 19.000 abonados y en 1915, 56.000.

En 1914, Buenos Aires disponía de 47.781 teléfonos instalados, lo que daba un promedio de 2,8 por persona.

BELLAS ARTES

Emilio Centurión

ha sido un artista plástico que desarrolló su temática con mucha fuerza expresiva, cambiando las escuelas de sus manifestaciones, pero siempre logrando poner la nota distintiva en cada creación.

(*Caras y caretas* N° 947, 25 de noviembre de 1916.)

Durante los primeros años del período, se puede hallar en las obras de arte la prominencia de algunos hechos históricos y características sociales como la lucha entre Buenos Aires y la Confederación, la Guerra de la Triple Alianza, la bravura del indio, el ámbito rural y su población, y las pestes que periódicamente afectaban a la ciudad.

Paralelamente, se nota una sensible disminución de los retratos individuales o de grupos, debido a la aparición del daguerrotipo y, luego, de la fotografía. También, se puede destacar una profusión de lápidas, bustos y retratos que adornaban las sepulturas, ya fuera de los hombres públicos como de los adinerados.

La renovación de artistas se produjo de manera natural. Así Prilidiano Pueyrredón (capataz y peón de campo) y Carlos E. Pellegrini, junto con otros pintores menos populares, siguieron produciendo obras, aunque en menor cantidad, en parte debido a los síntomas de la vejez y, en parte, por los cambios en el gusto general.

En el caso de Pellegrini, hay que atribuir esta menor participación a sus actividades como arquitecto e ingeniero.

PINTORES

El primer lugar, por la cantidad y calidad de su producción, corresponde a Juan L. Palliere, que también era docente en la escuela que funcionaba en la Casa de Huérfanos.

Una parte importante de su éxito se debió a que supo mantenerse equidistante de las variaciones políticas entre 1853 y 1874. Este hecho le permitió pintar cuadros al óleo y acuarelas de excelente nivel como *Camino al reñidero de gallos, La mujer del preso, Panadero, El mendigo, Interior de un rancho, Soldado de Urquiza, El asado, Pulpería de campaña*, además de varias litografías.

Palliere contó con la colaboración de Enrique Sheridan, muerto prematuramente, que dejó obras muy calificadas por la crítica como *Las carreras de Belgrano*.

De manera paralela, se distinguieron pintores de temas religiosos, que satisfacían los pedidos de particulares o de entidades religiosas. Entre ellos se pueden destacar Fernando García del Molino, Benjamín Franklin Rawson, Carlos Morel, Josefa Díaz de Clucellas, aunque todos pintaron también diversas modalidades.

Otro grupo de pintores sobresalió por haberse concentrado en motivos navales y militares, inspirados en paisajes marinos y en episodios de la Guerra de la Triple Alianza. Los nombres más representativos son: Cándido López, Juan M. Blanes y Ángel Della Valle.

También se debe incluir a Balsasare Verazzi, de origen italiano, y a Ignacio Manzoni, quienes pintaron obras muy diversas, desde retratos hasta paisajes urbanos.

Ernesto Charton fue un buen retratista, cuyo cuadro sobre Echeverría destaca el estrabismo del modelo. Le siguen, en retratos, las obras de Juan M. Blanes, que también fue el responsable de la decoración del Palacio de San José, a pedido de Justo José de Urquiza. Su obra más difundida probablemente sea *La fiebre amarilla*.

Adolfo Methfessei, a su vez, logró destacarse tanto por sus cuadros sobre episodios de la guerra contra el ejército paraguayo dirigido por el mariscal Francisco Solano López como por los del campo argentino.

Otro ilustrador de méritos reconocidos fue Alfredo París, de nacionalidad francesa, que en *Almanaque de la Librería Escany*, o libros como *La Pampa* de Alfredo Ebelot y *Painé* de Estanislao Zeballos, dejó muestras de su calidad. Sin embargo, su obra más popular fue *A través de la pampa*.

La hija de Domingo F. Sarmiento, Procesa Sarmiento de Leloir, se distinguió como pintora de miniaturas y retratos. La mayor parte de su producción la desarrolló en Chile. En Cuyo se destacó como docente y también como pintora.

Por su parte, Benjamín Franklin Rawson dejó los óleos: *La despedida*, *El asesinato de Maza* y *La huida del malón*, entre otros.

Josefa Díaz de Clucellas retrató a Urquiza, a Francisco Clucellas y a varias mujeres de la sociedad santafesina de su tiempo. Acompañó su labor de retratista con naturalezas muertas y esporádicas incursiones en pinturas sobre temas religiosos.

Cándido López, con su *Rendición de Uruguayana*, *Curupaití*, donde perdió su brazo, y la serie sobre la Guerra del Paraguay, dejó testimonios globales y minuciosos de usos, costumbres y modalidades de la vi-

Los cuadros de Cándido López

son, además de admirables en su elaboración, inapreciables testimonios de la guerra de la Triple Alianza.

da cotidiana de los soldados y oficiales durante la lucha armada. Ha merecido profundos estudios tanto como pintor, como por su capacidad de plasmar el diario vivir.

La prolífica producción de Bernabé Demaría cuenta con algo más de dos centenares de obras entre óleos, acuarelas, cuestiones religiosas, civiles, costumbres y retratos. Su fuerte eran los temas costumbristas tanto sobre la ciudad como sobre el campo. A través de sus cuadros se pueden estudiar las modas femeninas y masculinas de la época.

Gaspar Palacio se destacó también por sus pinturas de escenas campestres como *La doma, Gaucho catador* y *Escenas de rancho*, para mencionar las más ricas expresiones de su pincel.

La agrupación llamada Sociedad Estímulo de Bellas Artes, de 1876 y El Salón de los Espejos, propiedad del mecenas Fernando Fusoni, se dedicaban a difundir las bellas artes, por lo que en sus sedes se expusieron la mayoría de las obras de los mejores pintores de la época.

Otros pintores de notoriedad fueron: Alfonso Muzzi, Decroso Bonifanti, Eliseo Copini y los españoles Eduardo Sojo, Enrique Stein y José M. Cao. Estos tres se distinguían más que nada por su condición de dibujantes. Sus obras se encuentran desperdigadas en muchas revistas porteñas, especialmente en *Caras y Caretas*.

Asimismo, Manuel Mayol, Francisco Fortuny y Nazareno Orlandi dieron forma y vida a la sociedad La Colmena Artística, que realizó en 1896 su primera exposición humorística. La segunda exposición tuvo lugar en 1901. Como homenaje y reconocimiento a Carlos Casado del Alisal, gran promotor del ferrocarril, las artes, la cultura y el periodismo, se realizó en 1897 una exposición retrospectiva.

María Obligado de Soto y Calvo produjo *La esquila, Hierras* y numerosos apuntes de viajes y de vida cotidiana. Julia Wernicke se destacó por *Los toritos* y varias reproducciones de animales.

El grabado tenía sus cultores y su aceptación entre el público. Emilio C. Agrelo, como arquitecto, realizó el Palacio del Bon Marché, la escalinata de mármol del Jockey Club y, como grabador, *Los ombúes, Cabo Corrientes* y *El nido de cóndores*.

Los dibujos y pinturas de Francisco Fortuny han servido para rescatar escenas de la vida cotidiana, mostrando claramente las modalidades de la vida social de los porteños de su época.

(*Caras y Caretas* N° 148, 3 de agosto de 1901.)

Estado de sitio, por Fortuny

A un nivel ligeramente inferior se encontraban Modesto Brocos y Eduardo Sívori, con *Tropa de Carretas*, *Carretas* y otras producciones.

El italiano Alfonso Bosco se consagró, especialmente, como director artístico de la Compañía Sudamericana de Billetes de Banco. En muchas de sus producciones se aprecia la técnica del italiano, en el contraste de los grados de luz y las filigranas que hermosean muchas acciones de las empresas.

En materia de pintura, la Argentina puede enorgullecerse de contar con más de doscientos artistas de primer nivel, por su trascendencia nacional e internacional, ya que museos argentinos, norteamericanos, franceses, españoles y pinacotecas particulares guardan las obras de sus artistas.

Ángel del Valle estudió y se perfeccionó en Italia y dejó *Ecce homo* y *El martirio de los siete macabeos*. Para ganarse la vida se dedicó al retrato y realizó verdaderas obras maestras por la fidelidad y la economía de colores. Además, se dedicó a temas históricos como *La vuelta del malón* o a escenas de la vida campestre. En vida se lo consideró como el primer pintor argentino de su época.

Graciano Mendilaharzu estudió en Francia y entre sus obras se destacan el retrato de Adolfo Alsina, *Vieja aldeana hilando*, *Partida de taba* y *La vuelta al hogar*. A su muerte, sus amigos, como homenaje póstumo, realizaron una exposición con más de cien de sus cuadros.

José Bouchet, español, trabajó y fructificó en Buenos Aires. Son suyas *Primera misa*, *Pringles en pescadores*, *Columna de ranqueles* y *Campamento de San Martín en Plumerillo*.

Eduardo Sívori, distinguido por la crítica y apreciado por la calidad de su producción, también estudió en Europa. Entre óleos, acuarelas, pasteles, dibujos y ensayos se cuentan más de 1.000 obras. Participó en numerosos salones nacionales y europeos, tuvo una importante labor docente y fue promotor de la Sociedad Estímulo de las Bellas Artes, del Museo Nacional y de la Academia Nacional.

Eduardo Schiaffino estudió en Italia y Francia. Se distinguió no sólo por su óleo *Reposo* y su obra docente, sino también como director del Museo Nacional de Bellas Artes y como organizador de un programa de becas que dio sus frutos años más tarde. A su vez, dejó una importante

CARICATURAS CONTEMPORANEAS
Dr. WENCESLAO ESCALANTE, POR CAO

Los dibujos de Cao,

en las tapas de *Caras y Caretas*, son una verdadera galería de sus condiciones de dibujante afilado y sutil, pues a los rasgos fieles agregó una delicada y no hiriente ironía.

(*Caras y Caretas* Nº 148, 3 de agosto de 1901.)

obra sobre los precursores e iniciadores de la escultura y la pintura en la Argentina, que le insumió largos años de investigación.

El nombre de Ernesto de la Cárcova se ha distinguido entre los mejores pintores argentinos de este período y de toda la pintura nacional. Estudió en Turín, Italia, y fue meritorio tanto por la calidad de su producción, como por su trabajo docente. También se destacó como director de la Academia Nacional de Bellas Artes, nacionalizada en 1905.

RENOVACIÓN DE TALENTOS

Atellier.

La sencillez y hasta pobreza de muchos ateliers, son demostrativos de las condiciones precarias, cuando no de miseria, que muchos plásticos debieron superar para dar a conocer sus creaciones.

(*Caras y Caretas* N° 361, 2 de septiembre de 1905.)

La muerte puso fin a las actividades de algunos de los iniciadores del despertar artístico, después de una trayectoria memorable. Martín León Boneo murió en 1915. Fue pintor de cuadros religiosos, de retratos, de cuadros históricos, de escenas costumbristas de la ciudad y de la campaña. Había nacido en 1859. Figura entre los tres primeros becarios para estudiar en Europa. El primer viaje de estudio lo realizó a Italia, en 1855. De su extensa obra son siempre ponderados "La Romana" y "En la Ramada", ambos óleos.

En 1918 puso fin a su trabajo Eduardo Sívori. Cultivó el grabado y la pintura: naturalista en sus principios, derivó en sus últimos años hacia una altura y frescura expresiva que pueden considerarse un anuncio del impresionismo. Fue estímulo y guía de varias generaciones artísticas. Había nacido en 1847. Se recuerdan de su pincel los óleos "La señora L. de C." "Le lever de la bonne" y el dibujo "La Tranquera".

José Bouchet, pintor de historia, español de nacimiento, argentino por adopción, murió en 1919. Había nacido en 1848. En 1922 murió Ventura Marcó del Pont, que había sido alumno de Palliere y Ernesto de la Cárcova. Jorge Bermúdez murió en Granada en 1926. Había nacido en 1883, se formó en España junto a Zuloaga, que ejerció influencia en su visión y su factura, regresó al país en 1913, y luego trabajó en las provincias del norte, tomando por tema asuntos regionales, especialmente de Catamarca, cuyos tipos y costumbres hizo conocer en el país y en el extranjero. Realizó su última exposición en Buenos Aires en 1923 y se retiró a España por razones de salud, desempeñándose como cónsul argentino en Granada.

Otra pérdida importante fue la de Ernesto de la Cárcova, en 1927. Fue fundador de la Escuela Superior de Bellas Artes, que hoy lleva su nombre. Con él se cierra el ciclo de los organizadores de la enseñanza artística en la Argentina.

DE SANTILLÁN, Diego A. (director), *Historia Argentina*, Tomo 4, T.E.A., Buenos Aires, 1978.

Se dejan sin mencionar, en detalle, las obras y tareas desarrolladas por Emilio Caraffa, Juan Fernández Villanueva, Martín A. Malharo, Ventura M. Marcó del Pont, Severo Rodríguez Etchart y tantos otros artistas no menos valiosos.

En conjunto, es posible señalar varios factores importantes que ayudaron a la producción de las bellas artes durante este período: la existencia de valores naturales, la acción promotora de algunas instituciones, el papel de mecenas desarrollado por el Estado nacional al otorgar becas casi sin restricciones y finalmente el apoyo de un sector del público muy afecto a las manifestaciones estéticas de buen nivel.

Fuente de las Nereidas, en su primitiva ubicación.

Causó despiadados ataques por contener figuras de mujeres desnudas entre sectores de la alta burguesía, que logró su emplazamiento frente a lo que fue el Balneario Municipal, en la Avenida Costanera, donde se encuentra en la actualidad.

ESCULTORES

Manuel de Santa Coloma se destacó por su especialización como animalista. El francés Elías Duteil, por *Dejad venir los niños y no los estorbéis* y numerosos grupos funerarios. En esta última temática se distinguió Camilo Romairone, de nacionalidad italiana. Su connacional Víctor de Pol fue el autor, entre otras obras, del monumento de Monseñor Aneiros y de la cuádriga frente al Palacio del Congreso.

El nombre de Francisco Cafferata merece estar en primer plano, por toda su obra y, en especial, por *Mulato y mulata, Esclavo, La Piedad, Meditación* y sus esculturas de personajes históricos.

Por su parte, Lucio Correa Morales, de alguna manera, continuó la obra del anterior, pero con distinta sensibilidad, como se aprecia en *La Justicia, Señores de Onisín, Cristo y psiquis*, para mencionar unas pocas piezas de su prolífica labor.

Un lugar muy destacado se han ganado Mateo Alonso por su *Cristo Redentor* ubicado en la Cordillera de los Andes; Soto Avendaño por su *Monumento a la Independencia,* en la quebrada de Humahuaca; Pedro Zonza Briano con su *Flor de Juventus,* en el Rosedal de Palermo y Lola Mora con su *Fuente de las Nereidas,* en el Balneario Sur de Buenos Aires.

Otros artistas italianos que trabajaron en la Argentina fueron Garibaldi Affani, Juan de Pari, Torcuato Tasso, José de Arduino, dedicados casi todos ellos a obras escultóricas por encargo de particulares o del Estado, y a la docencia oficial o particular.

Lola Mora.

La pacata y mezquina moralina de ciertos sectores de la sociedad de su tiempo, la hirió en su condición de mujer y artista creadora, obligándola a una reclusión voluntaria en Salta.

OTROS PINTORES

Justo Lynch centró su trabajo en los paisajes del río Paraná. Sus obras *Tarde del Paraná, Barcas del Paraná* y *Combate de San Nicolás* dan cuenta del eje de su temática.

LITERATURA, SALONES Y ESTANCIAS

Ezequiel Ramos Mejía.
Constituyó la más clara expresión de los intelectuales aferrados a las ideas hoy consideradas como de extrema derecha, expresadas en varios de sus libros, por lo que se lo califica actualmente como una rémora intelectual.

Eran los hombres ya maduros, naturalmente, quienes mejor podían intuir este invisible sentido de la reunión. Ezequiel Ramos Mejía, casado con una de las hijas de Manuel Guerrico, la bella y fina Lucrecia, saludaba a los invitados, mientras sus pensamientos iban y venían del pasado al presente. Cada tanto alzaba su mirada para ver si llegaba el Presidente de la Nación José Figueroa Alcorta: desde hacía poco, él era su ministro de Agricultura.

Mientras lo aguardaba cambiaba abrazos e impresiones con sus amigos. Conversaba en ese momento con su primo Máximo de Elía, con quien hacía precisamente cincuenta años había compartido meses de vida gaucha en Miraflores, la estancia fundada por su abuelo Francisco en 1816, en el sud de la provincia de Buenos Aires. Al verse los primos en el marco evocador de la fiesta no pudieron evitar los recuerdos de su adolescencia, cuando por temporadas abandonaban los salones de Buenos Aires, para dedicarse al trabajo de los campos. Dejaban el frac y tomaban el chaquetón y el poncho, decían adiós al delicado vals para ir a sentarse en los banquillos de cadera de vaca, bajo la espesa nube del humo de la cocina campestre, única sala de la rústica vivienda.

Se despedían también de los baños diarios, las uñas limpias, las medias de seda y los escarpines charolados: los reemplazaban con rudas botas de vaqueta. Como vajilla portaban sólo un mate en el bolsillo, y en la cintura un cuchillo con cabo de plata para cortar la carne asada y desbastar los caballos.

A la charla de los primos se unió gente más joven: Tatalo Bengolea, sobrino de ambos y sus amigos Adolfo Bioy, Germán Elizalde, y el "inglés" Sánchez Elía. Ellos habían pasado los últimos veranos en "Miraflores" y allí habían vivido una vida casi de *chateau*, de sala, galería y parque. La bombacha y la bota había sido reemplazada por los breeches y las polainas; el pañuelo al cuello por la corbata doble vuelta; el chambergo por la gorra jockey. Era deslumbrante el florido parque inglés que rodeaba la amplia y acogedora casa; su trazado geométrico, el verde esmeralda de las *pelouses*, y las estancias de mármol asombraban al visitante.

CÁRDENAS, D. J. y PAYÁ, C. M., *La Argentina de los hermanos Bunge*, Sudamericana, Buenos Aires, 1997.

Por su parte, Carlos Ripamonte se inspiró casi siempre en el campo y logró que muy pocos lo igualaran en sensibilidad y técnica para expresar la vida rural. *Canciones del Pago* es, sin duda, su síntesis expresiva.

Cesáreo Bernardo de Quirós también ha dejado extractos de la vida y del trabajo rural en *Los segadores, La vuelta de la pesca*. A su vez, rescató escenas y personajes de la época federal, por la que siempre sintió atracción.

A pesar de ser italiano, Alberto M. Rossi pintó temas locales de Buenos Aires, como se manifiesta en *La ciudad que surge, Ruda faena, Nocturno* o *Contrastes*.

Cierra esta breve nómina de pintores Eduardo Fader de quien nos quedan varios cientos de lienzos, de los cuales es muy difícil determinar el primero en calidad, en temática o en fidelidad al motivo seleccionado.

Los Jefes.

Óleo de Cesáreo Bernaldo de Quirós.

(Plus Ultra.)

Fue un expansionista que supo calibrar y equilibrar color, temas, paisajes y personajes, haciendo que toda su obra sea de primera calidad sin desmedro ni objeciones.

Prefirió la soledad del campo y por ello vivió muchos años en Mendoza y Córdoba, de donde tomó a muchos de sus personajes y ambientes rurales para enmarcarlos.

APOYO A LAS ARTES

Corresponde indicar aquí también la acción del Estado para otorgar becas en Europa, facilitando el perfeccionamiento técnico y la adquisición de una sólida cultura humanística que también distinguió a muchos de nuestros cultores de las bellas artes en sus distintas manifestaciones.

A ello hay que agregar la influencia de muchos artistas europeos que se radicaron o permanecieron un tiempo trabajando, enseñando y realizando exposiciones.

También hay que destacar la acción señera desarrollada por los grupos Nexus y El Ateneo, que fueron asociaciones de literatos y artistas que iniciaron sus vidas a fines del siglo XIX y se prolongaron hasta bien entrado el XX.

Realizaron exposiciones individuales y de conjunto, tratando de aglutinar óleos, acuarelas, dibujos, etcétera, para mostrar al público el paulatino progreso del arte en la Argentina.

Estas entidades reunieron a los mejores nombres del arte y contaron con bastante apoyo de empresas, lo que en la actualidad se denomina *sponsor*, para la realización de sus salones y reuniones informativas.

Conviene señalar un aspecto muy importante en las bellas artes argentinas. La gran cantidad de aficionados que no fueron pintamonas, sino sensibles y finos expositores de sus sensibilidades estéticas, y como en el caso de los pintores, es imposible detallar todos sus nombres.

Por eso se indican algunos tomados un poco al azar, sin pretensiones de juzgar calidades: Carlos de la Torre, Enrique Prins, Rodolfo Alcorta. A ellos hay que agregar a una verdadera pléyade de artistas independientes que hicieron sus carreras sin encerrarse en determinismos, pero que supieron expresar su estética por sobre las escuelas predominantes y los nombre de otros pintores contemporáneos.

Entre ellos y sin señalar gradaciones, se pueden mencionar a Ramón Silva, José A. Tery, Manuel C. Victorica, Faustino A. Brughetti, Mario Anganuzzi, Walter de Navazio.

DESPUÉS DEL CENTENARIO

Antonio Alice encabeza la lista de los pintores que se distinguieron en la segunda década del siglo XX, con *Retrato*. Lo siguen Jorge Bernárdez, con *Poncho rojo*; Pedro Delicchi, con *Tramonto*; Valentín Thibon de Libian, con *El violinista*; César A. Caggiano con *Retrato de la señora J. S. de M.*; Héctor Nava, con *En familia y de visita*.

En escultura corresponde mencionar a César Soriano, por su yeso *El hombre y sus pasiones*, seguido por Alberto Lagos con sus esculturas en piedra *Indio tehuelche* y *Tranquilidad*; se destaca, también, Gonzalo Leguizamón Pondal, con *Ante*, *Siesta* y *Dolor*.

DISTRACCIONES POPULARES

Teatro Coliseo.

Este teatro significó durante varios años el centro de las representaciones más populares ofrecidas en Buenos Aires, y en los largos años de vida tuvo varios nombres. Su última etapa corresponde a su ubicación en Perón y Reconquista, durante algo más de medio siglo.

De la misma manera que la ciudad fue cambiando en sus aspectos externos, en materia de distracciones populares también hubo cambios que en la actualidad podemos considerar sustanciales, no tanto por la rapidez ni por la profundidad que registraron inicialmente, sino por la trascendencia que habrían de obtener muy poco tiempo después.

El teatro considerado clásico continuó reservado para un grupo selecto de la sociedad, no por su bagaje cultural, sino por el poder adquisitivo necesario para comprar los palcos o pagar las entradas de platea y dejar el gallinero. Así se llamó a los lugares más altos de los teatros, reservados para quienes recibían entradas de favor, para desempeñarse como claque o para los verdaderos entendidos en los temas presentados, pero que no contaban con el dinero suficiente para acceder a la platea.

El teatro popular quedó, como siempre, para la clase media, casi sin distingos, mientras que el circo fue ganado mayoritariamente por la purreteada o niños, que se admiraban con las piruetas de los ecúyeres, el coraje de los domadores o se contorsionaban de risa con las intervenciones de los payasos. Pero no siempre el circo quedó como predio selecto de la infancia, pues visitaron a Buenos Aires empresas y compañías de muy variadas nacionalidades, que significaban una saludable renovación en los chatos y remanidos espectáculos de los circos locales. Además de aportar nuevas pruebas y personalidades, traían animales salvajes, muchas veces no vistos ni conocidos.

Una gran renovación estuvo dada por la música popular que desde ambientes lupanarios y carcelarios fue conquistando de manera muy paulatina, pero firme, a los sectores de la clase media baja, para ir ascendiendo en la escala social hasta imponerse en la sociedad toda. El ascenso social del tango no fue muy veloz ni reconoce una trayectoria simple y directa, sino que muy por el contrario registró épocas en que se mezcló con temáticas negroides, derivadas del mal llamado candombe, tuvo contacto con temáticas camperas y pasó de un contexto semi urbano a ser totalmente urbano.

Otra gran renovación estuvo dada por el cine, que se inició artesanalmente, con pioneros intuitivos, y terminó creando una verdadera industria. Al mismo tiempo que empleó personal teatral, abrió las puertas para muchos que tenían aptitudes histriónicas y no podían encauzar ni desarrollarla en los teatros, así éstos fueran barriales, vocacionales o familiares. El cine mudo, europeo en la mayoría de las exhibiciones inciales, sirvió de vehículo para la difusión del tango, que cada día ganaba más adeptos y lugares para ser escuchado y bailado.

Durante este período, las distracciones populares aumentaron en número, calidad y diversidad, siguiendo muy de cerca el progreso material, educacional y espiritual de esta época.

EL CLASICISMO

Dentro de esta clasificación corresponde incluir a todas las obras europeas que llegaron a Buenos Aires traídas por las distintas compañías teatrales, líricas, coreográficas, cómicas y picarescas. La ciudad, por su continuo crecimiento demográfico, era una plaza insaciable e inagotable, que presentaba un abanico de gustos muy diversos.

Esto influyó, también, para que Buenos Aires fuera un sitio de paso casi obligado para los artistas que se presentaban en Río de Janeiro.

Al denominado teatro clásico concurría la clase alta porteña, que se autocalificaba como culta. Sin embargo, a medida que la inmigración italiana se fue asentando, sus integrantes ocuparon en progresión constante los lugares económicos de los teatros, pues éstos presentaban espectáculos a los que el público europeo estaba acostumbrado.

SAINETE CRIOLLO

La zarzuela, una manifestación teatral típicamente española, tuvo muy buena acogida en el público porteño y sirvió como base de un género menor porteño: el sainete criollo.

Entre sus autores más destacados figuran Nemesio Trejo, Manuel de Argerich, López de Gomara, Roberto J. Payró, Martiniano Leguizamón, Gregorio de Laferrere, Florencio Sánchez, Antonio Podestá, Enrique Buttaro, Benjamín Medina, Elías Regules, Eduardo Gutiérrez, Francisco Pissano, Eugenio Gerardo López y los Podestá, uno de cuyos hermanos, Juan, fue el que mayor visión tuvo sobre el género y al que apoyó con todos sus esfuerzos e inventiva.

De los cientos, por no decir miles, de títulos que forman la producción total del sainete criollo, unas cuantas composiciones trascendieron: *Ensalada criolla* o *Bohemia criolla,* de Enrique de María, *El payador,* de Emilio Onrubia, *Panete conscripto,* de Florencio Parravicini, *Fruta picada,* de García Velloso, *Alma gaucha* o *Gabino el mayoral,* de Alberto Ghiraldo, *Tapera,* de Alberto Novión, entre otras.

Con el transcurrir del tiempo, el género sufrió modificaciones y cambios, impuestos por el gusto del público y por la realidad del medio en que se representaba. Así, la música incorporada, inicialmente folclórica,

Ignacio Warnes.

Óleo sobre tela de autor anónimo. Los personajes históricos siempre fueron tema para muchos pintores retratistas, que han dejado, en conjunto, una muy bien surtida galería de hombres y mujeres significativos del pasado.

Bailadora de castañuelas.

De la zarzuela o género chico español, por adaptación progresiva se llegó al género chico porteño, en el que se incorporaron los personajes populares más característicos de la ciudad.

122

EL ÓPERA, UN TEATRO PORTEÑO

Fachada del Teatro Ópera.
[c. 1880]

Se levantó inicialmente en el lugar ocupado por una caballeriza. Se inauguró en 1872, con la representación de *Trovador*. A él concurrió en 1900 el presidente de Brasil, en ocasión de su visita.

En el mismo lugar en que se encontraba la caballeriza de Vicente Colín, el empresario don Antonio Pestalardo levantó el primero de los teatros llamado Ópera.

Quedó inaugurado el 25 de Mayo de 1872, con la representación el "Trovador" que cantó el tenor Julio Perotti.

Pero el segundo teatro Ópera fue el que mandó construir don Roberto Cano, en el mismo perímetro que ocupara aquél; y esta nueva inauguración se llevó a efectos en mayo de 1889.

Fue el primero de nuestros teatros que contó con luz eléctrica, pues actuaba con equipo propio.

Los primeros Juegos Florales realizados en esta ciudad tuvieron Reina y Corte de Amor en esta sala el día 12 de octubre de 1881.

El doctor Nicolás Avellaneda presidió estos Juegos cuya Flor Natural conquistó el poeta Olegario Víctor Andrade que eligió Reina de los Juegos a su hija Eloísa.

El teatro Ópera constituyó el proscenio de los grandes acontecimientos líricos, artísticos y sociales; y no sería posible recordar en varias páginas, los notables sucesos que significaron las actuaciones de tantos eminentes divos como famosísimas actrices, intérpretes de las más aplaudidas obras del repertorio universal.

De Tamagno a Carusso y de la Dusse a la Stotchio, y de Puccini a Toscanini, todo lo grande y maravilloso de la ópera triunfó en su escenario.

Y para que se tenga una idea de cuánto importaba el acto de la segunda inauguración, se recuerda que dentro del entusiasmo despertado por la temporada de ese año "se han pagado 10.000 pesos por el palco de una familia que no podrá concurrir al teatro". Eso ocurría en mayo de 1889.

Fue dentro del ámbito argentino y cordial de ese magnífico teatro de don Ricardo Cano que se aplaudió la presencia del presidente del Brasil, doctor Manual Feraz de Campos Salles, en octubre de 1900; y donde un año más tarde, 1901, se agasajaba al general Bartolomé Mitre con motivo de celebrarse su jubileo.

La primera partitura de carácter eminentemente nacional se ofreció en este teatro al presentarse la noche del 27 de julio de 1897 la ópera "Pampa", del maestro Arturo Berutti con libreto de don Guido Borra y bocetos escénicos del pintor Augusto Ballerini.

Bajo la batuta del maestro Macheroni cantó el tenor Mariacher que hizo el papel de Juan Moreira; la soprano Bonaplata que llenó el rol de Vicenta, y el barítono Sanmarco que personificó la figura de Julián Jiménez. Lo mejor de la sociedad de Buenos Aires asistió al estreno de esta ópera.

LLANES, Ricardo M., "Teatros de Buenos Aires", en *Cuadernos de Buenos Aires*, XXVIII. Edición de la Secretaría de Cultura de la Municipalidad de Buenos Aires, Buenos Aires, 1968

pasó, luego, a ser criolla, más tarde suburbana, para terminar en el tango de neto carácter urbano.

TEATRO POPULAR

En Buenos Aires, entre 1864 y 1918 se manifestaron especialmente tres atracciones: el teatro, el circo y el carnaval.

El teatro provenía de la vieja herencia española y europea en general. Desde muchos años atrás se presentaban espectáculos teatrales de muy variada calidad, pues estaban reservados tanto para las clases consideradas cultas como para las incultas.

En el ámbito popular, el teatro nacional estaba dominado por la zarzuela, un género menor, que llevaba a escena obras ambientados en distintos barrios porteños como Mataderos, la Boca, Riachuelo, Arroyo Maldonado, o Palermo Chico.

El puntapié inicial de este teatro lo dio la representación interminable de *Juan Moreira*, que le otorgó diálogo a la pantomima. Como el género tuvo gran aceptación, se empezaron a producir otras obras que respondían al mismo patrón, como *Juan Soldado, las tribulaciones de un criollo, ¡Cobarde!, Martín Fierro, Nobleza criolla, Juan Cuello* o *Cuarentenas*. Los escenarios, además de las carpas de los circos, fueron los tablados del Pasatiempo, Onrubia, Doria, Jardín Florida, San Martín, Apolo o Comedia.

Aspecto que presentaba el Teatro Odeón.

Se inauguró en la calle Esmeralda 367, en 1892. Tuvo su período de predominio en los primeros años del siglo XX, para luego entrar en un cono de sombras.

La primera revista criolla presentada en Buenos Aires fue *Ensalada criolla*, de Enrique de María y Eduardo García Lalande. El estreno tuvo lugar el 27 de enero de 1898, en el tablado del teatro-circo General Lavalle ubicado en Libertad y Tucumán. Era un remedo de la zarzuela española *La Gran Vía*, con un trío de mestizos que copaban los papeles principales y que tenían como complemento de sus parlamentos a tres pardas.

Esta iniciación de la revista criolla prohijó las producciones del género, especialmente las correspondientes al teatro por sesiones, que dada la brevedad y la inconsistencia de sus argumentos, debían contar con algún atractivo para tener éxito. Este ingrediente era el baile, como

124

lo han manifestado de manera clara Mariano G. Bosch, Raúl Gallo y algunos otros estudiosos de nuestro pasado teatral.

La crítica ética contenida en algunas obras puede ser ilustrada de manera muy sintética por el contenido de *Yanquies y criollos,* y culmina en 1917 con la exposición del medio moral imperante en *La que dio el mal paso* y *Flor de fango.*

Este teatro popular ha sido calificado como guarango, grosero, lunfardo, plebeyo (como versos de tango), poco artístico y estúpido; pero cuanto más bajo y soez era, más aplaudido por el chusmaje resultaba.

En el sainete, en la revista, en la pochade, en la zarzuelita, el estúpido verso del tango formaba parte de la obra para su mayor éxito, como indicó Bosch.

El éxito inicial llevó al hartazgo y, luego, al rechazo, pues excepto los jóvenes alegres que concurrían a aplaudir cualquier cosa y a pasar un rato divertido, el resto del público se iba retirando.

Esta renovación teatral trajo mayor cantidad de obras pero no más calidad. Como por ósmosis se agregaron los temas sociales, gremiales y políticos.

Coincidente con esta renovación, se produjo una rebaja en los precios de las entradas. Éstos variaban de acuerdo con lo puesto en escena y con el teatro donde se hacía, ya que iban de 1,50 a 4 pesos.

Frente del Teatro Nacional en la actual calle Florida Nº 146.

Se inauguró en febrero de 1882. Se dedicó casi con exclusividad a obras del teatro ligero, en el que se soslayaba lo grosero, pero se acentuaba lo picaresco.

El panorama del teatro entre 1890 y 1900 puede expresarse en las siguientes cifras referidas a las preferencias del público: al género menor, que incluía las revistas criollas, acudía el 38 por ciento; a dramas y óperas españolas, el 20 por ciento; en italiano, el 25 por ciento; al drama criollo, un 6 por ciento. El 19 por ciento restante quedaba para los que asistían a los circos, donde también se brindaban obras del género menor porteño.

Se puede estimar que las piezas menores recibían unos 750 espectadores, repartidos en seis salas. El costo promedio de la entrada era de 50 centavos, de lo que se deduce que la concurrencia pertenecía a la clase media baja.

Así, en 1906 sobre un total de quince salas teatrales, trece estaban ocupadas por obras inglesas, italianas, francesas y españolas, mientras nada más que dos (Podestá y Parravicini), tenían piezas nacionales.

Ya en ese año había tres salas destinadas a las proyecciones cinematográficas, que en el ambiente teatral se llamaban los teatros del silencio.

Para redondear la síntesis del teatro popular durante este período, hay que agregar la incorporación de los personajes del hampa arrabalero, de los inmigrantes y de los negros.

Completaban el panorama los teatros dedicados a la picaresca, o sea las obras consideradas como subidas de tono, como el ubicado en el subsuelo de la Galería Güemes, Florida al 600, que era refugio de obras teatrales y de películas de doble intención.

Paralelamente, continuaron funcionando los teatros que presentaban obras de origen europeo, destinadas a satisfacer las apetencias de las clases medias y altas, que aspiraban a recibir representaciones consideradas decentes, por su condición de clásicas. Ejemplo de esta clase de teatro fue el Nacional de la calle Florida 146, inaugurado el 17 de febrero de 1882, con capacidad para 2.000 espectadores, que, por ejemplo, presentó *Medea*, a cargo de la compañía italiana de Cartocci.

CIRCOS

El público porteño siempre contó con un número apreciable de circos que permitían la distracción popular, pues los precios de las entradas estaban al alcance de las clases más bajas.

En 1869, la ciudad recibió al Circo Italiano, propiedad de Giuseppe Chiarini, que cambió de lugar en varias oportunidades. En una de estas mudanzas se vería envuelto en los acontecimientos de la revolución del '90.

Su actuación no ha de haber sido mala, pues, en 1873, ocupó a la compañía ecuestre de Courtney y Sanford, conocida como Circo Europeo. En 1874 se formó el Circo Arena, en el solar que estaba en la esquina de Corrientes y Paraná, y durante la inauguración estuvo presente el presidente Avellaneda.

Más adelante apareció Pablo Rafetto, conocido con el sobrenombre de Cuarenta Onzas, de larga y pródiga trayectoria en la Argentina. Actuó en el Circo Arena y, con posterioridad, en el Politeama Argentino.

La compañía de circo, integrada por Guillermo Carlo y Albano Pereyra, estrenó un nuevo circo ubicado en Bernardo de Irigoyen y México, por una temporada. Regresó en 1884 para presentarse en el Politeama. Entonces, contaba con la presencia del cómico inglés Frank Brown, de larga experiencia en los Estados Unidos y Europa. Éste, de inmedia-

Carestía de la vida.

Los temas de la vida cotidiana fueron llevados a los circos, desde que en uno de éstos tuvo lugar el estreno de *Juan Moreira*.

(*Fray Mocho*, 1912.)

PANORAMA DE 1915

Género chico.

Los recursos usados por algunos autores y empresarios teatrales bordearon en muchas ocasiones lo procaz y hasta lo ridículo para lograr la concurrencia masiva. En esa etapa el género chico porteño ha sido muy duramente calificada.

El teatro no es escuela, pero es cátedra. Nuestro teatro popular lo es de incultura. Lo que Pellegrini decía del radicalismo, que es un temperamento más que una opinión, debe aplicarse por analogía al público y autores criollos tipo conventillos y cabaret con tango de letra vulgar; son un temperamento más que una estética y un oficio.

Antiguamente, en las épocas a que se refiere este libro, cuando el auge del género chico, las empresas tenían uno o dos encargados de colocar montones de sus cartelillos en los salones de lustrar, vidrieras de almacenes, fondas y boliches. Y a cambio de ese permiso el mismo repartidor regalaba a los dependientes, peones, lustradores, etc., de esos negocios, una cantidad dada de entradas, del paraíso, la grada y la tertulia alta. Y de este modo se tenía una concurrencia aplaudidora especial y de la incultura artística que es fácil imaginar. Especialmente los lustrabotines eran los amateurs del género, que se sabían al dedillo las piezas y especialmente sus groserías.

Unido esto a la claque, reclutada especialmente entre los vendedores de diarios y sus relaciones, los peones y los vagos, se comprende claramente que *El Diario* tuvo razón cuando propuso que se clausurara el paraíso y la tertulia alta, cuando se presentara una obra como *La Sombra*, en que aparecieran personajes que procedieran y hablaran como las personas decentes y cultas.

¿Qué se iba a esperar, pues, de teatros con tales actores, con tales públicos y tales autores esclavos de ellos? ¿Cómo no habría de surtirse luego el cartel con obras de "corralón", de "Chichilo", "conventillos", etc. y demás vulgaridades comunes y de éxito? ¡Y todavía gracias de que de cuando en cuando un Martínez Paiva, Pico, Colazo, González Castillo, Discépolo, Saldías, A. Duhau, etc., ofrecían al teatro alguna decencia aceptable! O un Felipe Sassone.

A las compañías serias que se formaban les costaba trabajo mantenerse a causa del desgano manifiesto del público. En 1913, Arellano y la Tesada formaron en noviembre una con la Mary, Silvia Parodi, Rosa Catá, Pancho Aranaz, Enrique Muiño, Casamayor, etc., y debutaron en el Buenos Aires con una obra de autor uruguayo, prometiendo otras de la misma procedencia durante la temporada. En esta compañía debutó Camila Quiroga, en noviembre 18, en una obra de Cayol, *El Anzuelo*.

Echaron mano a *Fruta Picada* y cuanta obra de éxito habían formado el repertorio anterior, pero antes de fin de mes terminaron. El público no respondió; estaba desilusionado por completo.

Muy malos fueron esos años de 1913, 1914 y 1915 para las compañías de género nacional. Muy pocas sus novedades estimables. Compañías había que iniciadas para practicar el género grande, al ver que les iba mal se convertían al género chico; y les seguía yendo mal.

BOSCH, Mariano G., *Historia de los orígenes del teatro nacional argentino*. Hachette, Buenos Aires, 1969.

to, se convirtió en el favorito de niños y adolescentes, por su actuaciones como *clown,* y en el preferido de los adultos por sus eximias capacidades de trapecista.

A partir de 1890, se afirmó entre el público la compañía de Podestá y Scotti, en la que José Podestá encarnaba a Pepino, el Ochenta y Ocho.

Este circo estrenó en Chivilcoy el drama de *Juan Moreira,* basado en la obra de Eduardo Gutiérrez. Esta representación, con vestuario y letras improvisadas, comenzó la transformación del circo en circo-teatro.

La familia Podestá, con sus trapecistas, equilibristas, saltarines, payasos y geniales improvisadores, renovó el quehacer circense al agregar música y bailes a las representaciones de *Juan Moreira.*

Desde la incorporación de esa obra a los circos trashumantes y a los tablados teatrales, se impulsó la creación y representación de textos nacionales, que trataran temas populares. El teatro porteño popular, por lo tanto, reconoce al circo como su eslabón previo. Durante el período en que convivieron con los teatros populares se los llamó circos sin pistas.

EL SIGLO XX

Los espectáculos circenses no siempre se presentaban en carpas, también eran representados en locales teatrales. Así, se daba la paradoja de que las mismas instalaciones servían para circos, teatros y proyecciones cinematográficas, cuando esta nueva forma de esparcimiento popular inició su arraigo.

A la etapa encarnada por los Podestá y sus pares, le sucedió la de Frank Brown, que produjo una renovación en el espectáculo al introducir ropas y adminículos novedosos como la nariz postiza, el peine, las clavas, el reloj o los botines.

A partir de 1870 se difundieron los espectáculos de circo con animales amaestrados. El auge de éstos se dio en 1909, año en que había nueve de ellos con espectáculos públicos, entre los que se destacaba el Hipodrome, sito en la actual Plaza Lorea que tenía como eje la actuación de Frank Brown.

Desde 1900, los porteños pudieron concurrir a Recreo, Humberto I, Centro América, Pabellón Argentino, Pabellón Oriental, Ítalo Argentino, entre otros.

De manera muy lenta, pero inexorable, los circos fueron declinando ante el teatro, el cine, los deportes y otros entretenimientos populares.

128

TEATROS DEL AYER

Los gemelos en las representaciones teatrales,

pero más concretamente en las óperas o ballets, fueron el adminículo imprescindible, pues tenían dos objetivos: ver a los actores en detalle y poner una nota de distinción, con aquellas concurrentes que no los tenían.

Del Recreo (dedicado a títeres): El año 1885 el señor don Santiago Verzura (más conocido por Eureja), abrió en Alsina 1845 un teatro de aficionados que llevó el nombre de Del Recreo. Este mismo señor Verzura, en el año 1893, en la esquina de Alsina y Matheu, frente al mercado Spinetto, levantó un circo que llevaba el mismo nombre del teatro.

Igualmente don Pedro Baldizone tenía un salón teatral, también llamado Del Recreo en un negocio de Libertad y Cangallo. Éstos eran teatros de títeres.

El San Martín: Era uno de los pocos buenos con que contaba la ciudad. Fue inaugurado en 1887 y fue ocupado en la inauguración por la compañía circense de los hermanos De Carlo, que contaba con la atracción del payaso Frank Brown, quien trabajó acompañado por la ecúyere Rosita de la Plata. Desapareció devorado por un incendio en junio de 1891. Se reabrió en mayo de 1892. Allí actuó el famoso transformaste Frégoli, el concertista Kubelik, la actriz soprano Regina Pacini, quien debutó con *El Barbero de Sevilla* en 1901. También allí se presentó Angelina Pagano en 1904 con la obra *Vocación* y poco después con *La Gringa* de Florencio Sánchez.

Onrubia: Este teatro se levantó en la esquina sudoeste de la intersección de las actuales Hipólito Yrigoyen y San José. Lo mandó construir el periodista y comediógrafo Emilio Onrubia. Se inauguró en mayo de 1889. Una particularidad lo distinguía del resto de los teatros porteños: tenía entrada para coches. Atrajo a la juventud al presentar comedias y operetas españolas, con la actuación de jóvenes y atractivas tonadilleras. También fue un lugar que adquirió popularidad al admitir obras con tangos, pues en él se estrenaron varios de Alfredo Bevilacqua.

Edén Argentino: Se levantó en una de las cuadras de Callao entre Corrientes y Sarmiento. Para 1890 hacía funciones una compañía de óperas de origen italiano.

Comedia: Se inauguró en 1891 y se especializó en el género chico español, sin excluir obras nacionales como *El Chiripá Rojo* de García Velloso (1900); *M'hijo el dotor* de Floencio Sánchez (1903); o *Jetattore* de Gregorio de Laferrere, al año siguiente.

Argentino: Fue inaugurado en 1892, con el nombre de Teatro de la Zarzuela. Fue una de las salas preferidas para representar obras del teatro español, pero sin desdeñar la obras nacionales llevadas a las tablas por Florencio Parravicini.

Apolo: Se inauguró en 1892 con la obra *Divorciémonos*. Acogió a obras nacionales, como fueron *Jesús Nazareno*, *La Piedra del Escándalo* y *Al Campo*, una verdadera trilogía del teatro nacional, y dio lugar a las que agregaban el tango, pues allí se estrenaron varios.

Nacional: Se inauguró en 1882 con la representación de *Medea*. Se lo consideró de inmediato como la sala que podía competir sin desmedro con el Ópera, idea robustecida al presentarse en 1891 *La Gran Vía* y poco después *La Caballería Rusticana*. Fue destruido por un incendio en 1895.

Dante Alighieri: Funcionó en La Boca a partir de 1887, consagrado a la tragedia y los dramas italianos, para satisfacer a la población preponderante en el barrio.

Pasatiempo: Tenía mucho de café concert y allí se presentaron espectáculos con mucho de can can y poco de arte teatral dramático, en plena competencia con la media docena de salas que funcionaban a fines del siglo XIX en Buenos Aires, dedicados a esa especialidad popular. Luego dio lugar a las presentaciones de Nemesio Trejo, que eran el polo opuesto al estilo francés que se quiso imprimir desde 1885.

Archivo periodístico del autor.

LOS GÉNEROS MENORES

El género menor está basado en obras del espectáculo ligero, creadas para el entretenimiento del gran público al que se le ofrecían obras cortas, de tramas sencillas y finales casi siempre anunciados.

En ese tipo de teatro popular se encuadran las zarzuelas españolas, que tuvieron su acta de nacimiento con *La Gran Vía*. Este género, además de una trama simple, estaba complementado por bailes y canciones populares.

En Buenos Aires dichas obras se representaban en los teatros Rivadavia, Comedia, Argentino, Pasatiempo, Mayo, Jardín Florida, Olimpo, Apolo, Doria, Odeón, entre otros.

Una de las modalidades de zarzuelas eran las llamadas por hora, piezas muy breves, de un solo acto, a precios muy baratos, que estaban al alcance de las clases más bajas.

Para poder llevar a las tablas de manera casi ininterrumpida obras que satisficieran el gusto del público porteño, más proclive a la variedad que a la repetición, se hacía necesario una gran producción. El resultado se tradujo en una baja en la calidad de las composiciones. Sólo un 5 por ciento se rescatan por la coherencia de su trama, la calidad en el lenguaje y la puesta en escena.

En síntesis, es posible decir que prevaleció el género frívolo y chabacano, como lo llamaron muchos críticos, pero que daba al público esparcimiento momentáneo a muy bajo costo.

De las zarzuelas rescatables se destacan *La verbena de la paloma* (1894) y algunas otras que sumadas no llegan a la docena.

Al género menor porteño se incorporaron los ambientes barriales con su cuota de inmigrantes y de nativos, entrelazados en la coreografía de tangos compadres, que han sido y son tan criticados por los historiadores de nuestro teatro, por expresar las más bajas pasiones de la gente inculta.

Este género sirvió para hacer críticas políticas, éticas y sociales. Se distinguieron autores como Nemesio Trejo, Ezequiel Soria, Eusebio Blasco y algunos otros de éxitos efímeros, cuyas obras no han trascendido por la endeblez de sus argumentos.

EL CARNAVAL

En 1902, y según Roberto J. Payró, el carnaval había caído en la monotonía. Ya no se podía ver ni aplaudir en el corso a las comparsas como Los Habitantes de la Luna, Los de Carapachay o Los Locos Alegres.

Los disfraces y los disfrazados habían perdido el espíritu de la diversión y la alegría, para convertirse en máscaras sin contenido ni significado carnavalesco.

La risa se había reemplazado por el gesto grotesco. Pero en estas críticas –posiblemente acertadas– no se tenía en cuenta que era una forma de refugiarse y evadirse de la pobreza y la miseria aplicando la imaginación creadora a los escasos recursos.

Sin embargo, para la misma época, este juicio no correspondía con la visión infantil. Los niños no tenían parámetros comparativos y disfrutaban del espectáculo.

Lo que antes era gentileza se había transformado en grosería, no sólo en los gestos y las palabras, sino también en los desplantes. Si antes las comparsas estaban formadas por hombres y mujeres de buenos modales, en los inicios del siglo XX la mayoría eran marginales y delincuentes.

El carnaval también había perdido uno de sus principales atractivos: el juego con agua. Pero a pesar de todas las quejas y críticas, continuó siendo uno de los acontecimientos anuales que despertaban mayor entusiasmo popular.

El carnaval porteño significó desde siempre una profunda relajación de las costumbres sociales; por ello los excesos y libertades dieron lugar a críticas muy duras, prohibiciones y reglamentaciones limitando las horas, lugares y calidad de los disfraces.

Detrás del antifaz, la careta o el disfraz, quedaba escondida la miseria cotidiana. Las máscaras permitían la loca fantasía de vivir por unas horas el mundo de los personajes anhelados, lejos de los horarios, los trabajos y las segregaciones.

Para los más pequeños el juego de agua seguía teniendo sus atractivos. Provistos de serpentinas, pomos, bombas de agua y hasta huevos podridos, se introducían, por ejemplo, en el corso de la calle Buen Orden y Artes, radiante de luces y colores, con sus arcos alegóricos y con las vidrieras de los comercios resplandecientes.

Dentro de las barriadas existían rivalidades entre las diferentes calles, que buscaban ser las protagonistas de los corsos. En La Boca, la Sociedad Pompieri Volontari della Boca, al festejar el carnaval sobre Almirante Brown, dejaba sin oportunidad de incrementar las ventas a los comerciantes de otras calles. Estos reclamos se repetían en Belgrano y Flores.

Las fotografías de la época nos permiten

ver los juegos de agua en los patios de los conventillos, las calles de los barrios y hasta en el
centro, sin ninguna otra distinción más que el
uso de baldes o pomos.

Los corsos presentaban similares mascari-
tas, serpentinas y papel picado. Las mayores
diferencias aparecían en la calidad de los disfraces, porque las sonrisas de las jóvenes del
conventillo y las del salón céntrico eran idén-
ticas.

También había diferencias notables en los

carruajes, los adornos que los engalanaban y en las riendas, los aperos y
el chapeado de los caballos.

**Los bailes en los salones
del Club Progreso**

fueron aprovechados por la
alta burguesía porteña, para
celebrar con pompa las
carnestolendas, como se llamó
a las manifestaciones públicas
del carnaval. Los del Club
Español, sirvieron para reunir
a la clase media porteña, de
origen inmigratorio.

En los bailes del pobrerío, según atestigua José A. Saldías, las mujeres eran obreras y sirvientas. Los más concurridos se realizaban por iniciativa de las sociedades recreativas. *Caras y Caretas* lo hacía en Unione
e Benevolenza; El Orfeón Argentino del Sud, en el Operai Italiani; los
Chiripitifláuticos, en el salón de Lago di Como; mientras Los Amigos
del Arte preferían las instalaciones del Giuseppe Garibaldi. El teatro
Marconi fue el marco elegido por la población de ascendencia africana
para realizar sus reuniones bailables en carnaval. En todos ellos, a pesar
de la temporada de jolgorio, había que bailar con luz, es decir, con los
cuerpos separados..

Las buenas costumbres ponían límites a los disfraces y las actitudes.
Se permitía el juego con flores y agua perfumada o florida dentro de los
grupos de amigos y se respetaba a los desconocidos, a los indiferentes y
a quienes no querían participar.

POMOS DE AGUA FLORIDA

Las cáscaras de huevo rellenas de agua limpia y perfumada cayeron
en desuso cuando, en 1870, el farmacéutico inglés Guillermo A. Cron-
well instaló su fábrica de pomos, en un local ubicado en Paseo Colón y
Humberto I.

Esos pomos se llenaban de agua, que era expulsada al presionar el
recipiente con la mano. El chorro mojaba, pero no molestaba ni daña-
ba. Además, era agradable pues el agua se aromatizaba con sustancias
inofensivas.

El éxito fue tal que, en 1881, se calculó una producción de seis millones de unidades. Lamentablemente estos pomos se podían recargar,

lo que degeneró su uso, pues no faltaban los que los rellenaban con líquidos infectos que, además de tener mal olor, ensuciaban las ropas e irritaban la piel, los ojos y las fosas nasales.

MURGAS

Las murgas eran agrupaciones que se preparaban con antelación para intervenir en los corsos y bailes y así ganar los premios estipulados para los mejores conjuntos, ya fuera por los disfraces, la música o los bailes.

Entre ellas se pueden destacar: Los Habitantes de la Luna, Los Gauchos de Pago Chico, Los Dandys del Centro, Los Malevos de Puente Alsina, Estrella del Sur, Progreso del Plata, Hijos de Lucifer, Los de Carapachay, Los Locos Alegres, La Marina, Los del Abasto y Los Turcos de Barracas. Esta última llegó a tener trescientos participantes disciplinados y organizados.

Carnaval de clase alta.

A pesar de que el carnaval aflojaba las riendas del comportamiento social, la alta clase mantuvo las formalidades, permitiéndose escasos márgenes de liberalidad entre hombres y mujeres.

CORSOS

El Corso de las Flores era elegante y educado y se realizaba en carruajes, por el Parque Tres de Febrero de los bosques de Palermo. Se desarrollaba en las dos o tres cuadras de la actual Avenida Sarmiento.

Desde 1904 se instituyó el corso central, que se llevaba a cabo en la Avenida de Mayo.

En 1913 los corsos más destacados, además del de la Avenida de Mayo, que se había reimplantado desde 1910, eran los de Flores, Belgrano y La Boca, en la calle Brown.

Ese mismo año llegaron a ser muy importantes los bailes organizados por la Sociedad la Jenereuse, el Centro Catalá, la Casa Suiza, el Teatro Argentino y Las Delicias de Adrogué.

Por las tardes, en la semana de carnaval, se hacían fiestas y bailes de disfraces para niños, entre los que sobresalían los preparados por el diario *Última Hora*. Las ediciones de los periódicos y las revistas incluían las fotografías de los niños con sus atuendos.

DESPUÉS DE 1890

La revolución contra Juárez Celman significó la parálisis de una buena parte de los espectáculos teatrales, aunque no impidió las representaciones en el Onrubia, Nacional, San Martín, Ópera o en el Politeama. Se ponían en cartel zarzuelas, operetas y espectáculos ligeros e intrascendentes, aptos, en general, para borrar el mal humor creado por la crisis.

Ese mismo año se fusionaron el Ópera y el Politeama. En el primero se daban espectáculos de gran jerarquía, seguidos por la presentación de compañías italianas y españolas, que ponían a consideración del público los valores de muchos artistas desconocidos y también la reposición de obras conocidas como *Caballería rusticana*, *Hamlet* o la novedad de *Demi monde* y *Las flores del muerto*.

En un gesto de confianza, que pretendía transmitir al gran público, el nuevo presidente Carlos Pellegrini concurrió a muchos espectáculos e hizo que altos funcionarios de su administración lo imitaran.

En 1892, el Politeama puso en escena *Tosca*, seguido de *Fedora*, *María Antonieta* y *La mujer de Claudio*, que eran las piezas fuertes del repertorio. Lo más destacado de la temporada fue el estreno de *Sorelle*.

Ese mismo año, en el Odeón, debutó la compañía Emmanuel-Reiter en *La dama de las camelias* y a continuación *Fouchambault*, *Los Rantzan* y *Otello*, entre las piezas repuestas del repertorio conocido por los porteños.

El Odeón también puso en escena espectáculos ligeros y zarzuelas que habían sido bien recibidas anteriormente.

En 1893, el Politeama recibió a la compañía de Pedro Falconi, que llevó a las tablas el drama *María Estuardo*. En el Nacional se presentó a María Tubau con *Las flores del muerto*, de Nicolás Granada, que ya se había puesto en escena en el mismo escenario dos años antes.

Ese mismo año, Buenos Aires volvió a deleitarse con Sarah Bernhardt.

En 1894, siempre en el Politeama, se presentó *María Antonieta* y, después, *Los espectros* de Ibsen, *La fierecilla domada*, de Shakespeare, y otros espectáculos cómicos. La primera obra fue puesta en escena por la compañía de Gustavo Modena y las otras dos por Ermete Novelli, que trataba de superar la mala temporada de 1890.

En 1895, Ermette llevó a escena *La tía de Carlos* y el drama del autor argentino David Peña, *Máschera*. Por su parte, El Nacional dio lugar a la compañía de Pasta-Tina di Lorenzo y, poco más tarde, el Ópera abrió su escenario para la actuación de Andó-Leigheb, que llegaba de una gira por el interior, con resultados poco halagüeños.

Por su parte, en 1896 el Olimpo ofreció *El médico de señoras*, *El zapatero de señoras*, *Las desgracias del señor Pomarella* y algunas otras obras que no tuvieron demasiada repercusión.

Para ese entonces, el teatro Onrubia cambió de nombre por el de Variedades y aceptó a la compañía de Vitalini, que hizo una temporada pobre. No mucha mejor suerte tuvo la compañía de Pantalama en el Politeama, pues, en 1897, pasó al San Martín inaugurado en 1892.

Entre 1890 y 1900 se destacaron en los escenarios porteños varios artistas italianos entre los que se destacan los nombres de Tina dei Lorenzo, Ermette, Modena y Maggi.

GÉNERO CRIOLLO EN EL '90

Mujeres engalanadas.

Acudir al teatro significó para las mujeres porteñas el presentarse con las mejores galas, para ganar un lugar en los elogios de los hombres, y notas de distinción en los comentarios de las revistas sociales especializadas.

Unos días más y en el teatro Onrubia, recientemente inaugurado, podía verse la segunda producción de Miguel Ocampo titulada "A la pesca de noticias". Los críticos vuelven a ocuparse del autor local y sin mezquindar elogios, señalan, además, reparos y fallas del voluntarioso precursor.

Veamos. Como factor digno de estímulo anotan, complacidos, el chiste sensato y sobre todo limpio. La observación resulta sutil, visto el desenfado de la comiquería zarzuelista. "La obra de Ocampo —concluye la crónica— como revista sin pretensiones puede pasar y servir de ensayo al autor para esfuerzos de mayor aliento. Revela marcada intención y espíritu de observación. Se nota empero, la falta de ensayo." Buen síntoma para la cultura teatral de la época; los críticos exigen "esfuerzos de mayor aliento".

A lo largo de aquella temporada del año noventa, fueron menudeando los estrenos de obras nacionales, siempre en pequeños teatros de segunda línea e interpretados por elencos españoles. Los empresarios entrevieron la manera de reforzar el repertorio exclu-

sivamente hispano, prematuramente marchito, ajado por una explotación comercial e incontrolada.

Manuel Argerich, Miguel Ocampo, Nemesio Trejo, y poco más tarde Enrique García Velloso y Ezequiel Soria vieron así facilitado el acceso en virtud de la buena disposición de Rogelio Suárez, Abelardo Lastra, Emilio Orejón, Julio Ruiz, Enrique Gil, Mariano Galé. Libretistas nacionales y cómicos españoles aparecen hermanados en una época hispano-nacional del género chico, contando con el férvido apoyo de un público adicto.

La gracia chispeante de unos, estimuló la audacia de los iniciados y los llevó a penetrar en el secreto del gracejo sainetesco, pulsando la cuerda del tipo popular. Sorprendió la fidelidad de los "machietas" porteños en medio de una prosapia andaluza y contoneos madrileños.

GALLO, Raúl B., *Historia del sainete nacional*, Buenos Aires Leyendo, Buenos Aires, 1970.

Por su parte, entre las compañías españolas de zarzuelas se distinguió la de María Guerrero llegada a Buenos Aires en 1897, que puso en escena un repertorio clásico y básicamente conocido, con piezas como *El vergonzoso en palacio*, *La niña boba*, entre otras. Terminada la temporada en la ciudad, realizó una gira por el interior y regresó en 1899 al Odeón. La zarzuela siempre contó con gran favoritismo, especialmente entre la población de origen hispano que apoyó, por ejemplo, la presentación de *La Dolores*, durante casi tres meses en escenarios del Odeón y del Victoria.

LOS INICIOS DEL CINE

Originalmente, el cine se conoció como biógrafo, vocablo derivado de las salas donde se proyectaban figuras en movimiento en blanco y negro y sin sonido.

En 1915 el cine importado tuvo su réplica nacional con *Nobleza criolla*, película de largometraje, cuyos papeles principales estaban a cargo de Celestino Petray y Orfelia Rico.

Las primeras películas se proyectaron en 1896, en el Odeón, Esmeralda 36, traídas por la Casa Lepage, ubicada en Bolívar 375. En 1900, la primera filmación local contó con la visita del presidente del Brasil, Campos Salles.

En 1908, en Barracas funcionaba un café cine, que para atraer a la clientela femenina, anunciaba su baño para damas. Otras salas estaban ubicadas en Isabel La Católica 1748 e Iriarte 719.

Algunas brindaban funciones por las tardes; otras, por las noches. Tampoco faltaban las que anunciaban en los avisos funciones simultáneas en la planta baja y la alta e incluían su número de teléfono, para que el público pudiera averiguar el horario y el nombre de las cintas.

Ese mismo año se inauguró la primera sala dedicada a la proyección de películas. Se llamaba Nacional y se hallaba en la calle Maipú entre Corrientes y Lavalle. Luego, se trasladó a Corrientes 846, con el nombre de Porteño.

El primer filme nacional mudo fue *La bandera argentina*, del año 1897, de Eugenio Py.

El primer intento para darle sonido a la proyección de imágenes mudas se realizó en 1907, con el agregado de sonidos grabados en discos de pasta. En 1909 se realizó la

Cinematógrafo.

Este aviso publicado en *Caras y Caretas* (Nº 822, 4 de julio de 1914) ilustra los adelantos tecnológicos logrados y puestos a disposición del público consumidor porteño, atraído por la fotografía y el cine inicial.

primera filmación con argumento, titulada *El fusilamiento de Dorrego*. La dirigió Mario Gallo y tuvo como principales figuras a Roberto Casaaux, Salvador Rosich y Eliseo Gutiérrez, todos actores del teatro nacional.

A partir de entonces, se produjeron varias películas sobre temas históricos como *La Revolución de Mayo* y *Creación del Himno Nacional*, que contaban con la intervención de figuras teatrales ya consagradas, como Lola Membrives, Camila Quiroga, Blanca Podestá y Florencio Parravicini.

La celebración del Centenario de Mayo dio lugar a la filmación de los festejos y de la película *La llegada de la Infanta Isabel*.

Al año siguiente, Federico Valle instaló un laboratorio experimental y fundó el primer noticioso nacional, *Film Revista Valle*. En forma paralela, por iniciativa de Julián de Ajuria, se formó la Sociedad General Cinematográfica.

Según el Censo de 1914, en la ciudad de Buenos Aires había 98 cines, de diversa capacidad, pues estaban aptos para recibir desde 238 espectadores, como el cine Azcuénaga de la calle Cachimayo 112, hasta 900, en el llamado Majestic de Lavalle 842. En promedio, la capacidad sobrepasaba las 300 personas sentadas en palcos, plateas, tertulias y paraíso.

BIÓGRAFO DE ANTES

A través de los recuerdos supimos de la existencia del cine El Porvenir, instalado en un lugar retirado y silencioso; tanto que se nos hace difícil imaginarlo funcionando allí: Isabel la Católica 1644. Tras él estaba el Apolo, especie de Cine-Café-Concert, de la Avenida Patricios 1198, esquina Magallanes; el llamado Mon, en el 1480 de la misma arteria; el Circo-Biógrafo-Keller, que funcionó por un corto período en la crucial esquina de Montes de Oca y Suárez; el Cabo Fels, inaugurado en 1912 y bautizado con ese nombre en homenaje al bravo soldado que ese año había cruzado el Río de la Plata, montado en un frágil aeroplano que despertaba pavor con sólo verlo.

El Fels estaba situado en la calle Darquier 950, frente a la Estación Barracas (luego Hipólito Yrigoyen), que estuvo clausurada muchos años; y calle Australia 1037 (luego 1837), frente a la plaza Herrera, el cual solía anunciar sus actividades en los periódicos zonales en esta forma: "BENSO. Gran Cinematógrafo. Vistas nuevas todas las noches. Salón el más grande y lujoso de Barracas"; y se ponía broche al anuncio, dando

cuenta de las "modernas comodidades" de que estaba dotada la sala, con una noticia que por lo impactante debió dejar boquiabiertos a los vecinos: TOILLETE PARA SEÑORAS. Servicio de café, bar y lunch. Entrada libre. (Nos preguntamos cómo se las componían las damas para "sus apuros", en otras salas que aún no gozaban de tales adelantos.)

Reiteramos que sólo supimos de los locales citados a través de comentarios. Conservamos en cambio, bien nítidamente por cierto y pese a muchas décadas transcurridas, la visión de aquellos "biógrafos" que comenzamos a frecuentar llevados primero de las manos de nuestros mayores, y que costaban de diez a quince centavos "la completa", con derecho al café y al "capuchino" los mayores, y a una masita con crema o a una ensaimada los chicos.

PUCCIA, Enrique H., *Intimidades de Buenos Aires*, Corregidor, Buenos Aires, 1990.

En 1915 se inauguró la primera academia para actores de cine, bajo la dirección de Emilia Salerny.

En 1917, se conocieron en Buenos Aires más de veinte películas mudas nacionales. Esta cantidad estaba directamente relacionada con el número de salas que se abrían a diario en el centro, en los barrios y en el interior, pues el cine era una novedad atrapante para todas las edades.

Ese mismo año, Gardel filmó su primera película, *Flor de durazno* y se rodó el corto policial *El conde Orsini*. Dos años más tarde Camila Quiroga estrenó *Juan sin ropa*, y el papel masculino estuvo a cargo de Julio Escacella.

MÚSICOS ARGENTINOS

En 1874 se destacó el cuarteto de Amancio Alcorta, seguido en prestigio por el de Luis J. Bernasconi. A su vez, en 1880, Hargreaves dio a conocer sus *Aires nacionales*, que, de algún modo, continuaban la iniciativa de Gabriel Diez, español, que en 1870 compuso sus *Aires criollos*.

Otro español, Eduardo Torres Boqué, publicó sus fantasías para piano, que tenían como base músicas nativas, como el cielito. Se destacaron también el guitarrista Juan Alais, prolífico compositor, el pianista Pedro Albornoz, Ignacio Álvarez, José M. Arizaga, Luis J. Bernasconi, colaborador de Miguel Rojas y Nicolás Grabada, autor teatral.

Carlos Gardel, con su simpatía y figura, sirvió para promocionar desde personas hasta productos comerciales.

En 1870, se estrenó la marcha militar de Saturnino F. Berón, que fue también autor de la marcha *Paso de los Andes*, del poema sinfónico *La pampa* y de la sinfonía *Entre Ríos*.

Santiago Calzadilla, autor del libro *Beldades de mi tiempo*, fue influyente pianista, crítico e interesante músico. Otro pianista destacado en su tiempo fue Dalmiro Costa, que dio a conocer música clásica y popular.

Otro compositor de méritos propios fue Juan Gutiérrez, que, además, trabajó como copromotor del Conservatorio de Buenos Aires, inaugurado en 1880.

Ventura Lynch, periodista y violinista, compuso *El cancionero bonaerense* en 1883 e intervino de manera directa e indirecta en numerosas agrupaciones afines a las actividades musicales finiseculares.

Un lugar preponderante ocupó José M. Palazuelo que, como músico, se destacó en el órgano y en el piano. Su hijo, del mismo nombre, fue un excelente violinista y compositor. Edelmiro Mayer, militar, aven-

Aviso de la Casa Lepagge

(Caras y Caretas Nº 355, 22 de julio de 1905) impulsando la venta de los gramófonos de la marca Victor, llamada también la marca del perrito o La Voz del Amo.

turero y músico, regresó a Buenos Aires después de haber combatido en los Estados Unidos y México, logró un lugar importante como pianista y llegó a dirigir la Sociedad del Cuarteto. Además, fue maestro de niños en teoría y solfeo.

La música argentina tiene que agradecer la contribución de varios hombres de color como Manuel G. Posadas, su hijo Miguel, Alfredo Quiroga y Zenón Rolón, que estudió en Italia y compuso la *Marcha fúnebre de San Martín*.

Otro descendiente de africanos fue Casildo Thompson que, entre otras composiciones populares, escribió el vals *El tipógrafo* y la polca *El mitrista*. También dio a conocer su producción poética en el libro *Cantos al África*.

Por su parte, Miguel Rojas se ganó un merecido lugar con sus zarzuelas, y la *Marcha fúnebre* en honor de Adolfo Alsina. También tuvo su momento de gloria Eusebio N. Sánchez, que fue renombrado profesor y compositor de música clásica y popular, como la habanera *La despedida*.

MÚSICOS EXTRANJEROS

La presencia de los músicos extranjeros estuvo directamente ligada al fenómeno de la inmigración. Por ello es posible mencionar, entre los italianos, a Basilio Nicolás Bassi, por cuya iniciativa se fundó la Sociedad del Cuarteto y en cuyo seno se fomentó la formación de músicos nativos, José Belmaña, Orestes Bimboni, Inocencio B. Cárcano, Clemente Castagneri, Clemente del Ponte, Santo Discépolo, Ángel Ferrari, Rafael y Salvador Fraccasi, Wenceslao Fumi, Cayetano Gaito, Juan G. Panizza, Juan Mancini, Augusto Nannetti, Edmundo Piazizni, Santiago Poggi, Luis Peretti, Emilio Raineri, Carlo Rolandone, Antonio Scapatura, José Sforza. Entre los españoles se recuerdan los nombres de Cándido Aguayo y Alonso, Marcelino Antoñona, Carlos Pellegrini, Baltasar Gabriel Díaz, Carlos García Tolosa, José Giribone, Doroteo Larrauri, Pablo Parborelli, Ricardo Sánchez Allú. De los franceses, se rescatan Ulises Avinent, Francisco y Román Amayet, Edmundo Guion, Amadeo Jolly, Arturo Loreau, Jules Poppe. De nacionalidad alemana fueron Juan E. Amelong, Pedro Beck, Alberto Williams, Alberto Bussmeyer, Augusto Dominico, Adolfo Herstell, Conrado Herzfeld, Carlos Lambra, Gustavo Nesler, Juan H. Reinken.

También los hubo de nacionalidad portuguesa y no faltaron, tampoco, algunos americanos. De los apellidos citados, Cárcano constituyó el tronco inicial de una familia que luego se dedicaría a la política; Discépolo, el inicio de una familia de músicos y autores teatrales, lo mismo que Mancini.

El prestigio de algunos apellidos, como Williams, Fracassi y Gaito, creció tanto que sirvió para designar academias donde se enseñaba teoría, solfeo y canto. Allí se formaron la mayoría de los músicos, autores e intérpretes de nuestra música popular.

SOCIEDADES MUSICALES

El entusiasmo por la música clásica dio lugar a la formación de varias sociedades que se dedicaron a su difusión.

Teutonia estaba formada por argentinos y alemanes. Fue creciendo de manera continua, y en 1886 contaba con algo más de seiscientos miembros. Tenía orquesta y coro, con los que daba numerosos conciertos públicos. Su éxito se puso de manifiesto cuando logró tener su propio local, con capacidad para quinientas personas.

En 1863, se fundó Concordia, para difundir el canto coral por medio de conciertos públicos. Le siguieron la Sociedad Dramático-Musical Los Negros y la Sociedad Buenos Aires (1866). La primera ofreció un concierto en el Teatro de la Victoria a beneficio de los inválidos de la Guerra de la Triple Alianza. En su local se estrenaron las zarzuelas *Los dos padres* (1867) y *El pasaporte* (1869), obras de Manuel Rojas, que se convirtió así en uno de los primeros argentinos en producir obras de teatro. Paralelamente se dio a conocer el periódico *Los Negros*.

También se debe mencionar la primera sociedad de socorros mutuos fundada por músicos como Esnaola, Busmeyer, Nicolao, Melani, Lelmi, Ferraro, Pestalardo, Albarellos, Piazzini, Raineri, del Ponte, entre otros. Dicha entidad debutó en 1866 al ofrecer un concierto en el Coliseum, con la presentación de una orquesta numerosa y un coro muy logrado.

En 1866 también se conoció la Sociedad Estudio Musical, que volvió a aglutinar a anteriores componentes de la Sociedad Filarmónica de Buenos Aires, desaparecida en 1859.

Otra sociedad con fines musicales fue La Lira, en cuyo seno se formó la Sociedad del Cuarteto. Se concentró en la difusión de la música de cámara. En 1879 logró celebrar las cien sesiones de música clásica. Tuvo vida activa hasta 1890.

OTROS LUGARES PARA LA MÚSICA CLÁSICA

Además de los teatros y circos, la ciudad tenía otros sitios para escuchar música, donde, al mismo tiempo, se podía tomar café o refrescos y, en algunos lugares muy selectos, cenar y hacer sociales.

Entre los más frecuentados por la clase alta y por el estamento superior de la clase media, se pueden mencionar el salón de la Recova Nueva, el jardín recreo del Pabellón Argentino, el Café Cosmopolita del Pobre Diablo, el Café Filarmónico, La Alhambra, el jardín de los Campos Elíseos y el Jardín La Florida, popularizado desde 1874.

Mujeres en un palco.

Además de los teatros, la ciudad ofrecía otros sitios en los que, al mismo tiempo, se podía tomar café o refrescos y, en algunos lugares selectos, cenar y hacer sociales.

CONCERTISTAS

Entre 1864 y 1865, el público porteño tuvo oportunidad de apreciar la música sacra, brindada en varios recitales de Juan J. Cagliano. Este músico rescató el copofón, un instrumento del siglo XVIII totalmente olvidado, que estaba formado por una serie de copas. Dada la fragilidad de éstas, Benjamín Franklin las reemplazó por discos metálicos, con lo que logró reactualizar su uso. Luis J. Bernasconi y Ventura Lynch fueron dos de sus entusiastas cultores porteños.

La gran nota musical de 1867 correspondió al concierto en el Coliseum, brindado por la Sociedad Alemana de Canto, que contó con la actuación de Luis Moreau Gottschalk y Oscar F. Brussmeyer, en piano.

En 1868, el pianista Oscar Pfeiffer dio varios conciertos acompañando a la soprano Judith Altieri. Pfeiffer, además, fue compositor de varias piezas para piano y orquesta.

A partir del año siguiente, hicieron sus presentaciones en Buenos Aires varios cultores de música afronorteamericana como Arturo Philips y el conjunto Cristy's Minstrels, que dieron a conocer composiciones de Stephan Foster y de otros autores, con lo que lograron despertar la curiosidad del público porteño.

Ese año, también actuó el concertista de flauta Mateo A. Reichert.

En materia de canto femenino, hay que señalar la presencia de Carlota Patti en 1870, que dio cinco conciertos en el viejo Colón, acompañada por el pianista Teodoro Titter y el violinista Pablo Sarasate. Terminada la temporada en Buenos Aires, hizo una gira por el interior y luego siguió a Chile.

En 1874, se presentó el brasileño Mauricio Dengremont, niño prodigio en el violín. Al año siguiente, Esmeralda Cervantes visitó Buenos Aires, para dar conciertos de arpa. Ante el éxito logrado, regresó en 1881.

En 1877, con un coro de veinticuatro voces y una orquesta de sesenta músicos, en la iglesia de La Merced, Avelino Aguirre estrenó su *Misa de Gloria*. Luego, la repitió en el teatro Colón.

En 1879, José M. Palazuelos, integrante de una familia de músicos, dio un concierto de violín en el Ópera. Ese mismo año se presentaron en el Colón y en la Sociedad del Cuarteto el concertista de contrabajo Giovanni Botesini y el de violín José White.

El impacto popular del candombe,

como música y coreografía de origen africano, dio lugar a muchos artículos, dibujos y fotografías en diarios y revistas, como éste aparecido en *Caras y Caretas*.

TANGO

El tango, su origen y evolución, ha sido y es estudiado, discutido y replanteado todos los años. Esto demuestra que no es un tema fácil ni sencillo de describir y mucho menos de comprender.

Sin embargo, relevando datos sociológicos y musicales, es posible aproximarse a su origen con un cierto grado de certeza.

En el plano musical, sus raíces se encuentran en el llamado candombe africano, de donde también proviene la coreografía inicial.

Respecto del ambiente en que se formó, se ha convenido que fue en los estratos más pobres de la sociedad, como los rancheríos y los prostíbulos, pues en ellos encontraban refugio los sectores negros o mestizos que continuaban rindiendo pleitesía a sus dioses ancestrales.

La amalgama con otras músicas de raíz africana, dio como resultado una música con un ritmo diferente de los conocidos hasta 1870 y 1880. Esa nueva música sufrió, a su vez, la

transculturación de las civilizaciones que convivían en la ciudad y su zona de influencia.

A la coreografía de la pareja separada, que bailaba en una secuencia de pasos muy bien estructurados, le sucedió el entrelazamiento de los cuerpos, en el que ambas partes tenían la posibilidad de crear pasos nuevos, repentinos y novedosos como la corrida o la refalada, que no se practicaba en ninguno de los bailes de esa época, ya fueran europeos, aborígenes o afroamericanos.

Esta creatividad instintiva fue la que le dio el vigor necesario para lograr su aceptación en la clase pobre, primero, y escalar, más tarde, a la clase media y luego a la alta.

Esa vitalidad lo mantuvo vigente y en continua evolución, y le permitió adoptar formas externas nuevas, sin perder la esencia original.

Con las canchas de riñas, coexistían los lugares para el baile popular, entre los que sobresalían los ranchos de las chinas cuarteleras, las carpas de la Recoleta –La Tierra del Fuego– y los sitios habilitados en almacenes, bares y cafés. Éstos proliferaron en el radio urbanizado a medida que el tango comenzó a salir de los prostíbulos, las academias y los conventillos y se fue consolidando en los salones de la clase media alta y, luego, en los de la clase alta.

Este aviso de Casa Tagini, con las listas y precios de los discos grabados, utiliza la popularidad de Ángel G. Villoldo y Arturo Navas, dos payadores y cantores de tango que acaparaban los gustos populares.

En 1891, popularmente se hablaba del cum-tango, para designar un nuevo baile popular que cada día ganaba más adeptos. Los negros lo llamaban tan-gó.

En esos años se lo interpretaba con guitarra, violín y flauta, y más tarde le dieron lugar al bandoneón. La prensa porteña lo describía como un baile sensual, endiablado y primitivo, pues arrastraba mucho del candombe afroargentino.

En 1914, el tango llegó al público en vivo o por intermedio de grabaciones. La orquesta más popular de ese momento era la de Vicente Greco, que se presentaba como la Orquesta Típica Greco. Dentro de su repertorio estaban los tangos: *El Queco, Venus, Sacudime la persiana, Cobráte y dame el vuelto, La cara de la luna, El taita, Rico tipo, El criollito.* Algunos, como los primeros seis, eran de autores anónimos; otros pertenecían a autores cotizados en el favor popular, como Alfredo Gobbi padre, o Án-

gel Villoldo que había dejado muy bien sentado su prestigio de guapo
en la Recoleta y otros lugares del mismo jaez.

También contribuyeron a la difusión del tango agrupaciones musicales como la Orquesta Heyberger, las bandas municipales, de regimien-
tos, de la policía o grupos de colectividades europeas.

La penetración de esta música en la clase alta ha quedado reflejada
en muchas notas aparecidas en las revistas de la época. Una de ellas publica las fotografías de damas inglesas cultoras del tango en su país de
origen, con el siguiente epígrafe: "El tango es el asunto internacional
más difícil de solucionar en estos tiempos". A continuación, se refiere a
le tango, como lo llaman en francés, o al súper tango, para indicar que
en París los bailarines franceses le han quitado todo su sabor, hasta el extremo de que cualquiera de nuestros orilleros se avergonzaría de bailarlo de ese modo. A su vez, se sugiere que en París se baila el tango a la
"chantilly" y no a la clásica "ginebra" de los bailongos criollos. A pesar
de esa desnaturalización, la clase alta argentina encontró al tango en los
salones parisinos, lo aceptó a medias por imitación o contagio social, y
le dio lugar en los salones porteños.

Agustín Magaldi
(1898-1938),

fue otro cantor muy famoso,
que sin embargo no llegó a ser
centro de la canción popular
porteña.

BAILARINES Y LUGARES

Entre 1870 y 1918 se destacaron además de los lugares bailables de
Hansen, Velódromo y Tambito, los salones que se encontraban en las
casas de prostitución de María la Vasca, Mamita Amaya, Laura Monserrat, la China Joaquina, la Parda Adelina, la Negra Rosa, los lujosos y
refinados de Madame Jeanne, Madame Fontanet, Madame Blanch o los
de baja categoría como los bailetines de Nani, Tancredi, Zanni, los hermanos Filiberti, y, también, las academias –verdaderos piringundines–
de San Jorge, Los Cabreros, café de las Cinco Hermanas, La milonga de
Alsina, La alpargatería, entre otros.

En ellos sentaron sus reales y reafirmaron su fama de bailarines personajes como el Negro Catungo; Carlos Ken, el inglés, marido, pareja
o rufián de María la Vasca; Pedrín, gringo aporteñado; el flaco Saúl; Mariano Milano; Maco; el vasco Casimiro Aín; el Cachafaz; el negro Pavu-
ra; el Lento; Pedrín, el de San Telmo; Alfredo Crozzi, el flaco, y varios
más, cuya vida se puede reconstruir a partir de los prontuarios policiales de la época.

Lo mismo se puede decir de sus compañeras ocasionales o permanentes. Algunas de ellas dejaron recuerdos perdurables por la vestimenta novedosa: pollera negra, medias rojas y alpargatas o zapatos rojos con

moños amarillos. La Moreira ha entrado en la literatura gracias a la pluma de Sebastián Tallón.

La mayoría de los bailarines iban calzados con cuchillos o revólveres. Los hombres los llevaban en la cintura y las mujeres en las medias. Esa costumbre se debía a que la concurrencia era proclive a la camorra, pues, en su mayoría, pertenecían a los bajos fondos.

Otra característica de estos lugares y de los bailarines era la *claque*,

TANGO EN EL ÓPERA, EN 1910

El baile del tango.

Los bailes muy populacheros celebrados en el Teatro Ópera, sirvieron para la concurrencia de los extremos sociales, pues lo mismo lo frecuentaron los *niños bien*, como los carreritos y las sirvientas. Lo que importaba era bailar el tango.

(*Caras y Caretas* Nº 921,
27 de mayo de 1916.)

El tango está de moda y fuerza es que se mueva a su compás todo el mundo, no importa si lo pretende quebrar un nativo de Callao hacia el río, lo salta un gringo, como vulgarmente se dice.

El asunto es bailar tangos y más tangos, como si fuera cosa fácil hacerlo, con una danza que tiene su carácter distintivo de raza y no ha entrado por fortuna al cosmopolitismo de los bailes de buen tono.

El tango es común en varios pueblos, pero el tango criollo tiene su fisonomía característica y sólo lo conocen quienes han sentido su ritmo desde la cuna, arrorró orillero que les ha impregnado el alma. Su vigor y rudeza plástica no se improvisan, ni se simulan; es una cuestión de sentimiento que no se cambia por el aprendizaje de contoneos, ni de actitudes estudiadas a través de las cuales se ve lo artificial y lo automático.

Por más que se requinte el pajizo y baile de soslayo, el bailarín de la Ópera deja ver que gasta chaleco al abrirse el saco en la quebrada. Y ésta es una prenda que no cuadra.

En cambio, las compañeras tienen por lo general más similitud con tal danza. Basta ver la dulzura con que hamacan la pollera y recogen apenas para no barrer con ella y adivinar enseguida de dónde proceden; el poder de expresión de la figura humana proclama la cepa criolla de ciertos detalles.

Hay, pues, en la pareja una desarmonía tal que hace imposible la combinación de sus miembros. En el baile y especialmente en el tango, es esencial una perfecta afinidad de los actores, que acomoden sus movimientos de manera de producir la impresión de que está bailando uno solo.

Por tal causa —prescindiendo de los atractivos brillantes de la sala, concurrencia y alegría— los bailes de la Ópera en su verdadera acepción son de una chatura lamentable. Debían abandonar el tango a quienes tienen por derecho de nacimiento, de sangre el poder bailarlo, o por lo menos no abusar de él.

La Nación, 6 de febrero de 1910.

o barra seguidora, que estaba compuesta por los patoteros noctámbulos que recorrían los barrios desde el centro, en búsqueda de distracción.

A pesar de que todos concurrían a bailar, distraerse y divertirse, no faltaban las muchachas que planchaban, como los varones que no conseguían pareja de baile.

Por esta razón, muchos hombres visitaban a las academias donde, pagando un precio por pieza, podían encontrar compañía danzante y, en la mayoría de los casos, algo más.

En contraste con lo anterior, en las casas de familia de la clase alta o en sus salones de música, en 1907, por ejemplo, el tango estaba erradicado y lo reemplazaban el *shinmy*, el *kakewalk*, los valses o bailes grupales.

Para establecer la diferencia existente entre ambos ambientes, se puede señalar que a mediados de la primera década del siglo veinte, el obrero medio ganaba en promedio entre 2,50 y 3,50 pesos, mientras que el champagne consumido por la clase alta en esos bailes oscilaba entre los 7 pesos, el más barato, y 15 pesos el más caro.

Los llamados *bailes de medio pelo*

fueron hasta bien entrada la década de 1920, para la incipiente y todavía no definida clase media media y baja, que guardó las formas sociales de las ropas y los modales.

En 1913, el diario *La Nación* le atribuyó al tango origen prostibulario, al haber sido engendrado por las pensionistas de los burdeles. Por eso, no era considerado un baile nacional.

A pesar de tal estigma, esta música triunfó en Europa, desde París a San Petersburgo. Fue entonces cuando logró ser aceptado progresivamente por la clase media argentina y por toda la sociedad.

Los datos censales de 1905 sostienen que había 49 casas de música y 13 fábricas de instrumentos musicales. Estas cifras se fueron superando año a año, hasta triplicarse en 1918. En 1905, los editores de partituras de tango eran 12. En 1918, 161.

ORGANITOS PROPALADORES

Los primitivos medios de difusión del tango fueron los mayorales de los tranvías y los organitos callejeros.

En 1896, se calculaba que funcionaban en la ciudad unos 400 organitos. La mayoría eran extranjeros y su precio oscilaba entre 400 y 650 pesos. Cada organillero debía pagar la patente municipal correspondiente (65 pesos) y su recaudación debía ser de algo más de 1 peso por día, para ser rentable.

Los organitos necesitaban un mantenimiento constante de los engranajes internos, las lengüetas y los cilindros. Cada afinación se pagaba 3 pesos en promedio. En Buenos Aires había cuatro lugares princi-

El organito fue el medio popular para difundir las más variadas músicas en las calles, los conventillos y hasta en los piringundines y prostíbulos.

pales para realizar dichos trabajos. Los cilindros eran de madera nacional y su precio variaba entre 50 y 90 pesos.

Poco a poco, los organitos se convirtieron en propaladores de música. Sin embargo, con el transcurso de los años, los adelantos técnicos (discos de pasta y gramófonos), así como la progresiva aceptación de las orquestas de tango en cafés y teatros, los fueron erradicando del centro para relegarlos definitivamente a los barrios.

Cada uno de ellos debía tener, como mínimo, diez piezas. Aunque no todas estaban completas, sino que se las reducía a las partes más populares.

Una manera de disimular esta poda era la inserción del *pot-pourri*, es decir, la mezcla de los trozos más característicos de varias piezas.

En los sitios clandestinos de baile, donde los organitos propalaban la música que se bailaba a tanto por pieza, había escuchas en la calle que avisaban la llegada de la policía. Cuando sonaba la voz de alerta, se terminaba la música y se escondía al órgano y al organillero en habitaciones disimuladas.

Una vez pasado el momento de peligro, el organillero reaparecía y se reanudaba el baile.

Finalmente, el organito quedó relegado y terminó sus días como medio de adivinación. Un loro sacaba el papelito con el futuro venturoso y con los números de la suerte en la quiniela y la lotería.

EL ÚLTIMO ORGANITO

Hacia fines del siglo XIX se estimaba que en Buenos Aires había menos de una docena de organilleros, mientras que los afinadores no alcanzaban siquiera esa cantidad.

Los registros censales van marcando la declinación progresiva de ambos e indican cómo la profesión fue muriendo de manera irreversible.

Por eso, no debe sorprender que en 1995 no hubiera nada más que dos. Uno funcionaba en Buenos Aires y otro en Luján. De algún modo, ambos fueron el último organito oficial.

Atrás quedaban las fiestas multitudinarias que los contaban como el centro de la alegría, que se entremezclaban con altercados más o menos graves, donde no faltaban las heridas de arma blanca, como testimonian las crónicas policiales de *La Razón*, *La Nación* y otras publicaciones de la época.

OTRAS DISTRACCIONES

Dentro de la enorme gama de distracciones populares, debe contarse el balneario popular habilitado en diciembre de 1897 en el barrio de Palermo entre la Avenida Sarmiento y el Arroyo Maldonado. Estaba dotado de casillas con ruedas y otros elementos para dar buena atención a la concurrencia.

También deben agregarse las romerías españolas, organizadas por la Sociedad de Socorros Mutuos de Barracas del Sur y Buenos Aires, en el terreno de los señores Tornquist, sobre el Riachuelo.

Otro motivo de distracción popular eran las peregrinaciones a Luján, a las que asistían miles de personas. La gran afluencia de público daba lugar a la instalación de puestos volantes para la venta de velas, imágenes, estampitas, comidas y bebidas.

También se sumaban las ascensiones en globo aerostático. La primera se realizó el 30 de octubre de 1898, en el local de la Exposición ·Nacional. Estuvo dirigida por el capitán Cetti, que fue acompañado por el deportista Antonio Demarchi y el esgrimista italiano Eugenio Pini.

El 25 de mayo de 1879, el señor Blondín, en una demostración de equilibrio, cruzó de punta a punta la Plaza de Mayo sobre una cuerda suspendida a varios metros de altura y sin red protectora.

ROMERÍAS

Las romerías eran reuniones festivas y bailables organizadas, primero, por la colectividad española y luego imitadas por las otras.

Las que se realizaban en la Recoleta se iniciaban el 18 de septiembre y culminaban el 12 de octubre en homenaje a la Virgen del Pilar

Se instalaban muchas carpas para dar cobijo a multitud de actividades, tanto legales como ilegales. En general, se ubicaban en la zona arenosa, bordeada de sauces y próxima al río, sobre lo que en la actualidad es la Avenida Quintana, que tenía su centro neurálgico en la intersección con Junín.

En cada carpa se rendía culto al coraje, a la música, a la danza y, en ocasiones, a la muerte.

Un aviso de agosto de 1888 da cuenta de que una empresa ofrecía lugares para escuchar conciertos vocales e instrumentales, panderos, guitarras y bandurrias. La entrada de los mayores se cobraba 1 peso y la de los niños, 20 centavos.

Estas actividades tenían el tácito consentimiento de las autoridades policiales, que no ingresaban en esos sectores, pues nunca sabían cómo y en qué condiciones saldrían, después de aplacar a alguna patota alborotadora. La agresividad no era patrimonio exclusivo de los hombres, pues abundaban las mujeres con armas en la liga de la media y con antecedentes poco recomendables.

Las otras romerías eran pacíficas, allí reinaban el placer de bailar y hacer sociales. En ellas, si bien abundaban las comidas, se retaceaban las bebidas alcohólicas. La música estaba a cargo de bandas regionales de música, que vestían ropas típicas y le daban color y ambiente festivo a dichas reuniones.

Además de la música regional (jotas, muñeiras, ole, etc.), las bandas ofrecían gavotas, cuadrillas, lanceros, mazurcas, polkas, marchas, *schottis, pas de patineurs*. El tango estaba ausente, pues hasta la mitad de la década de 1910 era música prohibida en las reuniones de la clase media; esto contrastaba con las carpas, que lo aceptaban y pedían. Allí el pardo Jorge y Villoldo eran los principales cultores y propagadores.

Entre ambas romerías, había notables diferencias, además de las musicales. Los asistentes eran de distinta extracción social. A la Recoleta concurrían planchadoras, sirvientas, mucamas, mayorales, faroleros, carreros y cuarteadores, mientras que en las otras lo hacían los integrantes

Este dibujo caricaturesco del Parque Japonés,

que funcionó hasta su incendio en 1911, sintetiza la concurrencia y al personal dedicado a atenderla, con el agregado de los premios ofrecidos.

(*Caras y Caretas* Nº 822, 4 de julio de 1914.)

de la incipiente clase media baja en proceso de consolidación, que si bien trabajaban en relación de dependencia, lo hacían en casas comerciales.

LUGARES DE RENOMBRE

La Recoleta dio cobijo al Pabellón de las Rosas, un chalet de dos plantas, inaugurado musicalmente por la orquesta de Vicente Greco, Garrote. Allí se cenaba, se oía música y se bailaba. A medida que la popularidad del local aumentaba, se fueron presentando en sus instalaciones la compañía de Florencio Parravicini y Lola Membrives. También se dieron conciertos con orquesta de 25 profesores y se brindaron espectáculos de ascensión en globo.

Casa de baños.

Un signo del progreso y la modernidad que se alcanzaba día a día, lo constituyó la casa de baños L'Universelle, en la calle San Martín.

Un centro de atracción para el público eran sus jardines, que tenían una cascada para refrescar el ambiente veraniego, una glorieta y pájaros como colibríes o picaflores.

A su lado estaba el Armenonville, que se había instalado en un chalet estilo inglés, también de dos plantas. Si bien ambos lugares estaban destinados para la *hai life*, el segundo era el preferido por la gente de tango. Su importancia se ve sintetizada en los dos tangos y el vals que recibió como homenaje. La primera pieza de música ciudadana estaba dedicada a los tres dueños y se titulaba *Las tres L* (Loureiro, Lanzavecchia y Lambart); el segundo, *Armenonville*, de Juan Maglio (Pacho); el vals se llamaba *Pabellón de las Rosas*.

En el mismo barrio, pero ya en el deslinde hacia el este, estaba ubicada la "montaña rusa", que era parte de un complejo para la distracción masiva, pero con muchos entretenimientos para niños y jóvenes.

Después de su desaparición, a principios de siglo, pasaron varios años durante los que Buenos Aires no contó con ninguna "montaña rusa". Recién la tuvo en 1911, cuando se inauguró el Parque Japonés (Paseo de Julio entre Callao y Reconquista).

Este nuevo parque tenía un lago Mayor y uno Menor.

Entre sus atracciones se contaba el Circo Romano, que mantenía fieras enjauladas; el trencito; el *looping the loop*, donde a los desavisados se les perdían los sombreros y se les revolvía el estómago; la rueda giratoria de velocidades cambiantes; el aeroplano; los carritos chocadores; la sala con espejos distorsionantes; el laberinto y otros juegos muy divertidos. Todo se complementaba con los quioscos donde se podía comer y beber; la pista para bailar; las proyecciones de las llamadas vistas. Este parque apenas duró abierto un mes, pues un incendio lo destruyó casi por completo, e hizo necesaria la reconstrucción.

Otro de los lugares destinados a la diversión o distracción popular era el Palacio de las Novedades.

En el año del Centenario se estableció, en Corrientes al 1000, el Luna Park, que era un local para espectáculos públicos variados. A raíz de la apertura de la Avenida 9 de Julio se trasladó a su actual emplazamiento.

OCIO, ESPARCIMIENTO Y JUEGO

Carlos Pellegrini, paseando en los jardines del Hipódromo, fundado por su iniciativa. Las reuniones en este lugar fueron también para lucimiento de las últimas modas femeninas y masculinas.

Desde la época de la antigua Grecia las manifestaciones deportivas han servido para caracterizar a las sociedades que los practicaban. Las que les prestaban atención y las fomentaban eran sociedades sanas y equilibradas que hacían un culto del precepto "mente sana en cuerpo sano".

Pero, más allá de tales interpretaciones, lo importante es que se necesitaba equilibrio entre las actividades corporales y las mentales, para no crear distorsiones.

Si bien entre nosotros no hubo una escuela que trató de armonizar el deporte con las actividades del intelecto, por inclinación natural la mayoría de los estudiantes y profesionales egresados de las casas de altos estudios, practicaron deportes que estaban de acuerdo con la profesión.

En el otro extremo del abanico social, los carentes de fortuna y por ello de posibilidades de estudio, practicaban deportes heredados del medio ambiente e integrados a sus vidas, como parte de su herencia social.

Un ejemplo ha de servir para marcar las diferencias. Los hombres de la clase alta, la mayoría de ellos con títulos universitarios, fueron los fundadores del Jockey Club y practicaron y fomentaron el turf.

En cambio, el pobrerío, carente de medios económicos y títulos universitarios, fue ferviente cultor de las carreras cuadreras, que representaban al turf en pequeño y con escasos medios materiales.

Pero, a pesar de esas diferencias, es posible decir que, dentro de las limitaciones impuestas, un alto porcentaje de la población practicaba deportes. Su número se fue acrecentando a medida que las comunidades extranjeras se arraigaron y se convirtieron en parte integrante de la sociedad argentina.

INNOVACIONES DEPORTIVAS

El remo fue un deporte nuevo para la sociedad porteña, practicado inicialmente por algunos integrantes de colectividades extranjeras en el Río Luján, el Tigre y el Riachuelo.

En 1870, al aumentar el número de practicantes, se realizó una carrera entre el Tigre y Buenos Aires y, en 1871, se fundó el River Plate Rowing Club, bajo cuyos auspicios se disputó la primera regata en aguas del Luján.

Como la cantidad de aficionados continuaba incrementándose, en 1873 se fundó el Buenos Aires Rowing Club, que en 1901, bajo la denominación de Asociación Argentina de Remeros Aficionados, logró que se le integraran todas las agrupaciones menores que tenían vida propia, pero que carecían de elementos.

El verdadero motor de este deporte fue el Club de Botes del Tigre, reemplazado en 1911 por el estupendo local del Club de Regatas del Tigre. El Riachuelo también fomentó este deporte, ya que, a partir de

1876, fue el lugar donde funcionó el Club de Regatas de la Marina, que debió superar muchas dificultades.

En 1890, un grupo de alemanes fundó el Runder Verein Teutonia, para fomentar el remo de carrera. El entusiasmo demostrado por esta práctica llevó en 1893 a la creación de la Unión de Regatas del Río de la Plata.

Desde 1901, todos los clubes de remo de Buenos Aires y del interior se nuclearon en la Asociación Argentina de Remeros Aficionados (A.A.R.A.), que, por su parte, se afilió a la Confederación Sudamericana, a la Confederación Argentina de Deportes y al Comité Olímpico Argentino.

El Rowing Club del Riachuelo

fue fundado por un selecto grupo de jóvenes aficionados a la práctica deportiva del remo. Varias colectividades europeas crearon sus centros para el mismo deporte, dando lugar a certámenes locales, que se hicieron internacionales.

Un deporte que podemos denominar novedoso o moderno fue el tiro. Se considera a los inmigrantes suizos como sus iniciadores, pues en 1872 lograron la fundación del Tiro Suizo. Como los practicantes aumentaban y había un verdadero interés en esta práctica por las continuas diferencias fronterizas con Chile, en 1894 se fundó el Tiro Federal Argentino.

En 1902, algunos de sus integrantes participaron en el primer certamen mundial realizado en Roma. Por sus gestiones y el buen desempeño se logró que Buenos Aires fuera designada como la sede de la próxima competencia mundial.

En 1913, los tiradores argentinos lograron títulos mundiales en tiro con revólver y arma libre. Ese mismo año, en Camp Perry, Estados Unidos, los representantes argentinos, Gregorio Pereyra y Benjamín Tealfi, se consagraron como campeones en fusil de guerra.

El atletismo tuvo sus orígenes gracias a la iniciativa de la inmigración sajona, que sobre la base de algunos clubes como el Buenos Aires Atletic Club Society, Buenos Aires Atletic Sport y Buenos Aires Cricket Club, en 1867 prepararon una pista para desarrollar una competencia de trece pruebas.

El éxito deportivo y de público hizo que el encuentro se repitiera año a año, hasta 1900, lo que produjo que otros clubes se plegaran a los ya mencionados, con lo que aumentó la cantidad de participantes.

En 1880 se fundaron el Club Gimnasia y Esgrima y la Asociación Nacional de Ejercicios Físicos, por lo que la divulgación del atletismo logró un sostenido impulso.

En 1905, la Sociedad Sportiva Argentina inició la organización de competencias bien estructuradas, con la entrega de trofeos valiosos, pues todavía la actividad era no rentada. El Belgrano Athletic Club fue el que, a partir de 1908, le dio un verdadero empuje a esta actividad.

Entre 1905 y 1910 se llevaron a cabo muchas competencias de fondo. En la última fecha, se corrió una distancia de 42 kilómetros, lo que era toda una novedad y una audacia. El italiano Dorando Pietri ganó la competencia en 38 minutos y 41 segundos.

Este evento logró afirmar la simpatía del público por las carreras largas, por lo que una buena parte de este deporte se volcó en esa dirección.

En 1910, aparecieron la Sociedad Cristiana de Jóvenes, el Club Velocidad y Resistencia, el San Isidro Club y otras entidades menores que al año siguiente dieron lugar a la creación de la Federación Pedestre Argentina, que perduró hasta 1918.

Paralelamente, se desarrolló la esgrima con tres sedes principales: el Club Progreso, el Gimnasia y Esgrima y el Jockey Club.

Entre los primeros maestros hay que destacar las enseñanzas impartidas por Bay, Cesáreo y Casciani, que se iniciaron en 1871. Con posterioridad, llegaron otros, de distintas nacionalidades especializados en diversas armas.

Es preciso mencionar a Panegazzi, Ferreto y Pini que formaron escuelas de esgrima, de acuerdo con el arma de especialización de cada uno.

En 1897, por iniciativa de importantes personalidades políticas y de las fuerzas armadas, se creó la Escuela de Gimnasia del Ejército, que contrató el maestro Pini. Inicialmente dicha escuela utilizó las instalaciones del Jockey Club, que le fueron cedidas sin cargo. La tarea de Pini y de otros maestros dio sus frutos al lograr formar un selecto grupo de esgrimistas, que participaron en eventos nacionales e internacionales.

La esgrima
reunió a muy pocos aficionados, que tuvieron en el Jockey Club y en el Círculo de Armas los salones más adecuados.

Hacia fines de la década de 1910 y pese a la interrupción obligada por la guerra, la Argentina logró un destacado lugar en el mundo de la esgrima.

En 1916 se inició una nueva época en la esgrima argentina al contar con la acción directa de maestros importantes como Athos Di Malato, los hermanos Aurelio y Agesilao Greco, que lograron un importante grupo de alumnos.

En 1871, en el Coliseum ubicado en Lavalle entre Esmeralda y Suipacha se concentró la actividad del patín. Esto provocó la introducción de una cantidad apreciable de patines y, en la pista mencionada, se impartieron lecciones a 20 pesos cada una.

En 1898, la popularidad de su práctica se manifestó en un aviso de la Columbia Skarting-Rink, que ponía a disposición de las aficionadas patines con horario especial para señoras entre las 8 de la mañana y las 6 de la tarde.

Esta proliferación permitió que muchos aceptaran al patinaje como distracción, y no sólo como deporte, ya que por las tardes se reunían grupos de jóvenes a patinar y a hacer sociales.

Otro deporte nuevo fue el tenis. La práctica surgió por iniciativa de un grupo de inmigrantes ingleses. El incremento en la cantidad de practicantes permitió que en 1892 se fundara el Buenos Aires Lawn Tennis.

Como el número de los clubes donde se lo practicaba había aumentado considerablemente, en 1914 se fundó la Liga Argentina de Lawn Tennis.

En 1885, también por la iniciativa de inmigrantes ingleses, comenzó la práctica del golf, en canchas preparadas en el actual partido de San Martín, para el Amateur Golf Championship of the River Plate.

Los primeros torneos tuvieron lugar en 1892, y hasta principios del siglo veinte los ganadores eran de origen inglés.

Un año antes se había fundado el Club Atlético Lomas, que para 1895 organizó y llevó a cabo el primer campeonato para aficionados del Río de la Plata.

A pesar de contar en las prácticas con la presencia de un número creciente de mujeres, recién en 1904 tuvieron lugar los campeonatos para damas y, al año siguiente, se inició la disputa de los Campeonatos Argentinos Abiertos, que lograron la participación de figuras internacionales.

Mujeres tenistas.

El tenis y otros deportes, como el ciclismo y el golf, fueron los medios aprovechados por la juventud femenina, para demostrar su progresiva libertad. Las ropas amplias y ligeras sirvieron para afirmar esa voluntad.

A partir de 1875 unos pocos inmigrantes sajones iniciaron la práctica del polo. Se estima que el primer partido de este deporte se realizó el 30 de agosto de ese año, en la Estancia Negrete, situada en el actual partido de General Paz (Ranchos) y propiedad de David A. Shennan y C. H. Krable.

El reglamento era igual al que regía en Inglaterra desde 1870. Como, poco a poco, se fueron agregando practicantes argentinos y extranjeros, en 1882 se fundó el Buenos Aires Polo Club, que tenía sus canchas en las cercanías de lo que actualmente es la estación Caballito del ferrocarril.

Se sucedieron las fundaciones de clubes, que realizaban competencias internas e interclubes. Así se llegó al Campeonato Abierto que en 1893 fue ganado por el Hurlingham Club en sus propias canchas. La contienda recibió una importante concurrencia de público y muchos comentarios periodísticos.

La disputa del primer partido de rugby entre argentinos y extranjeros se llevó a cabo en 1905. Esto indica que se practicaba en el país con anterioridad. En 1873 tuvo lugar un encuentro de rugby en las canchas del Cricket Club, sitio donde actualmente está el Planetario Municipal en Palermo.

En 1889 se jugó un partido entre seleccionados de varios clubes y el Flores Athletic. Desde ese año y hasta 1904 el Club de Lomas fue el campeón nacional.

En 1907, se fundó el Club Atlético San Isidro que le dio mucho impulso a la práctica de este deporte. Por diversas razones se disolvió en 1913 y volvió a aparecer en 1917.

A partir de 1910 y hasta 1930 el CASI ganaría todos los campeonatos nacionales.

El boxeo se conoció inicialmente como el *savate* francés, en el que se usaban los brazos y las piernas. Posteriormente cambió, por la influencia de Jorge Newbery, que lo había conocido como deporte y espectáculo en los Estados Unidos.

Este deporte estuvo prohibido por varios años, pero, pese a ello, se practicaba clandestinamente en el Mercado Central de Frutos de Avellaneda y, en forma ocasional, como demostración en la quinta que Delcasse tenía en Belgrano.

Un ejemplo de esa prohibición fue la intervención de la autoridad municipal para impedir el encuentro entre dos norteamericanos que pretendían disputarse el título de campeón de Buenos Aires en el teatro Olympia.

En 1908, a pesar de las oposiciones oficiales, se fundó el Boxing Club Buenos Aires, que contó con el apoyo de muchos deportistas de

BOXEO INICIAL

Alfredo Santoro,

en pose típica de desafío. Inicialmente el boxeo
fue exclusivo de extranjeros y de marineros
provocadores. También en los años iniciales,
la policía persiguió a quienes lo practicaban.

Desde las lejanas épocas del Buenos Aires Boxing
Club, de algún sangriento combate de McCarthy en la
Avenida de Mayo, de las estilizadas demostraciones de
Lefrançois -cuando no de las rarezas del negro Perci-
val, contratado a fines del siglo por Gimnasia y Esgri-
ma- datan la adhesión de apasionados partidarios del
boxeo.

Aún habrá quien recuerde el rudo cotejo de José Luis Giribone Cañás con Luis Galtieri, el que con el
apodo de "Chiquito de Pompeya" había popularizado
en lances de lucha romana una fuerza harto despro-
porcionada con su mediana estatura.

Tampoco habrán olvidado muchos aficionados
un tanto encanecidos ya, las performances de Willy
Gould frente a Madden, un desconocido que fue dominado desde el comienzo, o ante el campeón chileno
Daly, a quien aquél, que iba perdiendo netamente, puso knock-out con un solo golpe en el décimo tercer
round.

No pasaron inadvertidas las magníficas lecciones
de Farrell, que al final de su campaña, casi privado de
la vista hizo una magnífica pelea con Ostuni; ni las de
Gustavo Lenevé, llegado al país en 1912 y que con los
cambios de guardia de su "mecanique" formó discípulos de la talla de Héctor Méndez Landini, De la Torre
y tantos otros.

En los primeros tiempos asistir a un match de boxeo, era como complicarse con un complot. El lugar
elegido se susurraba al oído y siempre había un sitio
de reserva para el caso de que la policía, advertida a
tiempo, llegase inesperadamente para impedir la su-
brepticia reunión, considerada poco menos que al
margen de la ley. Lo cual no impidió que poco después
el ring del Club Policial, en Rincón y Rivadavia, fuese
un dinámico centro de muy importantes combates.

Es así como en la segunda década de este siglo el
boxeo dejó la clandestinidad, quizás porque el rigor
prohibitivo estaba tan venido a menos que inclusive
quien después fue distinguido comisario inspector ya
se había consagrado por entonces en uno de los mejores árbitros.

Al viejo Boxing Club se habían agregado entusiastas núcleos en torno de rings cada día más difundidos. El Belwarp, L'Aiglon, en la calle Florida, El Universitario, al comienzo en Corrientes; el Hindú Club, en
Pedro Echagüe; el primitivo Luna Park, también en Corrientes: el Hippódrome, en la esquina de ésta última
y Carlos Pellegrini, donde en las funciones circenses
todavía actuaba el viejo Frank Brown; el Parque Romano, en Las Heras, y sobre todo, la tercera cancha de River Plate, en la Avenida Alvear y Tagle, escenario de
muy importantes combates nacionales e internacionales realizados a fines de la segunda y a lo largo de la
tercera década, y cuya organización correspondió a
quienes después habrían de formar la empresa del actual estadio de la calle Madero.

La Nación, Un siglo en sus columnas. Buenos Aires, 4-1-1970.

distintas disciplinas, algunos extranjeros, que veían en el boxeo el arte de la defensa personal.

En el año del Centenario de Mayo, el club contaba entre sus socios a importantes figuras políticas y sociales que le dieron impulso y lograron que, en ese año, se disputara un campeonato que incluía las distintas categorías.

Entre los adherentes se encontraban el Jockey Club y el Boxing Club, que nucleaban a muchos aficionados al deporte y a practicantes amateurs. El impulso logrado y la popularidad alcanzada hicieron que la prohibición se derogara.

CANCHAS DE PELOTA

La primera cancha de pelota que se puso en funcionamiento en Buenos Aires estaba ubicada en la calle Piedras 161. Una de las viejas instalaciones fue la de Doña Juanita, cuya administradora era Juana B. de Esponda. En 1919 fue adquirida por el Club de Pelota y Esgrima, para remodelarla y modernizarla.

En 1872 dejó de funcionar otra vieja cancha ubicada en la calle Tacuarí al 500, que se destacaba por la calidad de sus pelotaris y que era rival de la de Juan Sarria, sita en Rivadavia al 900, demolida al abrirse la Avenida de Mayo.

Otras canchas de antiguo historial se encontraban en: Rivadavia entre Paso y Larrea, llamada la cancha de Rivadavia Cinco Esquinas; Rivadavia y Rioja, conocida como la de Pedrito del Once, cuyo propietario era Pedro Dolagaray. Más adelante, siguiendo por Rivadavia, entre Bulnes y Castro Barros, había otras canchas populares.

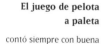

El juego de pelota a paleta

contó siempre con buena acogida entre el pueblo y para practicarlo bastaba una pared. Hubo canchas que se construyeron respetando las dimensiones y brindando comodidades.

También había muchos frontones en Barracas, Constitución y Avellaneda.

En 1882, lo más importante de esta actividad deportiva se concentraba en la Plaza Euskara, formada por la sociedad española-vasca Laurak Bat. Su ubicación corresponde a la actual manzana delimitada por Independencia, Estados Unidos, General Urquiza y La Rioja.

Una cancha importante fue la conocida como la Boedo o de los Vascos, que ocupó el mismo lugar que la Hardoy, situada en Rivadavia entre Paso y Larrea.

Otra funcionaba en Rivadavia y Camacuá, mientras en Barracas se destacaron la del Puentecito, ubicada en Vieytes y Luján; la de Hornos; la de Toscanín, en Brasil 1054; la de Patagones, en la calle homónima al 1300; la de Monte de Oca, entre Coronel Suárez y Olavarría; otra menos concurrida pero famosa, en Ramón L. Falcón 2387.

La Cerrada funcionó, a partir de 1916, en Rivadavia 3199; la Churrita, en Gascón 138; la de Don Simón, en Venezuela y Castro Barros; la de Bulnes, en Bulnes 1226; la Granja en Rivadavia 9862.

En la cancha del Laurak Bat, en abril de 1885, tuvo lugar el encuentro entre el entrerriano Pedro Zavaleta y el vasco Indalecio Sarrasqueta, llamado el Chiquito de Eibar.

Ese encuentro, conocido como el partido del siglo, dio lugar a una concurrencia extraordinaria, calculada entre 6.000 y 10.000 personas. Entre sus espectadores estuvieron Domingo F. Sarmiento, Marco Avellaneda, Ezequiel Paz, Dardo Rocha, Carlos Pellegrini, el jefe de policía y miembros del cuerpo diplomático. El premio para el ganador fue de 5.000 pesos, pero se ha estimado que las apuestas entre el público superaron el medio millón. Ganó el "Chiquito" de Eibar.

En 1889, se inauguró el Frontón de Buenos Aires, ubicado en las calles Córdoba y Libertad. El frontón ha ingresado en la crónica histórica tras la reunión política que se realizó allí contra el gobierno de Miguel Juárez Celman. Este mitin sería el primer eslabón de la cadena de oposiciones que provocaron la renuncia del primer mandatario y su reemplazo por Carlos Pellegrini.

Entre los jugadores se destacó el manco Villabona, un verdadero artífice de los reveses y de los rebotes del cajón. No le fueron en menos Portwal ni Belloqui.

En la esquina de Rivadavia e Hidalgo funcionaba el Frontón Nacional, que, para 1889, podía dar cabida a 5.000 espectadores. Esto la convertía en una de las canchas de pelota más grandes del mundo. También tenía fama internacional porque en ella actuaban los mejores pelotaris argentinos y españoles.

LA PALETA ARGENTINA

Una variante de la pelota fue el sarre, palita o paleta española, que desde 1883 practicaba el vasco Juan de la Cruz Orué. Esta especialidad de juego adquirió mucha popularidad y su campeón indiscutido fue Vicente del Río.

Otra variante fue la paleta argentina, creada por el vasco Gabriel Martirén, alias Sardina, en 1904. Su gran campeón, el argentino Ernesto Etcheves, alias El Vicentino, protagonizó encuentros memorables con Tronco, El Rosarino, Bachicha y El Pescador.

La paleta argentina llegó a tener tal popularidad que muchas canchas se especializaron en ella y no aceptaban encuentros que no la incluyeran.

AUTOMOVILISMO

En 1895, Dalmiro Varela Castex introdujo en el país un automóvil, marca Daimler.

En 1887, había traído un triciclo con motor Dion Bouton, francés, y más tarde ingresó un coche marca Benz, con propulsión a caldera, que tenía un asiento para dos personas.

La aparición del vehículo de Varela Castex en las calles porteñas provocó sucesivamente asombro, pánico y adhesión, pues demostró que estaba capacitado para transportar personas a la fantástica velocidad de 35 kilómetros por hora. Era alto, bastante incómodo y con ruedas similares a las de los otros vehículos, pues todavía no se conocían los neumáticos, ni las ruedas de goma para cubrir las llantas.

En 1897 entró otro vehículo accionado a bencina. Éste fue su principal escollo, pues en Buenos Aires no existía el despacho de ese combustible. La única bencina que se conocía era la empleada por los tintoreros para la limpieza de prendas de vestir. Este vehículo tiene el raro privilegio de haber sido el primero en haber atropellado a un peatón en la intersección de Carlos Pellegrini y Lavalle.

La introducción de estos vehículos tenía problemas aduaneros pues era una mercadería nueva y, por ello, no tarifada. El primer auto ingresó desarmado pieza por pieza.

A pesar las resistencias y reservas del gran público, la llegada de coches se hizo sistemática, como es posible comprobar en las páginas de diarios y revistas.

La característica de estos avisos es que cada marca era anunciada como la mejor del mundo y su vendedor, como el más acreditado en América del Sur.

Poco a poco, la adquisición de autos y su paseo por las calles de la ciudad se transformaron en hechos cotidianos y aceptados. En 1901, se realizó la primera carrera de coches por iniciativa del Hipódromo Argentino de Palermo, en favor de la Sociedad de Beneficencia, sobre una distancia de 1.000 metros.

Entre los nombres de los participantes se pueden mencionar a Juan Cassoulet, Juan Abella, Marcelo T. de Alvear y Egisto Gismondi.

La segunda carrera tuvo lugar poco después y el ganador fue Alvear. En 1904, dada la popularización lograda por los autos, se fundó el Automóvil Club Argentino. Por su intermedio, se creó la patente para autos y la primera escuela de conducción.

Como fomento y divulgación de esta actividad deportiva –todavía no se fabricaban automotores para el transporte de pasajeros ni de cargas–, en 1906, la entidad mencionada organizó una carrera entre Buenos Aires y el Tigre de ida y vuelta.

En 1910, se desarrolló otra contienda entre Buenos Aires y Córdoba, que se cumplió en 39 horas y 42 minutos, empleados por su ganador Juan Cassoulet.

Para esa época los peores enemigos de los corredores eran los caminos de tierra, que con el agua de lluvia se convertían en pantanos. Por esto, requerían la ayuda de cuarteadores para salir de la encajada. Otro peligro eran los animales sueltos que vagaban por los caminos, que, al asustarse por el ruido de los motores, se cruzaban y causaban choques que, más de una vez, provocaban la ruina del vehículo.

Aviso de automóvil Benz.

También el automóvil sirvió para trasladarse a las propiedades rurales, pues daba independencia en los horarios de salida y regreso. Las limitaciones las impusieron las estaciones de aprovisionamiento de nafta.

(*Caras y Caretas* Nº 822, 4 de julio de 1914.)

OTROS DEPORTES

La natación, impulsada desde las instalaciones del club Dreannought Swimming, fue otro deporte nuevo para la época.

Esta institución contaba con numerosos aficionados, por lo que en 1870 logró que se construyera una pileta cubierta en la calle Balcarce 270. Entre sus concurrentes se encontraban importantes figuras de la política nacional.

Como la mayoría de los practicantes eran aficionados, en 1880 se obtuvo la colaboración de dos profesores españoles, que permitieron el perfeccionamiento de la natación en sus distintos estilos. En 1890 se introdujo el estilo rana o pecho.

En 1900, por la cantidad de aficionados se procedió a la fundación del Club Argentino de Natación. También se inició la práctica del waterpolo, introducido por un italiano, en el que se usaba una pelota de goma de regular tamaño.

El ajedrez se inició muy tibiamente en el Club del Progreso, donde las partidas se realizaban entre muy pocos competidores, preferentemente los domingos, después de misa de una. Los aficionados también se reunían en una casa comercial ubicada en la calle Rivadavia entre Florida y San Martín.

Este juego se practicaba, desde muchos años antes, en casas particulares, donde había tableros de gran valor artístico, algunos hechos de puro marfil filigranado o de porcelana decorada en finos colores, con símbolos de la realeza de distintas casas europeas. De esos sitios, algunos tableros y trebejos pasaron a clubes como Los 24 Billares, Lloveras y Katuranga, entre otros.

En 1901 y 1903, en el Club del Progreso se reunieron los aficionados para presenciar por telégrafo y por correspondencia las partidas entre ajedrecistas argentinos, brasileños y chilenos. En 1905, dicho club se había transformado en el lugar donde se concentraban los principales ajedrecistas de la ciudad.

En ese año, debido a la respetable cantidad de aficionados nucleados en diversos clubes, se estipuló la creación del Club Argentino de Ajedrez. De común acuerdo, la comisión directiva decidió la contratación de maestros extranjeros para que dieran lecciones sobre las distintas etapas del juego. Entre ellos se destacaron Teichman, Casablanca y Lasker, por el nivel y la representación que tenían en el ámbito internacional.

A raíz de la proliferación de practicantes se fundaron otros clubes, como el Círculo de Ajedrez, en 1916; la Agrupación Escatista, en 1918, y otros menores como Vélez Sarsfield o Ferrocarril Oeste.

El billar se practicaba en el Río de la Plata desde antes de Mayo de 1810, en cafés o fondas que tenían modestísimas mesas, bolas no siempre esféricas y tacos dudosamente rectos.

El ajedrez —o juego ciencia, como se lo ha llamado— fue desde el principio un motivo de reunión social, con el pretexto de enseñar a las mujeres. cómo mover las piezas y ganar la partida.

Comenzó a jugarse en el Club del Progreso y en los cl
cesivamente se fundaron, debido a la atracción que despert
ventud. Por unos pocos centavos, los jóvenes podían pas
horas charlando, fumando y haciendo sociales.

Sin embargo, sólo a partir de la última década del siglo XIX el billar adquirió jerarquía deportiva y se despo-
jó del sesgo de entretenimiento. Este hecho se produjo
con la llegada de algunos billaristas europeos. En 1900,
con la actividad del francés René Baturel, si inició la formación de una escuela billarista. Uno de sus alumnos
destacados fue Ezequiel Navarra que, por su habilidad
innata, se convirtió a su vez en maestro y practicante in-
superable. Él, a su vez, fue el padre de los hermanos Navarra que se destacaron tres décadas más tarde.

El ciclismo, por su parte, se puede considerar iniciad
partir de 1887, cuando Roberto Lehmann, junto a Retc
abrió la primera bicicletería porteña y logró que, poco a
poco, se aceptara pasear pedaleando por las calles.

Ya en 1888 se realizaron las primeras carreras, que
ayudaron a la difusión de la práctica.

La bicicleta se usaba para enviar mensajes, recados y pequeños paquetes, ya que abarataba costos y aceleraba los tiempos de entrega.

Un lugar muy concurrido para presenciar las pruebas de ciclismo era
el velódromo Belvedere, que en 1898 instaló iluminación para las pruebas nocturnas. La inauguración del velódromo dio lugar a una lucida fiesta que contó con la participación de una orquesta de veinte profesores.

Un destacado ciclista de fines del siglo pasado fue Luciano Mazan,
de nacionalidad francesa, que ganó varias competencias antes de regre-
sar a su patria. Allí, con el seudónimo de Petit Breton, aunque popularizado como El argentino, ganó en 1907 y 1908 el Tour de France. Murió combatiendo en la Primera Guerra Mundial, en 1918.

En 1907, funcionaba la Federación de Ciclismo, que estableció en
sus estatutos las normas para esta práctica deportiva. Asimismo, la entidad encontró graves escollos para desarrollar pruebas de larga distancia,
a raíz de la mala calidad de los caminos de tierra.

A pesar de esto, en 1910 se realizó la competencia Buenos Aires-Rosario y, al año siguiente, se empezaron a realizar carreras de pistas, pues
el Club Italiano las construyó en su sede, ubicada en la Avenida de Mayo y Piedras.

A su vez, el camino adoquinado entre Buenos Aires y La Plata se
convirtió en una excelente opción para las carreras en ruta.

El billar

se practicó en algunos clubes
que tenían las instalaciones
adecuadas, pero al
popularizarse, ganó lugares en
cafés de barrios, donde iba la
juventud a reunirse con los
amigos.

(*Caras y Caretas* Nº 822,
4 de julio de 1914.)

164

La difusión del ciclismo logró que, en muchos barrios, los clubes organizaran carreras, que tenían como centro de desarrollo las plazas y, como recorrido, las calles mejor mantenidas.

La equitación arrancó, teóricamente, en 1909, cuando se fundó el Club Hípico Argentino. En los bosques se hicieron pruebas de saltos, que lograron una buena acogida por parte del público.

Poco después, en adhesión a las fiestas de Mayo, en la pista central de la Sociedad Rural Argentina, se llevaron a cabo concursos internacio-

CICLISMO

Grupo de ciclistas.

De un deporte de elite, el ciclismo se transformó en deporte de masas, pues a los ciclistas los siguieron para apoyarlos muchos aficionados. Las carreras en circuitos cerrados, calles o caminos contaron con su cronograma respectivo.

Es curiosa la iniciación de este deporte por la sorpresa de la llegada al puerto de Buenos Aires de un extraño artefacto ingresado al país por Benito Sasenus para su hijo Carlos y que según la descripción de la Aduana constaba de dos ruedas "y sirve para cabalgar con equilibrio". Al cabo de muy poco tiempo la desconocida máquina adquirió tan rápida difusión que ya en 1890 se corrieron las primeras carreras. No tardaría en fundarse el Club Ciclista Argentino y en 1895 Francisco Radé empleó una hora y cincuenta minutos para los cien kilómetros. Por entonces las pruebas tenían lugar en el velódromo del Belvedère de la Recoleta, y más tarde en el de Palermo. Las pistas de la Unión Velocipética reunían a corredores extranjeros como Momo y Oliveira, en los primeros tiempos, y luego, entre muchos astros de primera magnitud, al famoso Singrossi y el suizo Crogna, que apuraron una rivalidad a veces dirimida a golpes entre el público dividido en irreductibles bandos. Sería largo enumerar a los grandes corredores que vivieron por entonces del exterior, pero la verdad es que el ciclismo cobró tal auge que se tendieron pistas en los frontones y hasta en la sala del teatro Coliseo. En medio de tantas luminarias, figuraba un ex mensajero del Jockey Club, quien con el seudónimo de Petit-Breton, batió en París el viejo récord de la hora sin entrenador, establecido por el norteamericano Hamilton, y en el Madison Garden de Nueva York se impuso en la famosa carrera de los Seis Días. Luego se corrieron las llamadas pruebas de carretera sobre las calles de tierra que conducían a Luján o a San Isidro, lo cual obligaba, sin duda, a los competidores a tremendos esfuerzos.

La Nación, Un siglo en sus columnas, Buenos Aires, 4-1-1970.

nales. Año a año, las actividades hípicas se consolidaron, tanto por la participación de delegaciones extranjeras en concursos internacionales con sede en Buenos Aires, como por presencia nacional en eventos extranjeros.

Una manera simpática y diferente de apreciar el desarrollo de los deportes se desprende de la lectura de los avisos de las tiendas que ofrecían conjuntos para tenis. Inmaculadamente blancos para hombres y mujeres, estos conjuntos eran acompañados por sombreros de paja con cintas blancas, que protegían de la acción del sol sobre la piel, pero también dificultaban la buena visión de las pelotas.

Algunos avisos se especializaban en calzado y mostraban hormas adecuadas para la época, hechas de materiales pesados y poco propicios para la ventilación del pie.

TURF

Las primeras carreras de caballos, origen de las "cuadreras", fueron realizadas por los británicos en la Calle Larga de Barracas, actual avenida Montes de Oca. En 1860 se creó la primera Asociación Argentina de Carreras. Esa iniciativa fue emulada en años sucesivos tanto en Chivilcoy como en Capilla del Señor. En 1865 la colonia inglesa preparó, en Navarro, un hipódromo modesto pero bien dotado, que debió competir con el inaugurado en Morón ese mismo año y con el que se abrió en Tandil al año siguiente y que todavía subsiste.

Hipódromo.

A pesar de ser llamado el *deporte de los reyes*, el turf atrajo a muchos que no tenían más que el dinero para unos pocos boletos y su lugar era la llamada *perrera*, por ser la que menos comodidad tenía y estaba más alejada de la llegada.

El 5 de mayo de 1876 se realizó la reunión inaugural de la Sociedad Hipódromo Argentino, que en el Parque Tres de Febrero realizó varios encuentros hípicos, aunque no de manera permanente.

La regularidad se obtuvo a partir de 1882, cuando, por iniciativa de Carlos Pellegrini, se fundó el Jockey Club.

En 1883 se disputó, sobre una distancia de 1.750 metros, el Gran Premio Jockey Club, con una bolsa de 35.000 pesos para el ganador.

HIPÓDROMO

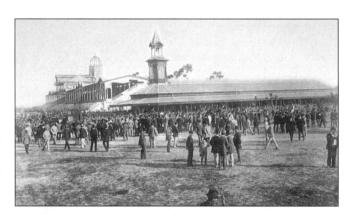

Aspecto general del sector popular en el Hipódromo argentino.

Al fondo se observan los sectores reservados a los socios. También es posible distinguir las diferencias sociales, por las vestimentas.

(Álbum 24 de Witromb.)

Después de una semana con dos días de carreras en el Hipódromo Argentino, tenemos otra en iguales condiciones con respecto al número de reuniones, pero más importante en cuanto a una de las pruebas a realizarse.

En efecto, nuestro primer hipódromo, abrirá sus puertas mañana y el viernes 8, siendo este último el día señalado para disputarse uno de los premios de mayor significación de nuestro turf, el denominado "Jockey Club", carrera que despierta interés no sólo en los círculos deportivos, sino también en los sociales haciendo acudir a la tribuna oficial a la representación más distinguida del elemento femenino.

La reunión de mañana no puede ser más atrayente: tres buenos handicaps, una prueba para elementos perdedores, otra para ganadores de una carrera y los clásicos "Río de la Plata" y "Brasil". El primero de estos premios, no obstante estar todas las probabilidades de triunfo por parte de Primera Triple, será interesante por el encuentro de esta potranca con dos de los mejores potrillos del año Bijou d'Or y Marte, cuya presen-

cia dará colorido a la prueba que, de otro modo resultaría un galope para la pupila del stud El Jockey.

El oro clásico del día, el denominado "Brasil", será una prueba interesante y difícil. Se trata de un handicap con buenas anotaciones y fuerzas equilibradas por la discreta adjudicación de pesos. La elección resulta difícil, encontrándose anotados animales que han actuado en distintas esferas y con pesos mayores que los que mañana les toca cargar. Pretendiente y Liverpool bien con 59 y 60 kilos, Lagrange sabemos cómo está corriendo, Acero es siempre peligroso, Orador triunfó fácilmente en el clásico "Invierno", Magnética vuelve a ser temible y después otros campeones más modestos, que bien pueden sacar partido de la diferencia de peso. Nosotros, guiándonos por el resultado del premio "Invierno", en que Orador marcó con tres kilos más que los que llevará mañana en los 2000 metros que es la distancia del premio "Brasil", daremos a este pupilo del Belgrano nuestro voto.

Caras y Caretas, año VIII, Nº 361, Buenos Aires, 1905.

Las tribunas se construyeron en 1908. La pista de arena tenía una extensión máxima de 2.400 metros por 18 de ancho.

FÚTBOL

La fecha inicial del fútbol en la Argentina ha sido fijada el 10 de junio de 1886, cuando se creó el Buenos Aires Fútbol Club, por iniciativa de Tomás Hogg y unos cincuenta entusiastas.

La comisión directiva estaba formada por ingleses. Aquello que, en un principio, se consideró como una locura de gringos que corrían detrás de una pelota, poco a poco fue reuniendo adeptos que, a su vez, fundaron entidades entre los grupos de aficionados. De esta manera, en 1892 se estableció un reglamento de juego.

Al año siguiente, se fundó la Argentine Asociation Football League que comprendía a todos los clubes que practicaban fútbol en la Argentina, que en realidad eran muy pocos.

Ese mismo año –1893– se realizó un certamen entre todos, que fue ganado por el Lomas Athletic Club. En años sucesivos se continuó con la práctica del fútbol entre clubes, con la primacía del English Athletic School, que, en 1900, se convirtió en el Alumni. Este club modesto, pero muy bien estructurado para el deporte, fue el campeón de fútbol desde 1900 hasta 1911.

En 1904 se presentó el poderoso equipo de Shouthampton, que impresionó por su contundencia y precisión de su juego.

Las distintas visitas dieron verdaderas enseñanzas e incitaron a los jugadores locales a buscar nuevas soluciones a los problemas estratégicos. Esto permitió una sensible mejora en la calidad de juego y en la distinción de muchos jugadores.

Después de 1911, el campeonato local se repartió entre varios clubes, entre los que se distinguió Racing Club, que lo ganó entre 1914 y 1918.

La popularidad del juego hizo que, año a año, se fueran fundando más entidades para su práctica. En 1887 nacieron Quilmes y Gimnasia y Esgrima de la Plata; en 1901, River Plate; en 1903, Racing; en 1904, Ferrocarril Oeste; Independiente, Platense y Boca, en 1905; Huracán y San Lorenzo, en 1908 y en el año del Centenario de Mayo, Vélez Sarsfield.

El fútbol, traído y practicado por ingleses, bien pronto fue adoptado por la juventud criolla, que le impuso nuevas motivaciones para ser practicado, llegando a convertirse en un serio rival de muchos equipos que visitaron el país.

168

PRIMERAS CANCHAS

El Club Boca Juniors tuvo su primera cancha el año 1912 en Wilde y, desde 1916, en Pérez Galdós y Ministro Brin; River, en 1909, tenía su sede en Dársena Sur y, en 1915, en Gaboto y Aristóbulo del Valle; Independiente, en 1912, jugaba en Avenida Mitre al 1900, Avellaneda; San Lorenzo, en 1916, lo hacía en Avenida La Plata; Vélez Sarsfield, en 1914, competía en Bacacay y Cortina.

Muchos barrios tuvieron sus equipos de fútbol, pero la mayoría muy modestos. Por falta de medios, contaban con canchas bastante precarias, muchas veces de tierra, sin césped y con tribunas de madera.

En 1916 se inició la disputa de los campeonatos sudamericanos con la participación de los seleccionados de Uruguay, Chile, Brasil y la Argentina. Los uruguayos ganaron en 1916 y 1917. La selección Argentina salió segunda en ambas oportunidades.

EL PATO EN 1885

El juego del pato consistía en abrochar un cuero vacuno por todos los costados para adentro de él poner un pato u otra ave cualquiera doméstica. Encerrábanse no pocas veces en dicho cuero alhajas y sortijas de todo género que habían de ser premio del vencedor del partido.

La pelota de cuero tenía tres manijas: una a cada lado y la tercera para atrás. Formábanse dos bandos de jinetes que iban a disputarse el triunfo. De ordinario componían el primer bando los vecinos de Luján; el segundo lo componían los paisanos de otro partido, como por ejemplo: del Pilar.

Había un punto determinado de partida que por lo común en los días de fiesta de la Virgen eran las barracas y otro punto de llegada, que era por lo general una estancia situada en el deslinde de ambos partidos contendientes, donde esperaba a todo el paisanaje una gran comilona de carne con cuero, pavos rellenos, carbonadas, sabrosos pasteles, ricas mazamorras, postres y vinos abundantes y cuyo costo quedaba a cargo de los individuos del bando vencido.

Principiando el juego, un individuo de un partido tomaba una de las expresadas manijas y otro individuo de otro partido tomaba la segunda manija y en

esa forma se echaban a correr seguidos de todo el concurso de paisanos, entre una gritería y algaraza indescriptibles.

Mientras al correr de los caballos hacían entre ambos esfuerzos inauditos, para quitarse mutuamente la presa, todos los individuos de uno y otro bando se precipitaban para asirse de la tercera manija con el objeto de traer el manijero de su partido una poderosa ayuda, pero entre tanto todos los concurrentes de cualquier bando indistintamente no cesaban de hostigar a sus adversarios para lograr fatigarlos no perdonando a menudo ni siquiera los golpes, para que el adversario soltase la manija, hasta que rendido de fatiga y a veces de golpes, caía al suelo uno de los tres entre las patas de los animales que lo estropeaban y muchas veces causaban su muerte.

Aquellos que quedaban dueños del Pato echaban a correr con la mayor velocidad para conseguir que no pudiese alcanzar la manija soltada alguno de los adversarios.

SALVAIRE, José M., "El Pato en 1885" en Gabriel Taboada, *El caballo criollo*, Planeta, Buenos Aires, 1999.

DISTRACCIONES INFORMALES

La continua expansión urbana y demográfica produjo la necesidad de crear horarios y lugares para la distracción y el esparcimiento, que permitieran reconciliar el trabajo, el descanso y la relajación del físico y del espíritu.

Esas actividades, que podemos llamar "festivas", iban desde el más absoluto de los ocios hasta el baile o la participación en espectáculos públicos masivos.

En Buenos Aries nunca hubo una división tajante entre los lugares populares y aquellos que estaban reservados para las clases adineradas. En realidad, la separación estaba impuesta por el costo de las entradas.

En la variada gama de distracciones, existían aquellas en las que se podía participar gratuitamente, como en las riñas de gallo y las cuadreras.

Existía, pues, un amplio abanico de distracciones baratas o gratuitas, que se distinguían de aquellas de las que participaban la clase alta y la clase media.

La riña de gallos

fue una distracción popular al grado de hacerse la cancha, cercándola con ponchos a falta de otros elementos. Luego se construyeron con comodidades para los galleros y para el público. Casi siempre cada riña se rodeaba de apuestas en dinero.

RIÑA DE GALLOS

La riña de gallos se practicaba con mucha frecuencia, aun después de su prohibición. Era normal y común que en los boliches y pulperías funcionaran como anexos estas pistas que tenían forma circular y piso de tierra.

En 1861 se dictó el reglamento de las riñas de gallos. Contenía 31 artículos muy minuciosos sobre apuestas, controles y maneras de actuar de los asistentes a los ruedos. Cada riña debía realizarse con la presencia de un juez actuante, cuya designación recaía en el comisario o en un vecino caracterizado.

Un reñidero famoso fue el ubicado en Venezuela 745, que tuvo actividad hasta 1885. En la puerta, una bandera con dos gallos pintados anunciaba el espectáculo.

Le seguía en importancia y trascendencia otra cancha ubicada en la misma calle, conocida por estar cerca del Tambo de Leche de Yegua. Allí las riñas se realizaban sólo por fuertes sumas de dinero.

En Barracas funcionaba la cancha de Doña Rita, frente a la Plaza Herrera, sobre la calle Montes de Oca 1599.

Esta actividad se terminó, por lo menos legalmente, a partir de la sanción de la Ley Protectora de Animales, en el año 1885.

REÑIDEROS

Uno de los reñideros más viejos fue el Reñidero de Ratti, en la calle Callao. Más tarde se estableció otro en la calle Venezuela entre Chacabuco y Piedras, el de don José Rivero, que los días de reunión enarbolaba en la puerta una bandera roja con dos gallos pintados. Don Antonio Núñez estableció otro en la calle Chacabuco y Chile, que después cerró en combinación con el de Rivero. Por el año 1870, Don Félix Risso puso en actividad un reñidero en su hotel frente a la plaza principal de Quilmes. Estos reñideros pagaban en 1876 una patente de diez mil pesos moneda corriente, elevándose ésta en 1882 a cien mil pesos de la misma moneda, lo que demuestra el interés creciente por estas reuniones. Así como los hipódromos cuentan con los productos que les proporcionan los numerosos haras, los reñideros, sin tener la amplitud y el costo de aquéllos, tenían sus criadores a quienes también la afición les costaba sus buenos pesos. Por otra parte no había sport, y las apuestas eran a vivas voz, siendo éstas sagradas. Entre los criadores de gallos de diversas épocas figuraron los señores: general Ángel Pacheco, criador de "blancos"; el general Manuel Hornos, "naranjos barbuchos"; Ramón y Juan Plaza, "giros reales y negros"; Manuel Garzón, "colorados, patas blancas, colilla blanca"; coronel Hilario Lagos, "colorados y barataces"; comandante Domingo Rebución, "overos negros"; Bernabé y Félix Barrios, "overos colorados"; Juan Salvador Boucau, "giros negros"; Juan Ruiz Díaz, "calcutas negros y colorados", y muchos más que no recuerdo.

De los viejos reñideros, el de la calle Venezuela de don José Rivero fue el de más renombre. Se entraba por un zaguán que conducía a un patio, en donde los días de riña, había un puesto en el que se vendían refrescos. Nada de bebidas alcohólicas. Al fondo de la casa había un semiteatro con su redondel al medio, cuya circunferencia era de madera dura lustrada, los días de función se cubría con hules blancos y en el centro esteras de esparto. Este semicírculo tenía dos entradas: una al frente y otra a un costado casi vis a ésta, por la que se traían los gallos. Rodeaban la pista plateas numeradas con pintura negra; seguían a ésta palcos y más arriba las gradas o paraíso que ocupaban, según sus precios y sus bolsillos, los concurrentes. A un costado de la entrada interior, en segunda fila, en una silla que se destacaba de las demás, era el asiento del juez, que ahí dominaba la pista con toda claridad y con una campanilla que tenía a mano dirigía las riñas. Los distinguidos aficionados Fermín Sanabria, Eduardo Escola, Ramón Plaza, Francisco Jiménez, Clementino Zañudo y otros más, desempeñaban las funciones de jueces. El encargado del reñidero era un moreno llamado Marcos. Los cuidadores que asistían a esas reuniones fueron los peones Pastor Márquez, Cosme Díaz Vélez y un tal Juan Pedro que traía el general Santos Máximo cuando venía de Montevideo a las riñas. Antes de cada riña se pesaban los gallos en público y se cantaba su peso, que los aficionados anotaban. Cada dueño de gallo nombraba su corredor que los representaba en las peleas, por ser prohibido a aquéllos tocar a sus animales una vez en el anfiteatro, y a éstos sólo de la cola se lo podía hacer, cuando el juez lo ordenaba. Los corredores más nombrados por su rectitud y honorabilidad y que sólo intervenían en las riñas de importancia, fueron los señores Martín Bazo y Enrique Martín.

BILBAO, Manuel, *Tradiciones y recuerdos*, Buenos Aires, 1902.

LAS CUADRERAS

Las carreras cuadreras se denominaban así porque se corrían sobre la distancia de una cuadra o dos, como máximo.

Los caballos que se empleaban se llamaban parejeros y eran casi siempre animales de trabajo, que si bien desarrollaban velocidad no pertenecían a los pura sangre.

Si se conseguía alguno que tuviera por lo menos 1/8 o 1/16 de sangre pura, se lo mantenía aparte, con ración diaria de maíz. Se lo vareaba cotidianamente y se lo cuidada como un verdadero tesoro.

Casi todos los fines de semana, las pulperías rurales o las de los suburbios porteños se convertían en escenarios propicios para estos desafíos.

El depositario de apuestas era el pulpero, que también era elegido como juez de partida o de raya.

La partida se hacía de culata, es decir, con los caballos dando grupas a la cancha y la iniciación era al invite de "vamos". Si se aceptaba partir, los caballos giraban sobre una pata y se lanzaban a la carrera.

Muchos encuentros se ganaban gracias a la habilidad de hacer girar los caballos en fracciones de segundos. De este modo, en el salto inicial se podía sacar medio y hasta un cuerpo de ventaja.

Para animar los encuentros no faltaban los jugadores de taba que a cara o cruz también se jugaban el cuero. En los barrios ya urbanizados este juego se reemplazaba por el de bochas.

Cuadreras.

La afición o apego al caballo dio lugar a las carreras de corto desarrollo, en dos o tres cuadras, de donde deriva su nombre. Son anteriores a las carreras en hipódromos, pues bastaba un llano adecuado para practicarlas. Equivalen a las actuales carreras de un cuarto de milla.

LITERATOS Y CRONISTAS

David Peña

en la redacción de
Caras y Caretas.

La literatura y el periodismo están estrechamente relacionados. Las publicaciones de las grandes ciudades y de los pueblos del interior demuestran a cada paso esta vinculación. Las inquietudes literarias y poéticas de hombres y mujeres se encauzaron publicando pequeños sueltos o poesías cortas en los diarios o periódicos de la época.

Una costumbre muy arraigada en los grandes diarios capitalinos o en las revistas que tenían difusión nacional consistía en publicar novelas u obras de ficción en episodios, como un medio eficaz para difundir la cultura. Primero fueron obras de autores europeos, pero poco a poco se fueron incluyendo producciones de literatos y de poetas nacionales. Aunque los textos reproducidos en los diarios y las revistas perdían notoriedad a las pocas horas de distribuidos, el público leía y valoraba sus publicaciones episódicas, y para muchos lectores fueron el incentivo para la compra de la revista o el diario.

No fueron pocos los buenos literatos y poetas que en algún momento de su trayectoria intelectual recalaron en la redacción periodística, trabajando como cronistas de especialidades diferentes a su verdadera vocación. Así es que en la historia del periodismo encontramos a autores teatrales como cronistas de policiales, o a finos y delicados estetas de bellas artes como cronistas de deportes.

Muchas de esas redacciones fueron también el refugio de la bohemia literaria, que salvó algunas veces de los marasmos cegadores a las letras nacionales, o permitió vislumbrar y excogitar, la fuerza y la vivencia del lenguaje popular que escapaba vivoreando de la rigidez académica. Los nombres de literatos que incursionaron en el periodismo son muchos, por lo que es dable citar a dos de ellos, para tener una acabada síntesis de la simbiosis permanente entre la literatura y el periodismo: Leopoldo Lugones y José Hernández.

LITERATURA GAUCHESCA

La literatura gauchesca merece un párrafo especial, porque constituye un género literario bien diferenciado, con cultores exclusivos.

Es un producto rioplatense de autores anónimos, lo que demuestra sus profundas raíces populares. La aparición de obras del género firmadas por escritores puso de manifiesto que ciertos niveles cultos eran permeables a la fuerza telúrica expresada en versos a veces desordenados, arrítmicos y nada académicos.

Aunque se la ha considerado como la corriente literaria anti-Facundo, también se ha visto en ella la difusión de la cotidianidad campera, que, de alguna manera, tuvo la necesidad de darse a conocer a través de rimas intuitivas. Entre sus autores, sobresalió Juan Gualberto Godoy que, aunque anterior a la época considerada, es necesario mencionar por la trascendencia de su obra más que por sus valores literarios.

Le sigue en escala de méritos Hilario Ascasubi, autor de *Paulino Lu-*

cero, *Aniceto el Gallo, Santos Vega o Los mellizos de la flor*, editados en París, en un solo volumen.

Estanislao del Campo agregó su nombre a esta corriente literaria al escribir *Gobierno gaucho, Anastasio el Pollo* y *Fausto*, en 1866, que fue la más importante de sus obras.

La culminación del género literario gauchesco se produjo en 1872, cuando José Hernández publicó la primera parte de su poema *Martín Fierro*. En este texto resumió su propia experiencia de vida y sus contactos con los trabajadores del campo e hizo resaltar las dotes morales del protagonista y las artimañas de los que detentaban el poder para expoliar a la mano de obra indefensa.

En 1879, dio a conocer *La vuelta de Martín Fierro*, en la que completa la vida del protagonista que llega al ocaso, pero se ve prolongado en sus hijos.

José Hernández.

Fue un luchador por el federalismo usando las armas, el periodismo y la banca legislativa.

El *Martín Fierro* ha merecido y sigue mereciendo numerosas reediciones en la Argentina y en otros países americanos y, al decir de los libreros, es el *best seller* del que nadie habla, pero que nunca ha dejado de agotarse, por más pobre y deficiente que sea su edición. También ha merecido traducciones a la mayoría de los idiomas.

En 1916, se publicó *La mujer de Martín Fierro*, bajo el nombre de Severo Manco. Estaba escrito en el mismo estilo que el *Martín Fierro* y al final aparecía el nombre de Petrona Fierro, como la mujer referida.

Esta publicación dio lugar a especulaciones respecto de si Hernández, para escribir su poema, se había basado en una persona real, pero ante la falta de otros elementos probatorios tales supuestos perdieron credibilidad.

Siempre dentro de la poesía, se inscriben los nombres de Ricardo Gutiérrez con *La fibra salvaje* (1860) y Rafael Obligado con poemas como el de *Santos Vega*, donde recoge la leyenda popular del payador enterrado en el pago del Tuyú. Obligado se convirtió en el cantor por excelencia de este personaje legendario y mítico, que ha merecido un monumento en Monte de las Tijeras, partido de Lavalle, obra del escultor Luis Perloti (1948). La muerte de Santos Vega se le atribuye a la pena causada por haber sido derrotado en una payada, pero la leyenda sostiene que su adversario era el diablo encarnado. La figura del mítico payador cobró visos de realidad cuando Elbio Bernárdez encontró sus restos bajo las raíces de un tala. Otros testimonios, publicados en *La Prensa* el 28 de junio de 1885, aseguran que murió en 1825.

AUTORES DE OTROS GÉNEROS

Dentro de la Generación Aperturista, en la que la filosofía, la literatura y la ciencia han tenido muchos exponentes valiosos, corresponde incluir al médico José María Ramos Mejía, autor positivista que escribió *La neurosis de los hombres célebres* (1880), *La locura en la Historia* (1895) y el que posiblemente sea su libro más leído: *Rosas y su tiempo* (1907).

En novela se destacó Manuel T. Podestá, también médico, autor de *Daniel e irresponsables.* En el mismo género, Eugenio Cambaceres fue autor de obras costumbristas, en las que la sociedad de su tiempo adquirió gran relieve. Sus textos fundamentales fueron: *Silbidos de un vago* (1884), *Sin rumbo* (1887) y *Pot pourrí* (1882).

El gran éxito literario lo alcanzó Lucio Vicente López, al dar a conocer *La Gran Aldea* que, en muy pocas páginas, expresaba los cambios acaecidos por la ciudad y sus habitantes.

También merecen mención Francisco Sicardi, con *El libro extraño* y *Don Manuel de Paloche.* El primero estaba compuesto por cinco tomos publicados entre 1894 y 1902. En su obra se encuentra la influencia de los autores realistas franceses, como Zola y Balzac, aunque expresada con rasgos cervantinos, en cuanto al idioma.

Los años de la quiebra económica, política y ética quedaron expresados en el libro *La bolsa* de Julián Martel, seudónimo de José María Miró.

Eduardo Gutiérrez incursionó en los dramones y folletines, mezcla de policiales y gauchescos, que fueron un éxito en el momento de su publicación y con posterioridad. Muchos de sus títulos como *Juan sin patria, Juan Cuello, Santos Vega, Hormiga Negra, El Chacho, Juan Manuel de Rosas, Pastor Luna* y *Juan Moreira* merecieron reiteradas ediciones populares. Este último texto, además, fue representado como obra teatral en los tablados y pistas de circo. Toda su obra ha merecido serios estudios críticos.

Enrique de Vedia, hombre de gran cultura, integra también la nómina de esta nueva generación, como autor de *Álcalis, Transfusión, Mancha de aceite,* entre otras producciones.

La fina ironía y la crítica aguda estuvieron a cargo de Eduardo Wilde, también médico, que ha dejado páginas imborrables sobre la vida y las condiciones higiénicas de los conventillos. Sus libros *Tini, Aguas abajo, Prometeo y cía., Tiempo perdido* y otros referidos a sus experiencias como viajero y observador constituyen la mejor expresión de su personalidad.

Eduardo Wilde.
Irónico y agudo crítico de los hombres y hechos de su tiempo.

Paul Groussac.

Este francés aporteñado influenció en la cultura y el periodismo cuando ejerció la dirección de la Biblioteca Nacional.

GENERACIÓN DEL '80

La Generación del '80 reunió en Martín García Merou, Miguel Cané y Paul Groussac a la trilogía de la cultura humanística de su tiempo. El último, además de haber sido director de la Biblioteca Nacional, tuvo a su cargo la publicación de las revistas *La Biblioteca* y *La Revista de la Biblioteca,* verdaderos compendios de las páginas más valiosas escritas en esa época. Groussac también fue autor de la novela *Fruto vedado* y de algunas producciones en francés de menor significación histórica como las biografías sobre Liniers, Colón, Mendoza y Garay.

GENERACIÓN FINISECULAR

Domingo D. Martino, un poeta importante en su tiempo y actualmente casi olvidado, fue autor de *Remordimientos* (1882), *Aves de paso* (1885) y *Páginas* (1891).

Otro poeta, muy combativo y contundente, fue Pedro B. Palacios, maestro de profesión, conocido, desde siempre, por el seudónimo de Almafuerte. Sus poesías publicadas en periódicos del interior, en La Plata o en diarios y revistas porteños, han sido reunidas y reeditadas muchas veces bajo el título de *Obras completas.*

Continuando con el género poético es preciso mencionar a Calixto Oyuela, muy apegado al clasicismo hispano, y autor, entre otras producciones, de *Cantos* (1891) y *Nuevos cantos* (1889), además de textos para sus cátedras.

Un continuador de la rima y la cadencia fue Gervasio Méndez. Se

Lucio V. Mansilla

utilizó el periodismo
y la literatura para difundir
sus ideas.

destacan en su prolífica producción las poesías publicadas en la revista *El álbum del hogar.*

Martín Coronado, por su parte, publicó *Poesías* en 1873. Lo acompañaron en su época Alberto Navarro Viola, con *Versos* (1882); Adolfo Mitre, con *Poesías*; Esteban E. Rivarola con *Primaverales* (1881) y *Nuevas hojas* (1883) y en prosa, como *Menudencias* (1888), *Mandinga* (1895) y *Meñique* (1896).

Regresando a la prosa hay que destacar a Miguel Cané, hijo, autor de una importante producción literaria que comprende *Juvenilia* (1884), su obra más lograda y popular que fue libro de lectura obligada en escuelas y colegios y mereció estudios críticos muy profundos y valiosos.

Lucio V. Mansilla reflejó con maestría un sector de la sociedad caracterizado por su diletantismo y dandismo intelectual. Otras de sus producciones realizan un aporte sociológico importante como *Causeries de los jueves, Entre nous, Mis memorias, Retratos y recuerdos* y *Rosas*. Estas obras son insoslayables para el estudio de la *belle epoque* porteña, así como para la comprensión de los entretelones de la política argentina.

Siguen, en otro nivel y dimensión y como parte de una nueva generación literaria, Carlos Octavio Bunge con *La novela de la sangre* (1903), *Los envenenados, Viaje a través de la estirpe*; Guillermo E. Hudson, de neta formación inglesa, que escribió en inglés y dejó páginas de una gran riqueza expresiva y una interesante síntesis figurativa como *Tierra purpúrea,* (1887), *El ombú* (1902), *Allá lejos y hace tiempo* (1905) y otras referidas a la Patagonia y a los pájaros de la pampa.

En otro carácter, pero también con mucha fuerza expresiva, figuran los libros de Joaquín V. González, *Mis montañas* (1893), *La tradición nacional* (1888), además de sus textos para las cátedras universitarias.

Un escritor de prosa sencilla y agradable fue Agustín Álvarez, que se caracterizó por su cuestionamiento sobre temas nacionales. Se recuerdan sus obras *Manual de patología política, South America, La transformación de las razas en América* y *Creación del mundo moral.*

Martiniano Leguizamón se dejó llevar por la indagación del criollismo litoraleño, específicamente entrerriano, en sus libros *Calandria, Montaraz, De cepa criolla, La selva de Montiel, Recuerdos de la tierra* y *Alma nativa.*

Juan Agustín García fue un buceador de la sociología argentina en su obra *La ciudad indiana,* donde se encuentra una gran influencia de Foustel de Coulange, que tenía mucho predicamento en esos años. Otros libros de su autoría son *El jardín del convento, La Chepa Leona,* y *La Chicha y su tiempo,* todos en prosa novelada.

Joaquín V. González

fue un político que utilizó
el libro, el periodismo
y la banca legislativa para
difundir la cultura.

Un gran poeta fue Eduardo L. Blomberg que, con su *Lin Cahuel*, logró un lugar destacado. Además escribió *La bolsa de los huesos*, *La casa endiablada* y otras producciones menores.

Estanislao S. Zeballos logró rescatar mucha información indígena que volcó en *Painé y la dinastía de los Zorros*, *Relmú*, *La reina de los pinares* y *Calfucurá y la dinastía de los piedra*, además de su publicación en la *Revista de Derecho, Historia y Letras*, que no ha sido superada en calidad.

Rodolfo Rivarola, filósofo del derecho, incursionó en la literatura y la poesía dando a conocer *En medio del camino de ida*. También cultivó la prosa y la poesía Francisco Soto y Calvo, al escribir *Aires de montaña*, *Cuentos de mi padre* y *El jurado de las sombras*, como sus producciones más significativas.

Como dramaturgo y poeta de raza se distinguió Belisario Roldán, con *La senda encantada*, *Letanías de la tarde*, *Bajo la toca de lino*, en poesía, y con *El rosal de las ruinas*, *El puñal de los troveros*, *El mozo de suerte,* en teatro.

Martín García Merou, escritor galano, que tras una sólida formación humanística escondía un fino espíritu inquisidor y descriptivo de la sociedad, ha dejado importantes aportes críticos a la literatura de fines del siglo XIX y principios del XX. Entre sus obras es necesario señalar: *Perfiles y miniaturas*, *Recuerdos literarios* y los ensayos sobre Echeverría y Alberdi. Este último, un romántico y pragmático del acontecer político, muy acorde con la verdadera naturaleza de García Merou, que, sin ser protagonista, vivió en plenitud la política de su tiempo.

Como periodista y escritor se destacó José S. Álvarez, que dirigió *Caras y Caretas* desde su inicio hasta 1903, año de su fallecimiento. Su experiencia como policía le permitió producir páginas muy sabrosas, donde se entrelazan su profunda cultura general con modismos del lunfardo o del hablar carcelario (canero, como él mismo lo definió oportunamente). Permanecen siempre vigentes sus obras: *Vidas de ladrones célebres de Buenos Aires y sus maneras de robar*, *Memorias de un vigilante*, *Un viaje al país de los matreros* y, fuera de esa temática, *En el mar Austral*.

Otro escritor muy culto, con un gran dominio del idioma, fue Francisco Grandmontagne, cuya novela *Federico Foronda* mereció justas alabanzas y reimpresiones.

Estanislao S. Zeballos
fue un pujante periodista que se manifestó dirigiendo su famosa *Revista de Derecho, Historia y Letras*.

MODERNISMO

Rubén Darío, con su modernismo, representó una verdadera revolución en las letras argentinas, americanas e, incluso, europeas. Se erigió como un verdadero transformador de las formas literarias y, al mismo tiempo, como aglutinador de la bohemia porteña.

Sus libros *Azul, Los raros* y *Canto a la Argentina*, además de recibir elogios y ponderaciones, son valorados en la actualidad como ejemplos puros del modernismo finisecular.

El modernismo de Darío reunió en América los destacados nombres de Amado Nervo, José E. Rodó, Julio Herrera y Reissig, Antonio Lamberti, que se convirtieron en las cabezas visibles de este poderoso movimiento, extendido a todas las naciones de habla hispana.

Uno de sus seguidores, Ricardo Jaimes Freyre, dio a conocer *Castalia bárbara*, además de varias obras universitarias.

BOHEMIA Y CREACIÓN LITERARIA

Saldías, actor y testigo de la época dorada de la bohemia modernista, definió con palabras muy precisas ese período de la creatividad literaria argentina. Era la inteligencia, la esperanza, el talento y la ambición, que se mezclaban con hambre de comer y sueño de dormir.

La vida de los bohemios no tenía los horarios del común de la gente, ni demasiados medios económicos para solventar las necesidades mínimas del cotidiano vivir. Por eso, con cierta ironía se los definió, por lo flaco de sus figuras, como los galgos de la creación literaria. Al respecto, existen repetidos testimonios de que el café con leche con pan y manteca —que completo costaba 25 centavos—, era la insuficiente comida diaria de muchos de ellos. Ocasionalmente, la complementaban con pantagruélicos atracones en la cortada Carabelas o en la Fonda del Pinchazo.

Esa vida desordenada era el atractivo para grupos anarquistas, literatos y periodistas (de publicaciones como *La Protesta* y *Hechos e Ideas*), que se mezclaban en los cafés donde se discutían desde los precios de las cosas menudas hasta el orden mundial y los métodos que se podían aplicar para corregirlo y mejorarlo.

Todos coinciden en que el lugar más propicio para reunirse era el Café La Brasileña, ubicado en la calle Corrientes en los números 920 y 924, más tarde llamado Los Inmortales.

Algunos dicen que el verdadero nombre del local era Café Santos Dumont, cambiado para homenajear al aviador que hacía proezas.

Entre sus concurrentes figuraban Florencio Sánchez, Héctor
Pedro Blomberg, Carlos M. Pacheco, Evaristo Pacheco, Mario
Bravo, Vicente Martínez Cuitiño, que ha dejado un imprescindible libro sobre *El Café de Los
Inmortales*, Alberto Gerchunoff,
Alberto Ghiraldo, José Ingenieros, entre otros.

Los años de la bohemia literaria fueron tiempos de prosperidad económica para la alta burguesía nacional, pero no tanto
para los integrantes de la inteligencia paupérrima, que pergeñaba sus escritos en las mesas de los cafés que los cobijaban.

José Ingenieros
en una reunión al aire libre.

PEÑAS Y CAFÉS

La originalidad de Rubén Darío, como creatividad distintiva o como imitación de las reuniones diletantes europeas, consistió en la instalación de peñas donde se nucleaban los integrantes de las minorías intelectuales creadoras de obras artísticas.

Los completos del Café de los Inmortales fueron imitados, en un
nivel superior, por los llamados almuerzáculos, que reunían a Roberto
Giusti y Alfredo Bianchi, acompañados por Roberto J. Payró, Atilio
Chiappori, Joaquín de Vedia, entre otros.

Otros lugares de reunión fueron el Café Paulista, de la calle Corrientes; el Guarany; el Café del Indio, de la gente del teatro nacional (Parravicini, Muiño, Alippi, Vittone, Pomar); El Quijote; Los 36 Billares; El
Seminario; Los Chinos; el hall de los hoteles Helder; Apolo; el subsuelo del Royal Keller —donde un whisky costaba 40 centavos—, con orquesta de señoritas, dirigida por madama Rohm.

La mayoría de los integrantes de la bohemia literaria eran periodistas constantes o esporádicos, creadores teatrales y, en general, hombres
de letras.

Fue la época en la que las mujeres trabajadoras realizaron los primeros pasos para lograr su liberación y, por ello, su presencia en las peñas
se hacía cotidiana y normal.

EL NUEVO SIGLO

Nacido en Río Seco, Córdoba, Leopoldo Lugones se consagró en Buenos Aires con su larga y ponderada obra literaria y poética. Entre los títulos más importantes de este período encontramos: *Las montañas de oro, Los crepúsculos del jardín* y *Lunario sentimental.*

El literato y periodista Roberto J. Payró se destacó en las letras con: *En tierras de Inti, Ensayos poéticos, Antígona, El casamiento de Laucha* y *Divertidas aventuras de un nieto de Juan Moreira, Cuentos de Pago Chico* y sus producciones teatrales *Sobre las ruinas* y *El triunfo de los otros.* También hay que agregar su trabajo sobre la inmigración italiana y *La Australia Argentina.*

José Estrada, integrante de la generación católica, fue periodista, profesor y furibundo discutidor de la política laica. Incursionó en la literatura con: *Los espejos, Alma nómade, Los cisnes encantados* y su sufrida novela *Redención.*

Dentro de la literatura realista hay que destacar a Carlos María Ocantos que escribió *La cruz de la falta, Entre dos luces, Quilito, Misia Gerónima* y *Don Perfecto*, entre las más logradas.

Cierra esta sucesión de autores y obras, Emma de la Barra de Llanos, conocida popularmente por el seudónimo César Duayen. Su novela *Stela* (1905) ha sido reeditada en forma reiterada. Menor suerte tuvieron *Mecha Iturbe* y *Eleonora*, sus otras dos novelas. A ellas hay que agregar su labor como periodista y su libro de lectura infantil *El manantial.*

POESÍA

Alfonsina Storni. Destacada poeta, logró un lugar en la literatura nacional por su calidad y persistencia.

En poesía, al nombre de Lugones hay que agregar el de Evaristo Carriego, llamado el poeta del suburbio porteño, cuyos principales poemas se han recopilado bajo el nombre de *Misas herejes.* Como autor teatral dejó *Los que pasan.*

Almafuerte se mantuvo vigente y dio a conocer su producción en periódicos y revistas; Baldomero Fernández Moreno, un romántico inveterado, se consagró popularmente con *Cuarenta balcones y ninguna flor.* Su poesía más destacada se reunió en *Las iniciales del misal* e *Intermedio provinciano.*

La notable poetisa Alfonsina Storni tuvo una prolífica producción. Sus libros *El dulce daño* e *Inquietud del rosal* han sido reiteradamente editados. Un coterráneo de Lugones, Arturo Capdevila, dio manifestaciones poéticas diametralmente opuestas, como es posible comprobar con la lectura de *Melpómene, La sulamita, La dulce patria* o *El poema de Nenúfar*. Además de literato, también fue historiador y autor teatral. Arturo Maraso se consagró como poeta con *La canción olvidada* y *Presentimientos*.

Enrique Banch, un poeta exquisito y complejo, nos legó *El cascabel del halcón, Las barcas* y *El libro de los elogios*.

No deben olvidarse, tampoco, los nombres de Tomás Allende Fragorri, los socialistas Mario Bravo y Ernesto M. Barreda, Gustavo Carballo, Luis de Maturana, Evar Méndez, Juan C. Dávalos o Delfina Bunge.

La actividad literaria en esos años se encauzó casi por completo en las páginas de *Nosotros* (1907).

Delfina Bunge.
Exquisita en su poesía y en la comprensión de la sociedad de su tiempo. (Archivo personal de Lucía Gálvez.)

PROSA

En los inicios del siglo XX, Benito Lynch se destacó como el mejor novelista del campo bonaerense. Sus libros fueron lectura obligada en el secundario, por la limpieza y claridad de su lenguaje. Entre ellos se destacan *Los caranchos de la Florida,* posiblemente su novela más lograda, *Raquela* y *Plata dorada*.

Quien, con muy pocas obras, ocupó un lugar destacado y permanente ha sido Ricardo Güiraldes, cuyo *Don Segundo Sombra* hace palidecer los valores de *Raucho* o *El cencerro de cristal*.

Otro nombre consagrado fue el de Enrique Larreta, heredero de una fuerte influencia hispana, expresada en *La gloria de don Ramiro* que, como en el caso de Güiraldes, empalidece sus otras obras.

Manuel Gálvez, por su parte, tuvo una abundante producción tanto literaria como histórica y biográfica y mantiene su lugar ganado por méritos auténticos. Se pueden mencionar como las obras del período: *Sendero de humildad, El diario de Gabriel Quiroga, El solar de la raza, La maestra normal, El mal metafísico* y *La sombra del convento*. Con posterioridad dio otras novelas de mucha fuerza y realidad narrativa.

Orientado por la ideología nacionalista, Gustavo Martínez Zuviría, bajo el seudónimo de Hugo Wast, produjo *Valle negro, Alegre, La casa de los cuervos* (llevada al cine), *Novia de vacaciones, Fuente sellada, Flor de durazno,* entre otras. De toda su producción, que llega casi al centenar de títulos, posiblemente lo más logrado desde el punto de vista literario sea *Flor de durazno*.

También influida por el nacionalismo, pero mucho más apegada al liberalismo político, fue la obra de Martín Aldao, con títulos como *La novela de Torcuato Méndez* y *Criollismo aristocrático*.

Manuel Gálvez
se caracterizó en sus libros por reflejar con fidelidad los ambientes cotidianos. Lo mismo hizo en el periodismo.

Totalmente opuesta fue la ideología que inspiró a Manuel Ugarte, novelista y ensayista de la izquierda atemperada. De toda su larga producción se pueden rescatar *Palabras, Crónicas del Bulevar* y *Cuentos de la pampa*. Varios de sus libros han sido traducidos al francés y algunos fueron prologados por consagrados como Miguel de Unamuno y Rubén Darío.

Entre los modernistas hay que incluir a Atilio Chiapori, que dio a conocer *Ideas, La belleza invisible* y sus importantes colaboraciones en *Nosotros, Palabras* y el diario *La Nación*.

Domingo Faustino Sarmiento

es por antonomasia la encarnación del maestro argentino.

Otro sector literario de esos años se especializó en el ensayo. El primero que hay que mencionar es a Carlos O. Bunge, por la profunda cultura humanística que acumuló y lo certero de muchos de sus enfoques. Sus obras *Novela de la sangre* y *Nuestra América*, si bien arrastran la influencia positivista de su tiempo, no se cierran a la consideración de nuevos tiempos venideros.

Le sigue cronológicamente Ricardo Rojas, que, con su *Historia de la literatura argentina*, ha merecido ocupar un lugar muy destacado entre los ensayistas. Otro esfuerzo no menos meritorio fueron: *Restauración nacionalista* y *El radicalismo de mañana*, donde trató de desbrozar la verdadera historia del ser y la conciencia nacional.

En un escalón inferior, aunque no despojado de valores literarios, se halla la obra de Juan P. Echagüe, que se concentró en colaboraciones periodísticas dispersas en páginas de *La Nación, El Argentino, El País* y *El Diario*.

Alberto Gerchunoff, con *Los gauchos judíos*, alcanzó un merecido lugar como ensayista y literato. Una parte importante de su obra se encuentra en las páginas de *La Nación*.

Otro importante ensayista de izquierda atemperada, contemplativa y no combatiente, fue José Ingenieros. Su larga producción ha merecido, y merece en la actualidad, ensayos de interpretación y valoración. Sus libros fundamentales fueron: *La psicopatología en el arte, La simulación en la lucha por la vida* y, en especial, *El hombre mediocre*.

Como ensayista en el terreno de la historia encontramos a Carlos Ibarguren que ha escrito, entre otros, *Proscripción bajo la dictadura de Sila* (1917) y *La historia que he vivido* (1955).

Dentro de la crítica hay que ubicar al literato y periodista José de San Martín, que hizo un excelente trabajo sobre los valores literarios de Alberto Ghiraldo. Le sigue Roberto P. Giusti con *Crítica y polémica*, además de sus colaboraciones en la revista *Nosotros*.

José L. Pagano publicó numerosos trabajos como *El Parnaso argentino* y *El Parnaso mexicano*. Como autor teatral escribió *Nirvana* y otras piezas menos valorables.

La nómina se prolonga con Joaquín de Vedia, Mariano de Vedia y Mitre, Emilio Suárez Berrenechea, Ricardo Sáenz Hayes y algunos otros menos significativos.

PERIODISMO

Al iniciarse el período –1864– el diario más importante era *La Tribuna*, verdadera escuela de periodismo y de personal técnico.

Esa escuela tuvo como maestros a los hermanos Varela y se mantuvo con vida plena hasta 1880. Le siguen en méritos *El Nacional* de Vélez Sarsfield, que siguió saliendo hasta 1893; *La Nación Argentina*, de donde derivó *La Nación*, que continúa publicándose en la actualidad; *El Siglo,* que cambió varias veces de dirección, línea editorial y lugar de redacción e impresión; *El Mosquito*, que hizo escuela de humor satírico.

Dalmacio Vélez Sarsfield,
hombre de leyes, no desdeñó escribir en diarios y revistas para difundir sus ideas.

Otras publicaciones, un poco al margen de las anteriores, fueron: *The Standard and River Plate New*, para la colectividad inglesa, muy pujante en el comercio y las finanzas; *La Presse*, para la colectividad francesa, tan activa como la anterior, pero de menor injerencia en la vida nacional; *El Artesano*, que si bien no se declaraba anarquista, sustentaba los principios de justicia social, y *El Pensamiento Argentino* y *El Estandarte Católico*, que expresaban la ideología de la Iglesia en materia política y cuestiones sociales.

También circulaba *La Revista de Buenos Aires*, que continuaba la obra cumplida por *La Revista de Paraná*. En el ámbito cultural la acompañaba *El Plata Científico y Literario,* que llegó a editar 96 números.

Desde 1864, se publicó *Anales del Museo Público de Buenos Aires*, bajo la dirección del científico e investigador Carlos Germán Conrado Burmeister (1807-1892), con la colaboración de Juan María Gutiérrez (1809-1878) en historia.

A partir de ese mismo año, en medicina se editó *La Revista Médico Quirúrgica*, que prolongó su aparición hasta hace muy pocos años. En materia de derecho y jurisprudencia apareció la *Revista de Legislación y Jurisprudencia*.

Para la mujer de clase media se publicaba *El Correo del Domingo*, de aparición semanal, que reunía en sus páginas muchas inquietudes femeninas que necesitaban manifestarse públicamente. Con altibajos e interrupciones, se publicó hasta 1880.

El incremento de la inmigración dio impulso a las publicaciones en muy diversos idiomas, a fin de ilustrar a turcos, griegos, armenios, libaneses, rumanos, eslavos, etc., sobre las particularidades de la nueva tierra. Se destacaron el *Corriere Italiano; L'Imparziale*, para la colectividad italiana; *La España* y *El Imparcial Español*, para la española y *The River Plate Magazine*, para la inglesa, que se agregó al ya existente *The Standard*.

LA TÉCNICA EN EL PERIODISMO Y EN EL LIBRO

William Morris.

Marca de impresor
[1891]

El triunfo de las técnicas tuvo importancia especial en la literatura periodística que desde 1860 aumentó considerablemente. Periódicos, semanarios y revistas crecieron una vez impuestas la rotativa y el empleo del papel continuo. Asimismo el desarrollo de procedimientos de fotograbado posibilitaron la reproducción de ilustraciones en poco tiempo. La encuadernación "comercial", se alejó de las consideradas como de lujo. Lo más corriente era un forro de tela, de colores vivos, donde se estampaba una plancha con el título de la obra en negro o dorado. Para la literatura infantil se pegó al cartón una lámina impresa con colores fuertes. Todo se produjo en serie, por lo tanto se logró bajar el costo unitario del libro. Las nuevas técnicas no beneficiaron la calidad del libro, el ritmo acelerado de la producción debilitó la estética del mismo. Entre 1880 y 1890 se produjo una enérgica reacción; grupos prerafaelistas (que retrotrajeron el arte a la época de Rafael), impresores, artistas y otros se propusieron restituir al arte el valor social. Desde sus prensas Williams Morris (1834-1896), un agitador social de gran idealismo, que era pintor, poeta y arquitecto, influido por las ideas estéticas de la época, sostenía que la tipografía debía someterse a nuevas formas estéticas. En 1889 imprimió en la Chiswick Press *The House of the wolfings.* y al año siguiente instaló la "Kemscott Pres" con la que diseñó tipos romanos inspirados en los de Caxton y Jenson, góticos inspirados en aquellos de los primeros tiempos de la imprenta, centenares de iniciales y frisos para libros de corta tirada. Imprimió unos cincuenta libros, muy apreciados por los bibliófilos, en papel de trapo especialmente fabricado. Los principios defendidos por Morris fueron aplicados por otras empresas privadas y contribuyeron a desterrar el comercialismo dominante en la producción del libro y de los periódicos, creando nuevas formas tipográficas y vigorizando las grandes tradiciones del pasado. A partir de 1880 trabajaban en Francia un grupo de editores, donde se destacó la personalidad de Eduardo Pellerán, quien reaccionó contra el *modern style*. Expuso sus principios en la *Premiére* y la *Deuxième letre á un bibliofile*. Con ello contribuyó a la creación de nuevos tipos de letras y como consecuencia al gran desarrollo que alcanzó la tipografía a fines del siglo pasado, logró una gran difusión de sus ideas prácticas.

TAGLE DE CUENCA, Matilde, *Notas sobre historia del Libro.* El Copista, Córdoba, 1997.

En 1868, salió a la calle *El Pueblo Argentino*, donde, con el seudónimo de Hermenegildo Espumita, Eduardo Gutiérrez (1851-1889) inició la publicación de sus folletines policiales y de aventuras. Por su parte, el sector católico dio a conocer sus opiniones en las páginas de *Los Intereses Argentinos*.

Ese mismo año, también salió *El Correo de las Niñas*, que en realidad no estaba dirigido a ellas, sino que se trataba de una publicación, entre la sátira y la crítica, sobre todos los acontecimientos de la vida pública.

La Revista Argentina duró hasta 1872 y tuvo un claro sentido liberal y católico. Los periodistas de *El Río de la Plata* (de corta vida) enfrentaron con dureza la política presidencial de Sarmiento. Entre ellos se destacaban José Hernández, Estanislao S. Zeballos y Enrique Sánchez, que llegaría a ser secretario de Alsina.

Ese año fue muy prolífico en materia periodística, pues aparecieron los semanarios *El Duende*, *El Cencerro*, *El Diablo*, de carácter muy diverso y vida breve, que acompañaban a los diarios *El Comercio Argentino*, *El Argos* y *La Prensa*.

APARECE LA PRENSA

El diario *La Prensa*, fundado por José Camilo Paz (1842-1912), apareció el 18 de octubre de 1869 y reunió el mejor conjunto de redactores de la época.

En 1871 salió a la calle *La España*, para la ya numerosa colectividad española, que trataba de reflejar las desinteligencias políticas de la madre patria.

Ese año apareció también *El Plata Ilustrado*, que duró hasta 1873; la *Revista Criminal*, que sobrevivió sólo un año y tuvo poca repercusión pública.

Salón Dorado del edificio del edificio del diario *La Prensa*.

Construido en 1898 en Avenida de Mayo al 500. (Archivo diario *La Prensa*.)

La juventud universitaria tuvo su órgano periodístico llamado *El 13 de Diciembre*, dirigido por José María Cantilo (1840-1891).

En materia de revistas culturales hay que mencionar la *Revista del Río de la Plata* de aparición mensual, especializada en historia, bibliografía, información cultural en general y literatura. Con las colaboraciones de Lamas, López y Gutiérrez y editada por Casavalle, que perduró hasta 1877.

En 1869 se publicó la *Revista del Archivo General de Buenos Aires*, dirigida por Manuel Ricardo Trelles (1821-1893).

En 1870, apareció el periódico gremialista *Anales de la Sociedad Tipográfica Bonaerense*, dirigido por Adolfo Cárrega, quien se había formado en la escuela de *El Nacional*.

PERIODISMO CATÓLICO

Santiago Estrada.

Periodista y literato argentino.

La gran reacción del periodismo católico de Buenos Aires en la década de 1880 fue el diario *La Unión*, cuyo primer número circuló el 1º de agosto de 1882. Su redacción estaba formada por quienes, podríamos decir, constituían el Estado Mayor del laicado católico porteño; José Manuel Estrada y su hermano Santiago, Pedro Goyena, Tristán Achával Rodríguez, Emilio Lamarca y Miguel Navarro Viola. El núcleo -dice Auzá- estaba integrado por seis hombres de primera fila dentro del catolicismo de aquel tiempo y nos aventuramos a decir que nunca más se dio, en el periodismo católico, el hecho de ostentar un conjunto de tan alto nivel, de tan amplia irradiación personal y de tan abnegada laboriosidad. Grandes periodistas para un gran diario, porque, ciertamente *La Unión* lo fue tanto por la calidad de quienes lo redactaban como por la hondura de sus artículos. Subsistió hasta el 31 de mayo de 1890. Señalemos que *La Unión* no fue la única expresión del periodismo católico en la ciudad de Buenos Aires. Antes había existido el diario *La América del Sud*, dirigido por José R. Flores, con la activa participación de José Manuel Estrada, que se publicó entre 1876 y 1880. En 1879 surgió *La Buena Lectura*, editada semanalmente por el presbítero Antonio Basore (1851-1929), aún recordado como gran cura de la parroquia de Nuestra Señora de la Merced, y *La Esperanza*, modesta revista que creó en 1883 la Sociedad Juventud Católica, fundada dos años antes. Y poco después de *La Unión*, advino al mundo periodístico *La Voz de la Iglesia*, cuyo prospecto de propaganda decía que quienes creaban este diario "No hemos de autorizar con nuestro aliento los errores, las injusticias, las pasiones, las inmoralidades". Su primer número se editó el 15 de agosto de 1882 y tuvo larga existencia, al punto de sobrevivir hasta 1910. Inicialmente lo dirigió el presbítero Juan N. Terrero, de vasta memoria en la Iglesia de la Argentina y después lo hicieron monseñor Luis Duprat (1861-1933), el presbítero Francisco R. Laphitz (+ 1825), y el presbítero Juan López, quien ejerció la dirección desde 1886 hasta su muerte, en 1906. En la nota necrológica que le dedicó *La Buena Lectura*, dijo de él: "No trepidamos en afirmar que el abnegado sacerdote ha sido en el Plata el primer periodista católico del gremio levítico, no sólo por lo prolongado de su labor, sino por su inteligencia, habilidad y tacto con que trataba las diversas y difíciles cuestiones".

MAYOCHI, Enrique M., *El periodismo católico en la Argentina*. Junta de Historia Eclesiástica Argentina, Buenos Aires, 1994.

Por su parte el librero, editor, impresor y bibliófilo Carlos Casavalle (1826-1905) dio a conocer el *Boletín Bibliográfico Sudamericano*, pionero en la materia.

SE INCREMENTAN LAS PUBLICACIONES

En 1870 apareció *La Nación*, prolongación de *La Nación Argentina*. Desde sus páginas, Bartolomé Mitre ejerció su rol de maestro de ética y moral hasta poco antes de morir.

En 1872 salieron un buen número de publicaciones. Ese año, el público porteño tuvo la posibilidad de elegir entre 44 diarios y revistas, incluyendo cuatro ilustrados. En ese entonces había veintiséis imprentas dedicadas a diarios, revistas y trabajos de obra.

Entre las publicaciones que aparecieron en 1874, merecen destacarse *El Mercantil*, especializado en cuestiones económicas y financieras, que tuvo una vida muy breve. Ese año, Ezequiel Paz, luego de retirarse de *La Prensa*, fundó *La Pampa*. Desde allí se opuso a la política sarmientina y a las publicaciones oficialistas, como *La Tribuna*. Tuvo varios años de vida y cerró en 1886, mientras concluía el gobierno de Roca, al que también combatió sin descanso.

La Pampa aparecía por la mañana y por la tarde lo hacía *La Unión*. Para la colectividad trabajadora llegada de Italia se publicó *L'Operario Italiano*, que subsistió hasta 1896 y le daba prioritaria atención a las cuestiones laborales en las que se encontraban involucrados obreros italianos.

Para el ambiente femenino y educativo se publicaron *La Educación Moderna*, *El Eco de las Niñas*, *La Redención* y *El Monitor*.

En materia de semanarios, hay que mencionar: *La Gaceta Musical* y *La Presidencia*. Como publicación mensual se dio a conocer *Anales de Agricultura*, que trató con muy buen nivel los problemas del campo argentino y sus altibajos en las exportaciones.

Las ciencias y las investigaciones tuvieron espacio para expresarse en *Anales Científicos Argentinos*, el *Boletín del Instituto Bonaerense de Numismática y Antigüedades* y los *Anales de la Sociedad Círculo Médico Argentino*.

Por su parte, los católicos encontraron en *El Católico Argentino* (1874-1876) un sitio para dar curso a sus inquietudes políticas y sociales; el humor y la sátira se encauza-

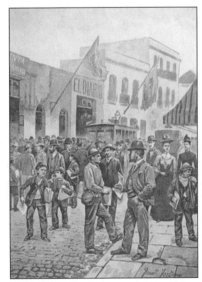

Vendedores de diarios.

Los niños que pregonaron los diarios por las calles fueron bautizados por Florencio Sánchez como "los canillitas".

ron en las páginas de *Antón Perulero,* que duró hasta 1876, sin alcanzar el nivel de *El Mosquito.*

Al año siguiente –1875– aparecieron *La Revista Literaria; La Unión Nacional; Argentinisches Deutsches Wochenblatt,* para la colectividad alemana; *El Correo Argentino* y, para las actividades industriales que iniciaban su tibio despertar, *El Industrial,* de larga vida.

Para 1876, se sumaron treinta publicaciones más entre diarios, revistas, semanarios y mensuarios. Algunos de vida muy efímera y otros de larga trayectoria.

Entre estos últimos hay que destacar a *The Herald* y *Buenos Aires Herald.* Este último fue el primer periódico porteño que contrató a la Agencia Havas, para tener el servicio telegráfico de noticias por medio del cable transandino.

Los periódicos para la colectividad inglesa fueron emulados por *La Patria Italiana* y *La Patria Degli Italiani,* sucesivos nombres que designaron los esfuerzos de su director Vasilio Cittadini.

Para 1877, la Universidad de Buenos Aires dio a conocer sus *Anales,* dirigidos por Juan M. Gutiérrez.

DIARIOS PARA TODOS LOS GUSTOS

La colectividad alemana que había aumentado mucho en cantidad y calidad de actividades contó con un nuevo órgano llamado *Deutsche Pioner am Río de la Plata* que luego cambió su nombre por el de *Deutsche La Plata Zeitung.*

Por su parte, Ricardo Napp llenó una sentida necesidad de información referida al comercio y las finanzas en general al publicar *El Economista.* En sus páginas se dieron a conocer estadísticas económicas muy variadas que resultaban una novedad para la época.

En 1878, la cantidad de publicaciones creció en casi medio centenar. Se pueden mencionar: *Boletín Mensual del Departamento de Agricultura* y *El Álbum del Hogar.* En *La Patria Argentina,* Eduardo Gutiérrez (1851-1889) dio a conocer sus dramones criollos y policiales, críticos y satíricos. Le siguieron en orden de publicación *El Pueblo* y *Fray Gerundio.*

El periodismo tuvo su primera sacudida gremial en 1878, al producirse la huelga de tipógrafos, que buscaban mejores condiciones de trabajo al exigir sueldos y salarios más elevados, menos horas de jornada diaria, más higiene y comodidad en los talleres.

Para aquella época, había 32 imprentas, que casi triplicaban la cantidad existente una década y media atrás.

Alberto Navarro Viola, junto con otros pensadores católicos, usó el periodismo para difundir y defender su ideario.

Ese año se publicó el primer periódico impreso en papel nacional. Se llamó *El Industrial* y su aparición, el 23 de agosto de 1879, marcó un hito en la industria nacional.

Las preocupaciones científicas se dieron a conocer en *Anales de la Sociedad Científica Argentina* y los temas literarios y culturales eran llevados al público por intermedio de la *Revista de la Biblioteca Pública de Buenos Aires*, fundada y dirigida por Manuel Ricardo Trelles (1821-1893).

Por su parte, el Círculo Científico Literario dio a conocer su revista llamada *Revista Literaria.* Otros diarios de ese año fueron *El Combate* y *El Descamisado,* nombre reiterado por varios periódicos políticos.

En 1880, la prensa escrita tuvo otro crecimiento cuantitativo y cualitativo al lograr la comunicación por intermedio del cable submarino interoceánico. Eso posibilitó que diarios y revistas pudieran publicar noticias de todo el mundo sobre los temas más variados. Como resultado, aparecieron publicaciones muy diversas por su contenido y orientación ideológica, como el primer *Anuario Bibliográfico de la República Argentina*, dirigido por Alberto Navarro Viola, y luego continuado por su hermano Enrique. A esa iniciativa le siguió, bajo la dirección de Estanislao S. Zeballos, el *Boletín del Instituto Geográfico Argentino* y como periódico *El Porteño*, seguido, al cesar su aparición, por *El Demócrata Porteño.*

Las colectividades extranjeras contaron con *The Standard*, en inglés; *Le Courrier de la Plata*, en francés; *El Correo Español*, seguido por el *Portavoz Español. La Nación, La Prensa* y *El Nacional* eran las publicaciones más acreditadas sobre temas nacionales.

Para 1880, a nivel nacional, había 164 ediciones, entre diarios, periódicos y revistas. De ellas, 86 eran nuevas. El pico más alto se registró en 1882 con 103 publicaciones que abarcaban temas tan dispares como el humor, la jurisprudencia, la literatura o las ciencias. De todas ellas, treinta eran diarios.

Entre las revistas que hicieron su aparición a partir de 1881 se deben mencionar en orden a sus méritos: *Nueva Revista de Buenos Aires* (dirigida por Ernesto A. Quesada), que duró hasta 1885; *La Revista Militar y Naval* (dirigida por Alberto López), que se publicó durante dos años; *El Monitor de la Educación Común* (dirigida por Juana Manso) hasta 1899.

Fachada del diario *La Nación*, en San Martín 350.

A la izquierda, ventana de la casa de Bartolomé Mitre (actual sede del Museo Mitre).

EL DIARIO DE LAINEZ

En materia de publicaciones se destacó *El Diario*, fundado por Manuel Lainez, que logró un lugar destacado en la preferencia del público por el equilibrio que siempre lo distinguió, aun en las críticas más agudas.

También en 1881 inició su aparición el vespertino *Sud América*, bajo la dirección de Paul Groussac que trataba temas literarios y políticos. En este nuevo diario se inició, en forma de folletín, la publicación de *La Gran Aldea*, de Lucio Vicente López.

Adolfo P. Carranza inició la publicación de la *Revista Nacional* que prolongó sus apariciones hasta 1895; dos años más tarde apareció la *Revista Patriótica del Pasado Argentino* de Manuel Ricardo Trelles.

La cantidad de publicaciones, no siempre importantes y duraderas, en 1888 fue de 54 y en 1889, de 82.

En materia de humorismo se destacaron por la calidad y la altura de sus sátiras y caricaturas *El Quijote* y *El Mosquito*. Otras publicaciones

IMPORTANCIA DE *CRÍTICA*

El diario dedica a la gran guerra sus mayores logros informativos y secciones especiales; el 8 de diciembre de 1914 inaugura en tapa la Sección "La Unión", en la cual polemiza día a día con las afirmaciones aparecidas en el periódico fundado por Hermann Tjarks, subsidiado por el *Deutsche La Plata Zeitung*, y dirigido hasta el 7 de noviembre de 1919 por Edmundo Calcagno: "Con toda nuestra cultura latina vamos a rebatir ¡qué diablos! a la oscura Kultura teutónica. Y en largas tenidas, haremos que nuestra ciencia triunfe de la ciencia alemana. Hoy empezamos y vaya usted a saber a qué extremos nos llevará nuestro prurito de erudición". El 30 de diciembre de 1914 publica un número extraordinario escrito en inglés y castellano que, si bien es un balance de todo el año, dedica gran parte de sus páginas a la guerra: en las seis secciones que suman ochenta y cuatro páginas (sesenta de texto y el resto de publicidad), dedica cuatro al conflicto bélico. El 1 de febrero de 1915 se inicia "La Page Française", escrita en francés, a cargo de Isabel Etchebbarry, que aparece los jueves; el 16 de junio de ese año se reemplaza la columna "Notes" (cables escritos en inglés), por la sección "English Notes. Intended to give *Crítica* a special interest for the British comunity and sympathisers", que aparece diariamente. Asimismo Félix Lima tiene a su cargo una columna en la cual narra en un lenguaje coloquial y picaresco, las disputas entre los "Bolches y franchutes, gallegos germanófilos y tanos, johnies y fritz, nois de la Barcelona y descendientes de la Uncle Sam". Además de las secciones edita en abril de 1915 un "Álbum de Crítica", con una cuidada información de la guerra, con documentación, comentarios y caricaturas, escrito en francés, castellano e inglés y varios folletines relacionados con el conflicto bélico: en octubre de 1914 "Secretos de la Corte Imperial Alemana" y en marzo de 1916, "El Kaiser desenmascarado. Memorias del Conde Axel von Schwering". Al mismo tiempo, inicia una campaña titulada "El capital alemán en la Argentina" que, haciéndose eco de la implantación de las listas negras comerciales por Inglaterra, denuncia las empresas, bancos, comercios e industrias que tienen capitales alemanes, e investiga aquellas firmas que aparecen como argentinas o aliadas y tienen capitales alemanes. Desde el 17 de marzo de 1916 publica "en letra negra bien visible", la lista negra de Inglaterra referente a las casas alemanas a la cual "agregamos nosotros nuevos nombres a fin de que la legación británica pueda realizar una encomiable labor, teniendo en nosotros una colaboración que creemos eficaz".

SAÍTA, Sylvia, *Regueros de tinta*. Sudamericana, Buenos Aires, 1998.

pretendieron sumarse a este estilo periodístico, pero les faltó inventiva y calidad.

El crecimiento de las colectividades dio lugar a nuevos periódicos en idiomas extranjeros y, entre ellos, hay que mencionar al diario para alemanes *Deutsche Wochenblatt Tageblatt* y el *Argentinisches Tageblatt*.

En medio del caos económico y político de 1890 salió a la luz *El Argentino* dirigido por Joaquín Castellano, de neta influencia radical y, por ello, opuesto a la política conservadora de Roca y a todos los representantes de la ideología oligarca y vacuna.

Otros periódicos políticos no oficialistas fueron *La Vanguardia*, fundado por Juan B. Justo, en 1894 y *La Protesta Humana* –1897–, dirigido por Gregorio Inglán Lafarza. Este último luego se llamaría *La Protesta*, nombre con el que ha perdurado. A partir de 1897, y por un decenio, se publicó en forma clandestina. Por las razzias policiales tuvo que cambiar continuamente su lugar de impresión. A través de su lectura es posible rehacer la historia del anarquismo.

Juan B. Justo.

Ideólogo del socialismo, difundió sus ideas por intermedio de las páginas de *La Vanguardia*.

También hay que tener en cuenta el movimiento gremial que se manifestó en *El Artesano*, *La Crónica del Progreso* y *La Montaña*, bajo la influencia de Leopoldo Lugones y José Ingenieros.

Para 1895 se publicaban en la Argentina 345 periódicos, la tercera parte de ellos en la Capital Federal. Al año siguiente Paul Goussac inició la publicación de la revista mensual *La Biblioteca*, de valioso contenido.

CARAS Y CARETAS

Caras y Caretas, que produjo un gran impacto en la sociedad, fue fundada por Manuel Mayol (1865-1929) el 8 de octubre de 1898 y dirigida por José S. Álvarez, bajo el seudónimo de Fray Mocho.

Ese mismo año apareció la *Revista de Derecho, Historia y Letras*, dirigida por Estanislao S. Zeballos, que perduró hasta 1923 con colaboraciones nacionales y extranjeras de primera calidad.

En 1895, se publicó *El Álbum de la Familia* y en 1900, se conoció *El País*, el diario de Carlos Pellegrini. Es posible comprobar que, poco a poco, la mayoría de los periódicos y revistas dejaron de estar subvencio-

LA MUJER EN DIARIOS Y REVISTAS

Juana Manuela Gorriti.
Fue una mujer dedicada,
durante toda su vida, a la educación.

El Alba salió entre el 8 de octubre de 1868 y el 10 de enero de 1869 y se definía como "dedicado a las hijas de Eva". Dirigido por hombres, contaba con la colaboración de "Josefina", que podía ser Josefina Pelliza de Sagasta. Amparo Vélez y "Alvar", seudónimo de Eduarda Mansilla, quien con igual nombre publicó interesantes trabajos en *El Plata Ilustrado*, que salió el 15 de octubre de 1871. Su columna "Hojas Sueltas" contenía comentarios sobre moda y temas del momento, hechos con gracia e inteligencia. En 1873 desapareció esta publicación y Eduarda comenzó a escribir en *La Gaceta Musical* a partir de 1874. Allí se reveló como una experta columnista de música, lo cual se relacionaba sin duda con su condición de inspirada compositora e intérprete, cualidades desarrolladas por su permanencia en Europa y su frecuentación con las más importantes figuras del arte.

Aunque no siempre las mujeres dirigían las revistas, era valor aceptado que no podían estar ausentes en ninguna publicación. Los libros y trabajos periodísticos demostraban que ellas, no sólo escribían por mero desahogo, sino que tenían ideas definidas sobre su rol en la sociedad, y sabían expresarlas en su pluma. Muchas de aquellas publicaciones, por su parte, estaban destinadas al público femenino. Así ocurrió con *La Ondina del Plata*, cuyo primer número salió el 7 de febrero de 1875. Revista semanal de literatura y modas, estaba dirigida por Luis Telmo Pintos y Pedro Bourel, y había ofrendado sus páginas a todas las escritoras de América. Colaboraban Juana Manuela Gorriti, Josefina Pelliza de Sagasta (firmaba Judith) y Lola Larrosa de Ansaldo, argentinas; Carolina Freire de Jaimes, desde Lima y Clorinda Matto de Turner, también peruana. Colaboraban dos españolas, Emilia Serrano, baronesa de Wilson y Pilar Sinués de Marco. La primera visitó Buenos Aires: era una incansable viajera, de lo cual dejó testimonios en sus libros.

Del material publicado era atractivo por su variedad y conquistó muchos lectores. Éstos siguieron con interés la polémica entre Josefina Pelliza y María Eugenia Echenique, una joven cordobesa de ideas avanzadas sobre la emancipación de la mujer, que en diciembre de 1876 escribió una nota firmada con su seudónimo "Sor Teresa de Jesús". Le contestó Josefina Pelliza con otra nota titulada "La Mujer", en la cual citaba palabras de la española María del Pilar Sinués de Marco, quien estaba convencida de que ningún hombre estaba dispuesto a casarse con una mujer "emancipada". "¿Qué preocupación honrosa quedaría al hombre en su hogar si su mujer manejaba negocios y disponía de los haberes?", se preguntaba escandalizada.

Sosa de Newton, Lily, "Cien años de periodismo". en *Historia de las Mujeres en la Argentina*, Taurus, Buenos Aires, 2000.

nados por el Estado y se transformaron en empresas económicas independientes, que, si bien tenían o estaban adscriptas a ciertas ideologías,
no por ello cerraban a cal y canto sus páginas a las otras corrientes opuestas o enemigas.

Esa independencia hizo que la prensa porteña, en especial, y la argentina, en general, figuraran entre las mejores del mundo y tuvieran
muy poco que envidiar a los grandes diarios de las principales capitales
del mundo europeo.

Entre las publicaciones que se encontraban en dicha situación a fines del siglo diecinueve y principios del veinte, se encontraban *La Prensa* y *La Nación*, seguidos a muy corta distancia en calidad periodística
por *El País*, *El Tiempo*, *El Pueblo*, *La Razón*, periódico vespertino, *El
Diario* y *Crítica*.

En mayo de 1901, se realizó en Buenos Aires el primer congreso de
prensa argentina, en conmemoración del centenario de la aparición del
primer periódico nacional, *El Telégrafo Mercantil*.

Entre las revistas, se destacaron *P.B.T.*, *Fray Mocho*, *Nosotros*, *El Hogar*, *Mundo Argentino* e *Ideas y Figuras*.

En materia de publicaciones periodísticas en idiomas extranjeros hay
que nombrar *Giornale Ditalia* y *La Patria degli Italiani*, a los que se agre-
gan los ya mencionados de las colectividades inglesa, francesa y alemana.

SOCIEDAD
Y FAMILIA

Desde siempre, la dinámica propia de la sociedad humana ha establecido diferencias entre
los individuos y las agrupaciones que éstos
constituyen.

Por este motivo, en los estudios históricos y sociológicos, en general, se encuentra una clase
social dirigente. Entre ella y las clases produc-
toras, o sea las que producen la riqueza por
compulsión o a cambio de salarios, existen leyes e interrelaciones sociales que indican la
presencia de una estratificación social, es decir, capas o estamentos, a veces armonizados y
otras tan tensos y opuestos que hacen imposible la convivencia.

Afortunadamente, en la Argentina, a pesar de
las diferencias, oposiciones y luchas de clase, la
convivencia social ha sido posible, por tratarse
de una sociedad abierta, que siempre presentó

posibilidades para evitar los enfrentamientos definitivos y superar, mediante la evolución progresiva, las contradicciones.

De todas maneras, la sociedad argentina puede diferenciarse en tres grandes grupos: clase alta, clase media y clase baja.

Dentro de ellos, además, se pueden hacer divisiones internas: alta, media y baja.

LA CLASE ALTA

Desde la época española, la clase dirigente porteña estuvo atada a las naciones europeas que dominaban el mundo. Primero fue España, y luego Inglaterra y Francia.

Entre 1864 y 1918, esta clase acrecentó su fuente de poder económico, ya que el stock de su ganado vacuno pasó de 7,7 millones de cabezas a 9,9 millones. Al mismo tiempo lo mestizó, al grado de reducir el 50 por ciento del ganado criollo al 3,5 por ciento. Con ello logró que el valor de cada cabeza pasara de 9,54 a 52,02 pesos oro.

Esto coincide, en líneas generales, con lo sostenido por Miguel A. Cárcano en su meritorio estudio sobre la propiedad de la tierra, cuando trata el tema de los terrenos públicos en manos de particulares. Allí expresa que en 1895 había 39.347 propietarios de tierras de nacionalidad argentina en la provincia de Buenos Aires y en 1914, 129.679. Indica también que, entre 1895 y 1914, los propietarios argentinos de campos crecieron el 340 por ciento.

Esa clase dirigente, o clase alta, se conoció como clase terrateniente y vacuna, porque de allí provenía su sustentación económica, social y política.

A pesar de ello, existían grandes contrastes o diferencias sociales, pues como sostuvo un viajero, "había lujo y poco bienestar social". Para los europeos que visitaban el país la sociedad tenía una apariencia hedonista, cubierta superficialmente con una capa de civilización, donde el porteño era un imitador aparatoso y trivial, cuando no peligroso para el erario público.

Si bien durante el Centenario de Mayo se produjeron cambios coyunturales, la estructura se mantuvo casi en el

Mercedes Urquiza Anchorena de Bunge

se destacó por su belleza y la elegancia de sus vestidos.

(Archivo personal de Lucía Gálvez.)

mismo estado que treinta años antes, pese a los sacudones recibidos a partir de la Revolución de 1890.

Esa rigidez estructural hizo que el valor del campo triplicase su renta anual.

SALONES QUE MARCABAN LÍMITES

Sin llegar al mítico límite del salón de Mariquita, durante el período considerado los salones de recibo se destacaban por su riqueza más que por la intelectualidad de sus propietarios. Las alfombras mostraban caprichosos dibujos persas; la platería era francesa; las porcelanas, de Saxe, Sèvres, Rosenthal, Capo di Monte, Limoges y Cantón; los vidrios y cristales, de Baccarat y los ricos mobiliarios evidenciaban la delicadeza de su ebanistería, con tallas de palisandro, palo rosa, caoba, ébano y nogal, con incrustaciones de marfil.

En estos salones los bailes ofrecidos por familias, como Santa Coloma, Oromí, Lum, Ezcurra, Ortiz Basualdo, Salas, Frías, Irigoyen, Dorrego, Anchorena, Armstrong, Alvear, Soler, Lastra, hicieron época. Allí se producían los encuentros sociales, dentro de los cánones y límites de lo que entonces se conocía como el gran mundo.

En esas reuniones se destacaron, por su refinada cultura y dotes literarios, Eduarda Mansilla de García, Luisa Ocampo de Bemberg y Delfina Bunge de Gálvez.

Estos encuentros se complementaban con fiestas, como la que se celebró en 1876 a raíz de la inauguración de la Confitería del Águila.

Allí se dio la puntada inicial para la fundación de la Sociedad de Estímulo a las Bellas Artes, que tuvo como objeto único e inalterable, como indica el acta de fundación, el desarrollo y adelanto del dibujo, pintura, escultura, arquitectura y demás artes.

CONTRASTES Y ADAPTACIONES

La creciente burguesía comercial adoptó las pautas de vida de la clase tradicional, de los apellidos de abolengo y de la tradición local; imitó las casas fastuosas, envió a sus hijos a los mismos colegios y universidades, realizó los consabidos viajes a Europa y contribuyó al sostenimiento de las sociedades de beneficencia.

También fue soporte de los partidos políticos, como medio de consolidar el sistema y mantenerlo sin quebrantos, a fin de incorporarse al mismo y, así, culminar toda una carrera económica, social y política. Una variante, de menor jerarquía, consistía en el ingreso al aparato administrativo y judicial.

Este proceso de incorporación de sectores no terratenientes y vacunos, hizo que la burguesía mercantil diversificara sus riquezas, comprara campos y realizara inversiones financieras, que eran dos maneras para consolidarse y acercarse al pináculo del poder.

LA HABILIDAD PARA SUBSISTIR

Dentro de este fenómeno de adaptación no se desdeñaban los enlaces de mujeres argentinas con hombres de grandes apellidos y títulos nobiliarios. En los casos en que coincidían tradición y fortuna, se lograba la adquisición de títulos de la nobleza papal o de ramas aristocráticas que sólo mantenían la designación, pues la familia a la que pertenecían había desaparecido, ya fuera por los cambios de política o las pérdidas territoriales.

El enfrentamiento político entre el sector de la alta burguesía y el resto de la sociedad se canalizó y se neutralizó por medio del fraude, ya que la ley de hierro en la democracia –un ciudadano vale por un voto– es el poder del número.

Allí residía la importancia del caudillo político, heredero atemperado del caudillo militar, que conducía a los votantes en los días de elecciones y lograba la consagración de ciertos nombres digitados en los comités.

Palacio del intendente Torcuato Alvear.

Significó, a fines del siglo XIX, el nivel de vida de la clase alta.

LOS VIAJES DEL STATUS

Después de 1880, la clase alta argentina adoptó como norma de status los viajes anuales a Europa. Algunas familias preferían vivir allí y otras, pasar la luna de miel recorriendo las capitales de España, Francia, Inglaterra y Alemania.

Reiteradamente se ha dicho que esos viajes eran de placer, pues las familias porteñas acomodadas padecían la fiebre de París.

Esta fiebre coincidió con la instalación en Buenos Aires de numerosas empresas de viajes, como la Cook, Italiana, Exprinter, Villalonga, Mihanovich, Delfino e Ibarra.

LA CLASE MEDIA Y LA LIBRETA DE ALMACÉN

La clase media, formada por los comerciantes, se robusteció con la llegada masiva de inmigrantes a la Argentina.

El pequeño artesano y el agricultor, que gracias al trabajo y al ahorro fueron acumulando un poco de capital, pasaron de la clase baja a formar parte de la clase media.

Durante esta etapa lograron crédito en mercaderías y letras de cambio bancarias, con lo que aumentaron el giro de sus actividades.

En este tiempo, en la Argentina, se dio la economía de la libreta de almacén, especialmente en el sector agrario. Por medio del crédito anual, que se abonaba cuando se recogían las cosechas, el chacarero y el pequeño quintero tenían posibilidades de capitalizarse.

Si por razones climáticas o fenómenos inesperados, como incendios de campo, manga de langosta o inundaciones, fracasaba la cosecha, el crédito se ampliaba por un nuevo año.

Este crédito informal fue el basamento de la clase media en general, ya que la libreta de almacén se extendió también a los sectores urbanos mensualizados que, sin ella, no hubieran podido solventar las necesidades materiales cotidianas.

Las casas mayoristas de Buenos Aires eran casi todas importadoras directas y compradoras de la mayor parte de la producción artesanal y manufacturera, por lo que disponían de créditos a un interés muy bajo, que no llegaba al 5 por ciento anual. (El Banco de la Provincia o el Nación prestaban a los productores directos a un interés que oscilaba entre el 2 y el 3 por ciento, para facilitar el desarrollo económico.)

Esos mayoristas vendían mercaderías con un recargo máximo del 6 por ciento a los almacenes de campaña, que, a su vez, vendían a los boliches, con un recargo similar. Estos expendían las mercaderías al consumidor directo, con otro recargo semejante.

Por ello, entre el precio pagado por el gran concentrador y el consumidor directo de la chacra o el pueblo urbanizado, el interés, por acumulación, oscilaba entre el 20 y el 25 por ciento.

Las ganancias mayoristas eran muy buenas, si se considera que, por ejemplo, la Casa Raggio, posiblemente la mayor concentradora de mercaderías que existía en Buenos Aires, en el año del Centenario de Mayo comerciaba con unos 10.000 artículos y la de Galo Llorente, en 1905, lo hacía con unos 4000.

La Casa García de Bragado, otro ejemplo típico, se desenvolvía comerciando con una cifra que oscilaba entre 2.500 y 2.700 artículos.

En 1910, la Casa Raggio manejó una suma de 31 millones de pe-

PREPARATIVOS PARA EL BAILE

Vals.

Bailando el vals
en el Club
del Progreso.

El día del baile, la casa de cada una de las incitadas estaba nerviosamente centrada en el evento. Los vestidos se instalaban sobre maniquíes en el cuarto de las chicas, cuidadosamente planchados y preparados. Varias horas antes se cerraban todas las puertas y comenzaba, a guisa de ritual, la dedicada tarea de acicalar y vestir el cuerpo de las jóvenes para que lucieran su femenina seducción como si fuera enteramente natural.

El coiffeur dedicaba su pericia a dar forma al peinado de las niñas. Cuando llegó Delfina, acababa de lavarse la cabeza y debía secarse el pelo. Fue a la azotea de su casa y se sentó sobre una valija, para que el viento hiciera su obra. "Mi pelo vuela a toda prisa y yo en el claro silencio miro el cielo celeste pálido -pensó." El sol blando que baja, el río también celeste y en él un barco de velas blancas." Luego mantuvo con el peluquero y con su madre una reyerta en torno a su peinado, que ella quería menos artificial. Y terminado el arreglo las mucamas que hasta entonces habían velado por la perfección de la ropa, comenzaron a vestir a las jovencitas, colocándoles los corsés, que ajustaban sus cinturas y exaltaban sus formas y revistiéndolas luego.

"Iba a un baile -recuerda Delfina- me hacía el efecto de que iba a un funeral: como si fuera a ser éste para mí el primer verdadero encuentro con el mundo y a la vez la despedida." La despedida de un mundo más recoleto, en el que vivía rodeada de sus amigas, sus padres y sobre todo, de sus hermanos. No por nada, en un instante recordó a los hermanos Guerin. Estaba estudiando en esos días el diario de Eugenie de Guerin, aquella joven francesa que lo escribiera para inspirar bondad y belleza en la vida de su hermano menor, Maurice. Al salir de su casa Defina pensó: "Adiós Eugenie y tus pájaros con sus conciertos, voy a oír otros conciertos; voy a oír otras orquestas, y ver otras cosas en el baile".

Muchas veces las niñas más bonitas y más sociables y conocidas iban temblando y casi llorosas a su primer baile. El gran temor de una muchacha era "planchar", lo que consistía en estar mucho tiempo con el mismo joven, sin que otro concurriese a solicitarle una pieza. Cada niña llevaba consigo una libretita donde anotaba los nombres de los muchachos que le habían pedido bailar con ella. Y el éxito consistía en estar permanentemente atendida por el mayor número de ellos.

Llegó la noche y la mansión de los anfitriones brillaba como si fuera de día. "Desde la amplia galería de entrada resplandeciente de luz, irradiada de las lámparas eléctricas que la distribuían con armonioso cuidado a través de los globos bruñidos, pisando la alfombra que amortiguaba los pasos, se sentía una sensación de confortable comodidad", comentó un cronista.

Delfina iba acompañada de varios de sus hermanos y no tenía miedo de "planchar", pero cuando llegó a lo de Salas Oroño, advirtió que el baile era "difícil". No se había guardado la proporción de doscientos treinta muchachos y setenta y ocho chicas, que se había anunciado. Había menos jóvenes que los esperados y los dueños de casa no se estaban ocupando de realizar las presentaciones, lo que perjudicaba a las debutantes. Además, muchos de los varones permanecían aglomerados en el hall, sin sacar a bailar a nadie.

CÁRDENAS, J. E., y PAYÁ, C. M., *La Argentina de los hermanos Bunge*, Sudamericana, Buenos Aires, 1997.

sos, que al 6 por ciento neto redituaba 1.860.000 pesos, que en valores del año 1999, significaba una multiplicación del 200 por ciento.

Estas cuentas explican la fuerza de la clase media en las dos primeras décadas del siglo XX, después de casi medio siglo de acumulación, y permiten comprender cómo pequeños chacareros llegaron a ser estancieros o algunos bolicheros de barrio se convirtieron en importadores mayoristas.

De este modo, pudieron comprar casas en las cabeceras de los partidos respectivos, se transformaron de ignotos pobladores en caudillos, intendentes, diputados y senadores, y dieron lugar al nacimiento de la aristocracia local, que no deja de ser más que una burguesía enriquecida.

EL PROLETARIADO

Por su parte, el proletariado, que debía soportar el mayor peso físico en la producción nacional y obtener las menores retribuciones, vivía en una continua lucha por la obtención de mayores salarios y mejores condiciones de trabajo.

Además, aspiraba a una legislación que lo protegiera en casos de accidentes de trabajo, enfermedades profesionales e indigencia en la vejez y que lo defendiera de los abusos y arbitrariedades de capataces y propietarios inescrupulosos.

A pesar de que existían sindicatos y asociaciones obreras, éstas no lograban concentrar la fuerza suficiente como para imponer límites a la explotación, lo que Carlos Marx definió con claridad meridiana: la plusvalía no pagada.

Como resumen, es posible decir que, entre 1864 y 1918, la Argentina era una sociedad en un continuo progreso material, pero que se debatía en medio de contradicciones internas entre el capital y el trabajo, entre la alta burguesía, la burguesía media y el proletariado, de la misma manera que entre nativos e inmigrantes.

Tipos populares, como el lustrador y el canillita, caracterizaron muchas calles céntricas.

CONTRASTES

La calle Florida concentraba los lugares más sofisticados de la Buenos Aires finisecular. Allí funcionaban el lujoso restaurante Sportman; la Confitería del Águila, centro de reunión de la gente chic; La Rotisserie Charpentier, proveedora de exquisitos platos listos para servir; la joyería Favre; el Café de París (famoso por sus carbonadas y pucheros); los hoteles Londres, La Paz, Roma y Argentino; la sastrería Parenthou; la sombrerería de Manigot; la zapatería Bernasconi; la Librería de Mayo; la tienda A la ciudad de Londres y otros negocios más.

Mientras cierta concurrencia frecuentaba Florida con sus mejores galas, en la Boca vivía la gente más sucia y peor vestida de la ciudad, según la opinión de la clase alta.

Las veredas de la calle Florida

fueron durante muchos años un muestrario de la gente porteña.

CLUBES QUE CAMBIARON COSTUMBRES

A partir de la fundación del Club del Progreso, el 1º de mayo de 1852 –constituido inicialmente como entidad político-social y ubicado en la actual esquina de Hipólito Yrigoyen y Perú–, varias costumbres porteñas se fueron modificando de manera muy sutil, aunque marcada.

Sus instalaciones, amplias y lujosas para la época, disponían de salones de lectura y discusión, de billar y naipes, baños calientes y fríos, gimnasio, sectores para la práctica de esgrima, comedores para recepciones o cenas íntimas. La alta burguesía porteña se fue acostumbrando a concurrir allí para cumplir con ciertos ritos impuestos por el protocolo social.

Al Club del Progreso le siguieron, en orden cronológico, El Club del Plata (1860), El Buenos Aires Cricket Club (1861), Dreadnought Swiming Club (1866), el Buenos Aires Football Club (1868), el Club Unión Argentina (1871), The River Plate Rowing Club y el Club Francés (1871), el Club Español (1873), El Círcolo Italiano (1875), el Laurat Bat (1877) y el Jockey Club (1882).

Paralelamente, en los barrios en vías de urbanización fueron apareciendo entidades que cumplían, en pequeño, las mismas funciones sociales, culturales y deportivas que los anteriores.

La población se fue acostumbrando a utilizar sus instalaciones para los festejos familiares, pues eran más lujosas y disponían de mayores comodidades.

Los clubes reemplazaron las residencias familiares y llevaron fuera del hogar muchas celebraciones que antes se realizaban en la intimidad.

Interior del Jockey Club.

Construido en 1886 por el arquitecto M. A. Turner, en su ubicación original, Florida 559.

(Archivo diario La Prensa.)

RASTACUEROS

La clase alta se expresó en actividades lucrativas y la excepción fue la manifestación cultural.

De la misma manera que la calle Florida era el lugar cotidiano donde se asistía para ver y ser visto, Europa se convirtió en el otro polo distinguido para ir al menos una vez al año.

Dice Neruda en su libro de memorias que a estos argentinos divertidos les molestaba cuando eran echados de mala manera, porque se les arrugaban los pantalones y se les alborotaba la cabellera peinada a la gomina.

Por el tren de vida dispendioso se los llamaba rastacueros, castellanización de la voz francesa *rastaquore*, que despectivamente se usaba para designar a las personas con dinero, pero sin cultura ni modales.

Esta asiduidad de viajes, a la que se agregaba el manejo de grandes fortunas, trajo aparejada la costumbre de vender todo el mobiliario y los objetos, pues se reponían con los nuevos que se traían de Europa.

Un ejemplo de estos remates fue el que se realizó en una casa situada en los altos de Florida 123, que tenía salón a la Luis XIV, salón a la Luis XVI, comedor, dormitorio celeste, dormitorio azul, toilette, sala de armas, sala de fumar y cocina, como dependencias principales.

También era el tiempo en que se empezaban a construir edificios modernos, de techos altos, y se abrían avenidas anchas. Mientras en el centro triunfaban la ópera italiana y la comedia francesa, ligera, mundana y licenciosa, en los barrios persistía el éxito de las pantomimas gauchescas.

También es preciso reconocer que muchos argentinos viajaron a Europa deslumbrados por la civilización y el refinamiento y que a su regreso importaron inventos, obras de arte y bienestar material.

Un ejemplo de la riqueza que tenían algunas de las familias de la alta burguesía argentina lo da Pilar de Lusarreta. En su libro *Cinco dandys porteños* se refiere, concretamente, a la herencia dejada por la Nicolás de Anchorena en acciones, propiedades en la ciudad, estancias, etcétera, que totalizaba 167.320.977 pesos.

La clase media muchas veces incurrió en gastos dispendiosos, ya que tenía como modelo el ritmo de vida de los ricos. Muchos de estos gastos excesivos los realizaban para borrar la imagen de sus orígenes pobretones.

REGALOS DE CASAMIENTO

Tocador con tapa de mármol.
Los regalos de casamiento fueron muy variados.
(*Caras y Caretas* nº 921.)

También los presentes de entonces eran distintos de los regalos de hoy. Figuraban en primer término alhajas: collares, anillos, diademas, aderezos, caravanas, piochas, flores de piedras, semejantes a las que ha resucitado la moda. Entre los objetos no faltaba nunca el juego de lavabo de plata, que tenía un lugar destacado en los cuartos de vestir de las casas de entonces. Estoy viendo esas habitaciones alhajadas con la moda de fines de siglo, cuando imperaba el estilo Luis XV, en los muebles de nogal de Italia, con sus curvas y adornos característicos y sus espejos y guardas doradas. Aquellos roperos inmensos de tres cuerpos, aquellas "toilletes" y aquellos lavabos, también de nogal con tapa de mármol donde el juego de plata lucía primorosamente sus piezas. Luego los infaltables "confidentes", o las "chaise longues", y en las paredes cuadros de inocentes alegorías. Entre los demás objetos de moda, contábanse infinidad de fuentes, lámparas de pie -a mecha y querosene- y mesitas de todos los tamaños, piezas de Sèvres, "bibelots", terracotas, negros venecianos o estatuas, que irían a acrecentar la amontonada copia de adornos que lucían las amplias salas de entonces. ¡Y cómo olvidar aquellas canastas de flores, atriles de paja trenzada, con dos centros, el de abajo más amplio, el de arriba más pequeño, cubiertos de rosas, violetas, jazmines, junquillos o jacintos —según la estación— hermanadas por hojas de menudos helechos, distribuidos por doquier! Nada más expresivo que los ramos de flores de antaño y de hoy para mostrarnos la diferencia de las viviendas porteñas de 40 ó 50 años. En la actualidad bastaría un par de canastos-atriles, para tornar intransitables una sala o un "living" comedor, en cambio, qué bien lucían en las amplísimas estancias de las casonas de entonces, del mismo modo como en nuestras reducidísimas y minúsculas salas constituyen preciosos adornos los artísticos vasos y pequeños ramos de hoy. Y es de ver todavía cómo éstos se apretujan en los casamientos y cómo desbordan bajando por las escaleras y los zaguanes, eso sí, tan paquetes y tan ostentosas en las casas de renta de hoy.

TOBAL, Gastón Federico, *Evocaciones porteñas*, Buenos Aires, 1948.

DANDISMO Y BANALIDAD

Junto con los gastos conspicuos y el patoterismo, la clase alta engendró otro fenómeno social: el dandismo.

El dandismo está íntimamente unido al snobismo. Ambos sirven para designar al petimetre; el segundo (*sine nobilitate*), significa sin nobleza y es sinónimo de novelero, fabulador que exagera su admiración por todo lo que está de moda o por lo que tiene brillo social. En síntesis, una persona con pretensiones.

Éste fue el sector social que le dio excesiva importancia al frac, al traje (en los modelos y colores), a las maneras en la mesa, al té y al cuello duro como complemento esencial del vestir masculino.

Entre todos se puede mencionar a Lucio V. Mansilla como un dandy y snob desaforado.

Esa actividad social, distintiva y exclusiva de un sector de la alta burguesía, fue la que llevó a practicar la caza del zorro en los campos luego convertidos en el Cementerio de la Chacarita.

Otro ejemplo, pero atemperado, fue el comportamiento de Jorge Newbery, más conocido como gentleman que como dandy, pero con todas las características de este último.

El dandy era un personaje de la clase media alta, culto, que consideraba guarango levantarse muy temprano por la mañana y encontrar en la calle los tachos de basura.

El dandismo ha quedado expresado en la literatura por obra de Eugenio Cambaceres, quien en *Silbidos de un vago* describía bastante ajustadamente la vida del hombre de club, que no asomaba sus narices a los bailes sino a las dos de la mañana.

Otro rasgo distintivo del dandy era la mantención de bulines lujosos que contrastaban con las piezas de los conventillos y de los hoteles.

Sus lugares de reunión eran el Café de Colombo y el Buzo, en Corrientes y Esmeralda. Allí se concentraban los patoteros para iniciar la juerga nocturna. Antes de culminar la noche pasaban por los teatros Alcazar o El Dorado, donde aprovechaban el bajo nivel de las obras ofrecidas para manifestarse en contra con gritos, tiros y golpes.

Preparándose para salir.
Los detalles del vestir femenino y masculino demandaban horas para salir a la calle.

DIFERENCIAS Y SEPARACIONES

El primer segmento social estaba constituido por los propietarios de campos y haciendas, banqueros, capitalistas, financistas, exportadores e importadores, la mayoría de los profesionales liberales, el alto clero, entre otros.

En el segundo segmento se hallaban incluidos los pequeños propietarios, industriales y comerciantes –tanto rurales como urbanos–, los profesores secundarios, los maestros y los empleados privados y los de la burocracia estatal.

El tercer segmento lo componía la mano de obra especializada, el personal de servicio doméstico, etcétera.

En 1914, el peso demográfico de la clase media tenía la siguiente proporción: alta burguesía, 4,5 por ciento; clase media, 68 por ciento; clase obrera, 27,5 por ciento.

Estos porcentuales casi no se habían modificado desde 1869 y demostraban que la clase alta, dirigente o adinerada, nunca había llegado a ser el 5 por ciento. Es importante el incremento de la clase media, que del 48 por ciento había crecido sin desmayos.

Este último fenómeno no se dio en la clase trabajadora que había disminuido del 32 al 27,5 por ciento.

Ese aumento de la clase media se corrobora con la cantidad de pequeños propietarios en los barrios porteños. En algunos barrios el 50 por ciento era inmigrante. El mismo fenómeno se dio entre los propietarios de campos bonaerenses.

La tendencia a la diversificación de inversiones no se erradicó, pese a la enseñanza dejada por el sacudón del '90.

La Recoleta

pasó de ser un lugar de carpas milongueras a un barrio de refinado recato.

FUNERALES

El funeral era otro hecho social que ponía distancia entre los distintos sectores sociales.

Cuando la baronesa Staffe realizó su publicación sobre las reglas y consejos para conducirse en sociedad (1893) este rito quedó reglamentado.

En este rígido protocolo se establecía desde la manera en que había que asir una taza, hasta el tiempo que correspondía llevar luto.

Cuando una persona fallecía se la velaba en la propia casa, lo que convertía el recinto en una verdadera capilla ardiente desde el momento en que el cadáver era colocado en el cajón hasta su traslado al cementerio. Esta regla que comprendía a todas las clases sociales variaba sólo en la pompa de acuerdo con el poder adquisitivo de los deudos.

Los concurrentes masculinos debían llevar corbata negra y las mujeres, un velo del mismo tono.

Los niños solían ser trasladados a otros sitios, por lo que la ceremonia quedaba reservada exclusivamente a los adultos. El silencio y los susurros se veían interrumpidos por los sonidos del llanto, tanto de las mujeres allegadas al muerto como de las lloronas profesionales que se contrataban al efecto.

Además del famoso piano de luto que carecía de teclas, la manifestación de congoja iba acompañada por el luto en la ropa, pañuelos, tules, abanicos, velos, además de la restricción de las salidas públicas. Los hombres, como padres o hijos, debían mantener las señales de luto (corbata y brazalete negro) al menos por un año. La viuda debía vestir de negro por un lapso más prolongado, que podía llegar al lustro.

Entierro del general de brigada Martín Yrigoyen,

el 7 de abril de 1916. Rodean el cajón Hipólito Yrigoyen, Marcelo T. de Alvear, entre otros.

VELORIOS

Las casas de sepelios ponían a disposición de los deudos desde una extensa variedad de féretros y carrozas hasta empleados cuya vestimenta estaba directamente relacionada con el precio de los servicios. Así, se podían vestir de acuerdo con los estilos clásicos de la aristocracia europea, como Luis XV, napoleónico o moderno.

Cuando las primeras casas de velatorios se habilitaron, debieron vencer la costumbre casi inveterada de los velatorios domiciliarios. Uno de los prejuicios que debieron superar fue el de la falta de respeto y cariño que tendrían hacia el fallecido.

La sala de velatorio, o capilla ardiente, se montaba en una sala previamente desocupada, donde se instalaban biombos preparados al estilo de los retablos navideños, pero adornados con crespones e imágenes sagradas entre las que se destacaban un gran crucifijo de metal dorado y la virgen o el santo del cual el fallecido y la familia eran devotos.

El recinto se completaba con otras imágenes sagradas, coronas, palmas de flores artificiales, confeccionadas en porcelana, satén, raso o seda. Estas ofrendas florales las compraban la familia o las amistades en señal de dolor.

Recién en la última década del siglo XIX las ofrendas artificiales se cambiaron por las de flores naturales. Toda esta parafernalia mortuoria correspondía a la clase alta, pues la media y la baja no tenían medios económicos para solventar un velatorio ni un entierro de estas características. Para ellas quedaban las modestas ofrendas florales realizadas con flores del jardín, si había posibilidades de conseguirlas. Existen testimonios fotográficos de entierros y velatorios sin ninguna flor y desprovistos de boato.

En los sectores menos adinerados el traslado del féretro hasta el cementerio se hacía en modestos carros.

Mausoleo de Juan Bautista Alberdi.

Aquí descansan sus restos, después de su repatriación.

CEMENTERIOS

Algunos entierros se llevaban a cabo en el cementerio que entre 1867 y 1871 funcionó en la actual manzana de Santa Cruz, Uspallata, Caseros y Monasterio. También se realizaban en el llamado cementerio del Oeste, actual Parque Los Andes, que llegó a albergar más de 20.000 cuerpos.

En Vélez Sarsfield y Amancio Alcorta había otro cementerio, llamado La Esquina de las Cruces, donde se daba sepultura a los protestantes afectados por la fiebre amarilla durante los años 1871 y 1878.

Al colmarse la capacidad del cementerio del Oeste, se creó el cementerio de Chacarita (llamada Vieja), a fin de ubicar a los afectados por la mencionada fiebre. Para su traslado se utilizaban trenes, tranvías y carros de basura. A partir de 1876, ese lugar quedó bajo la jurisdicción municipal.

En 1871 se dispuso que los terrenos comprendidos entre Castañares, Varela, Lafuente y Balbastro se utilizaran para dar sepultura a los fallecidos en barrios cercanos. Es el lugar del actual Cementerio de Flores.

Cuatro años más tarde la manzana comprendida por Monroe, Miller, Valdenegro y las vías del ferrocarril –hoy Plaza Marcos Sastre– se utilizó para dar sepultura a los fallecidos. Funcionó hasta 1898, año en que se lo clausuró.

Entre 1855 y 1875 se estableció en Belgrano un cementerio que tenía como límites las calles del Tejar, Blanco Escalada, Zapiola y Monroe.

Entierro en la Recoleta.

Siguiendo la costumbre iniciada por Lucio V. López, a fines del siglo XIX, los entierros importantes debían pasar por la calle Florida antes de encaminarse hacia la Recoleta.

En 1886 ya estaban terminadas las obras civiles para la habilitación del cementerio de Chacarita, llamada la Nueva, para distinguirla de la anterior Chacarita.

Originalmente tenía una superficie de algo más de 700.000 m2, dentro de la cual se cedieron terrenos para los cementerios de disidentes y colectividades extranjeras.

Respecto a la población israelita, en 1906 se fundó en Avellaneda un cementerio propio, separado y autónomo donde recibieron sepultura los miembros –varones y mujeres– de la Zwi Migdal, que tenían prohibido el entierro en camposantos ortodoxos.

ENTIERROS

Las carrozas variaban desde las simples tiradas por dos parejas de caballos hasta las muy ornadas, con luces amortiguadas y con seis animales.

El sitio donde se depositaba el cajón estaba guarnecido por columnas torneadas, volutas y adornos, que culminaban en una gran cruz labrada.

La madera estaba laqueada en negro. Los costados se cerraban con tules o cortinas caladas con puntillas en el mismo color donde no faltaba la figura de la cruz.

Las ruedas de las carrozas más importantes estaban recubiertas con un compuesto de goma muy resistente que se usaba para apagar los ruidos de la llanta sobre el pavimento o los adoquines.

El tamaño y los adornos de estas carrozas estaban directamente relacionados con el costo del servicio contratado; igual que la cantidad de caballos usados para arrastrar la carroza.

La clase media baja empleaba dos caballos; la clase media, cuatro y la clase media alta y la clase alta, seis. Estos últimos requerían la presencia de palafreneros vestidos de jaquet, uno a cada lado de los caballos del frente. Los animales, que estaban adiestrados para desplazarse a trancos cortos y lentos, levantaban mucho las patas delanteras, lo que imprimía a la marcha del cortejo una solemnidad acorde con la categoría social, política o económica del muerto.

Los caballos de los coches fúnebres eran seleccionados entre los llamados de Frisia (Holanda) o frisones, y de Perche (Francia) o percherones, por el tamaño físico y la fuerza que tenían. Además, eran caballos "enteros" (no castrados). Como no siempre se los encontraba de color negro, paulatinamente se los fue reemplazando por los llamados Orloff. Este conde ruso, tras sucesivas cruzas de caballos ingleses, había logrado un tipo de caballo corpulento, de líneas finas y armónicas, con un pelaje negro muy profundo y parejo.

Delante de la carroza marchaban de uno a tres coches abiertos que llevaban las ofrendas florales recibidas. Detrás, se alineaban las berlinas cerradas, con vidrios oscuros, que transportaban a los deudos íntimos, familiares y amigos más allegados. El resto de los asistentes se trasladaba en coches de plaza alquilados.

Poco a poco el boato que rodeaba a los velorios y entierros se fue aligerando y, de esa manera, desaparecieron las lloronas profesionales, los lacayos, los pianos de luto y los lienzos negros. Con el tiempo todos los vehículos y los caballos fueron desplazados por los automóviles, lo que simplificó la solemnidad y abarató costos.

En los entierros de los niños el color negro se reemplazaba por el blanco, para significar la pureza de la criatura fallecida.

Los dos personajes que completaban las ceremonias eran las lloronas profesionales, ya mencionadas, y los fotógrafos que registraban los rostros de los concurrentes para los álbumes familiares y para su publicación en los distintos medios gráficos.

Pradójicamente, las casas de servicios fúnebres también publicaban ofertas de carruajes para el carnaval.

Toda la parafernalia del velatorio y el entierro se simplificaba y reducía a medida que se pasaba de una a otra clase social, hasta el punto de enterrar al muerto sin ninguna ceremonia previa.

A fines del siglo XIX, los entierros importantes debían pasar por la calle Florida antes de encaminarse a la Recoleta, siguiendo la costumbre indicada por Lucio Vicente López en la década de 1880.

LOS VERANEOS

Otra manera de destacarse de la alta burguesía era el veraneo local. A fines del siglo XIX, los lugares preferidos eran las quintas cercanas y los campos alejados. La baja burguesía elegía la localidad de Adrogué como sucedánea.

Estos sitios se alternaban con las playas, los baños termales o las muy selectas pistas de sky de diversos países europeos.

Muchas de las familias reinstaladas en el Barrio Norte después de su traslado del lado sur de la ciudad, reedificaron sus moradas familiares imitando los palacetes y petit hoteles europeos. Así, por ejemplo, en la avenida Alvear se erigieron estupendas construcciones en estilos franceses Luis XV o Luis XVI, la mayoría de ellos bajo la dirección de René Sergent o sus discípulos.

Impusieron ambientes rococó, con techos y pisos taraceados, muchos gobelinos y tapizados, cerámicas francesas o inglesas, molduras y adornos dorados, escaleras de mármol, imponentes arañas con caireles de cristal de roca, espejos biselados y alfombras importadas del Medio Oriente. Al mismo tiempo difundieron la moda de los sahumadores para perfumar los ambientes.

También se dio cabida al arte japonés manifestado en cuadros, biombos y kimonos que reemplazaban los saltos de cama, las batas de entre casa y, en muchos casos, al saco, llamado en lenguaje cotidiano fumoir.

Casaquinta en Olivos, Buenos Aires, 1915.

Propiedad de Alfredo Urquiza, demolida en 1939.

JUVENTUD Y RELIGIÓN

Delfina Bunge.

En su juventud, cuando ya se le reconocían sus condiciones de poeta.

(Archivo personal de Lucía Gálvez.)

Educadas por monjas francesas o por institutrices inglesas, las inalcanzables "niñas" de principios de siglo imitaban, con o sin conciencia de ello, a las aristocracias europeas. Todas las porteñas distinguidas parecían princesas de la corona británica, si no en el lujo, en las precauciones, cuidados y ridiculeces con que se las rodeaba. La Reina Victoria, después del escandaloso reinado de los Jorges, había impuesto en Inglaterra una rígida disciplina social sumamente puritana que se extendió por medio de la literatura y de las institutrices. Delfina, que no había podido sustraerse a ese puritanismo en las costumbres, veía más claro en lo social, influida seguramente por la prédica de sus hermanos, especialmente Augusto, testigo de las miserias en los conventillos en su carácter de estudiante de medicina. Este sentido social le hacía apreciar la igualdad preconizada en el mensaje cristiano al que adhería plenamente. Amaba también las funciones litúrgicas en las que todos participaban, demostrando la unidad y universalidad de la Iglesia. Las celebraciones del Mes de María, que comenzaba el 7 de noviembre, se realizaban en el colegio todos los días, por las mañanas para las alumnas y por la tarde para todo el pueblo. A veces Delfina iba especialmente al atardecer para sentirse parte de esa gente humilde.

Un negrito encendía las velas, una religiosa añadía azucenas, hincándose entre las flores, mientras las ordenaba. Sonaba el órgano, y a las voces del coro se unían las de todos aquellos humildes: chicas, obreros, viejas. Uní mi voz a las de ellos "Venid y vamos todos", y fue un verdadero regocijo. Sí, por fin éramos todos.

Diciembre tenía un encanto especial: los últimos días del Mes de María que culminaban con los festejos del 8, la partida a San Isidro y el cambio de vida que esto implicaba, la cercanía de la Navidad, que era a la vez su cumpleaños, el perfume de los jazmines y el canto primaveral de los zorzales, todo contribuía a una exaltación de los sentimientos afectivos y religiosos. Quizá a Delfina no le hubiera gustado mucho saber cuál había sido el origen del Mes de María, que tanto en Europa como en América del Sur coincidía con plena primavera (mayo y noviembre). A principios del siglo XVIII, los prácticos jesuitas idearon (Dionisi en 1726, Alfonso María de Ligorio en 1750, etc.) esta intensificación de la devoción a la Virgen María en ese tiempo en que todo renace y hay, sobretodo en los jóvenes, una exaltación del amor que podía atemperarse con el ideal de la pureza y los rituales del culto.

GÁLVEZ, Lucía, *Delfina Bunge*, Planeta, Buenos Aires, 2000.

MAR DEL PLATA

Antes de ser incorporadas al ejido urbano (1887) las quintas del barrio de Flores eran uno de los centros de veraneo de la clase alta, que no tenía necesidad de trasladar a todo el grupo familiar a las estancias, no siempre cercanas ni con las comodidades deseadas.

La importancia de Flores se acrecentó al tenderse el ferrocarril, pues ahorraba trastornos y brindaba el bienestar de un viaje rápido y económico.

En esas quintas se realizaban muchas reuniones sociales, con ágapes y bailes. A su vez, por las tardes, cuando el rigor del sol y el calor habían menguado, la gente joven paseaba a pie o a caballo por las calles colmadas de tupidas arboledas.

Por iniciativa de Patricio Peralta Ramos, en 1886, después que el ferrocarril llegó a la playa de Mar del Plata, el lugar fue adquiriendo status social.

A ella concurrían las familias enteras que se alojaban en casas propias o en hoteles. Así, de ser una playa solitaria, abatida por el oleaje y los vientos, se convirtió en un lugar propicio para pasear por la rambla Bristol (construida por iniciativa de Carlos Pellegrini) y hacer sociedad en corrillos familiares.

La rambla de Mar del Plata, 1915.

En ella desfiló la sociedad porteña en sus períodos de vacaciones.

Luego se fueron difundiendo los paseos a caballo por las playas, la práctica del golf, de tenis, de croquet, las caminatas, las cenas, los bailes, todo ello circunscripto al cerrado círculo de familias que estaban en condiciones sociales y económicas de asistir.

En enero de 1897, se estimaba que el arribo de veraneantes era de 300 por día.

En 1918, Mar del Plata ya había adquirido resonancia internacional, pues familias de Uruguay, Paraguay, Chile y Brasil se acercaban a sus playas.

El sitio conocido como La Loma estaba lleno de chalets y por las noches brillaba por la gran iluminación. Abajo, los hoteles ardían en el esplendor de sus magníficas reuniones. Viejos conocedores de los grandes centros europeos afirmaban que nada había capaz de exceder la amplitud de sus soberbios comedores.

En 1913 se inauguró una parte de la nueva rambla, una construcción monumental llamada a sustituir el maderamen tendido a orillas del mar. Ni Biarritz, ni San Sebastián podían ostentar un lujo semejante.

La playa preferida por estos veraneantes era la de los Ingleses, aunque otros elegían lugares más solitarios.

En ella, para contrarrestar la fuerza de las olas, los bañistas se aferraban a las sogas tendidas. Las mujeres realizaban un baño simbólico que consistía en mojar las amplias ropas, asistidas por playeros que las esperaban con toallas, para evitar el enfriamiento.

La zambullida quedaba para los hombres y algunas mujeres osadas, que se internaban hasta donde el agua les cubría las rodillas. Llevaban la cabeza cubierta con gorros muy amplios o muy ajustados, en colores que contrastaban con el resto del ropaje playero.

Ese año la moda femenina manifestó predilección por los vestidos blancos con cinturones negros, complementados con calzados, medias y carteras negras.

La parte interior del ala de los sombreros, la que iba sobre la cara, tanto para los varones como para las mujeres era gris, y servía para atemperar la luz cegadora del sol.

Entre las fiestas mundanas que se anunciaban, figuraba el baile que daría en su palacio del Boulevar Marítimo la opulenta dama doña María Unzué de Alvear.

También se hablaba de una fiesta análoga ofrecida por la rica y bella señora Adelia Harilaos de Olmos, que se había instalado en el chalet que, con motivo de su viaje a Europa, había dejado desocupado el doctor José Luis Cantilo.

Para la clase media y la pobre quedaban las orillas del Río de la Plata, desde Tigre hasta Quilmes, los parques y los modestos clubes barriales o de las colectividades extranjeras.

Los arroyos vecinos al Río Luján y al Sarmiento servían para la práctica del remo, y contaba con la presencia de ingleses, alemanes, suecos, españoles e italianos.

Los fines de semana se visitaban las islas Maciel y Demarchi donde se hacían asados, bailes y se jugaba a la taba.

En Mar del Plata, las fechas en que se celebraba el día de Santa Cecilia, patrona de la población, eran ocasiones propicias para la sociabilidad. Además de las ceremonias religiosas, por las noches se celebraban reuniones danzantes en las casas de las principales familias que concurrían en las temporadas de verano.

LA INFANCIA

Con anterioridad a 1870, la existencia de los niños en las calles porteñas llamaba la atención de las autoridades y de los estudiosos. No sólo impresionaba la cantidad, sino también la falta de ocupación lícita y la ausencia de educación elemental, ya que de acuerdo con los testimonios, se concentraban en los atrios de las iglesias, las plazas y los huecos a jugar, fumar y practicar algunas ocupaciones consideradas viciosas.

Esta abundancia puede atribuirse a tres factores fundamentales: la ola inmigratoria, que parecía no tener fin, la precariedad de los alojamientos de las clases menesterosas, y la falta de atención de los padres, ya que estaban abocados a trabajar largas horas dentro o fuera del domicilio, para alcanzar un ingreso que permitiera el sustento del grupo familiar.

A todo esto debe agregarse la escasez de escuelas públicas que educaran, encarrilaran y alejaran a los niños de las calles, plazas y otros lugares no recomendables para la salud y las normas de convivencia.

Niños vendedores de diarios.

Fueron usados para acrecentar los magros ingresos familiares.

Niños jugando en el patio de un conventillo.

Se aprecian las jaulas con canarios, llamados las aves de los pobres.

LOS NIÑOS DE LA CALLE

Los espacios públicos se constituían en los lugares naturales para recibir a los niños pobres, ya que las puertas de los conventillos estaban prohibidas, por reglamento, tanto para que permanecieran como para que jugaran.

Sin embargo, estos espacios públicos no siempre se utilizaban para esparcimientos inocentes, pues a ellos concurrían barritas o patotas, que molestaban, robaban, jugaban por dinero, fumaban y practicaban el onanismo, la homosexualidad o la heterosexualidad.

Podían reunirse de noche en un zaguán de Chacabuco y México, por ejemplo, a hacer concursos y hasta apuestas en la práctica del onanismo, con la misma naturalidad que durante el día practicaban el juego de bolitas, tapadita o arrimada.

Esos juegos insumían las ganancias de los pequeños robos, de los juegos amañados, de la venta de diarios, del reparto de volantes, de los mandados, del cuidado de caballos o vehículos. Las ganancias y las depravaciones se incrementaban a medida que crecían y ganaban en desarrollo físico. Los varones, por ejemplo, comenzaban a atender a los gays ricos, que acudían a las confiterías o a los hoteles lujosos, en busca de menores predispuestos a tener una relación sexual en privado por un billete de 5 pesos. Lo mismo sucedía con las niñas que se entregaban por una suma igual o por una cena abundante.

En los años cercanos al primer Centenario de Mayo los niños sin domicilio fijo, o sin hogar, llegaban aproximadamente a diez mil. Este no es un dato sin fundamento, ya que en la Sociedad de Beneficencia de la Capital, ingresaron como promedio anual algo más de 4.000 niños abandonados por los progenitores.

A eso deben agregarse los asilos que iban creciendo en número, ya que en 1914 se contabilizaban 40 de ellos.

Por su parte, la niñez de la clase media estaba bastante alejada del conventillo y concurría regularmente a la escuela pública, por lo que su presencia en la calle era menor.

En este sector social, los compañeros eran los parientes cercanos, primos o hermanos, a los que se agregaban los compañeros de escuela y los hijos de los amigos de los padres.

Estos niños de la clase media tenían ocupaciones desconocidas por los niños del lumpenaje, como la lectura y la música enseñada de acuerdo con sistemas pedagógicas.

Por su parte, la infancia de la clase alta muy raramente tenía en los espacios públicos su escenario de esparcimiento. Para ello estaba la casa propia o la de los parientes, con habitaciones destinadas a sus juegos.

Las memorias de Julia V. Bunge y Victoria Ocampo, por ejemplo, narran que las amistades infantiles eran la prolongación de las amistades paternas, ya que todo ese sector social se desenvolvía dentro del mismo círculo.

LOS JUGUETES Y LOS JUEGOS

Tanto los juguetes como los juegos sirven para comprender la situación de los niños de acuerdo con su condición social.

Entre los niños de la clase baja, los juegos más difundidos eran las bolitas, la chantada, la tapadita. En los dos últimos utilizaban las monedas de menor valor, llamadas cobres, que obtenían en los trabajos en la vía pública.

Estos juegos, mezcla de suerte y habilidad, se difundieron a partir de 1868, cuando los canillitas invadieron las calles céntricas de la ciudad. A principios del siglo XX, según estimaciones de José Ingenieros, la cantidad de niños vendedores de diarios no era inferior a 600.

En esos años muchos juegos se realizaban con figuritas que se distribuían en las escuelas o que venían en las golosinas, y que tenían fines didácticos.

Entre los juegos hay que agregar el puente y los barriletes rudimentarios.

Juegos de niños.

Los juegos grupales sirvieron como iniciación en la convivencia social.

Para los niños de la clase baja los juguetes de jugueterías estaban totalmente vedados por su precio. Las excepciones eran los fabricados por los padres o los que recibían como regalos de descartes de la clase acomodada.

Por su parte, los niños que concurrían a la escuela se iniciaban en el juego del gran bonete, zeta bayeta, ronda, escondida, mancha, gallinita ciega, hilo de oro, hilo de plata, botoncito, soga, plumas, payana, rango, rayuela, ta-te-ti y uñate, adecuados para varones o niñas.

Eran juegos grupales que trataban, de manera indirecta, de inculcar la convivencia con otros niños desconocidos y fomentar la sociabilidad.

EL DIVORCIO

El divorcio y la Iglesia.

En el barco, de izquierda a derecha: diputados Reybell, Castellanos, Repetto, Moreno y Bravo. En el submarino, los obispos.

Los registros indican pocos casos de divorcios o de anulaciones a causa de no haberse consumado el connubio, o por razones de homosexualidad.

La misma proporción tenían los divorcios por infidelidad femenina, ya que además de falta de pruebas legales, muy pocos hombres aceptaban perder su orgullo ante la sociedad.

En cambio, los divorcios solicitados por mujeres eran más del 90 por ciento. Las razones invocadas variaban e iban desde el abandono del hogar, la falta de atención a las necesidades económicas, los malos tratos a los hijos o las golpizas, el alcoholismo y finalmente la infidelidad.

Otra de las razones argüidas eran las queridas mantenidas en departamentos o casas.

Un observador de la época, Federico Tobal, señala estas infidelidades como pertenecientes a los niveles económicos más altos. Durante los viajes anuales a Europa los hombre traían a la mantenida de turno. Se puede mencionar a Benito Villanueva como el prototipo de hombre que mantenía queridas llegadas en barco, junto a las partidas de vino francés y los trajes londinenses.

Los divorcios, en general, pertenecían a la clase alta, pues la clase media y la baja no contaban con el dinero necesario para un juicio, por lo que preferían callar o separarse de hecho.

Los censos de 1904, 1909 y 1914, arrojan cifras muy poco representativas respecto de los amancebados y de los hijos de madres solteras, lo que demuestra, de manera indirecta, la aceptación de las separaciones de hecho, antes que los trámites largos, engorrosos, vergonzantes y caros.

Archivo periodístico del autor.

A su vez, aparecieron muchos modelos de muñecas, soldaditos de plomo, lata o impresos, coloreados o para colorear, reproducciones de animales de corral o domésticos –que en la vida real eran cotidianos en muchos hogares–, pitos, sonajeros, trompos y baleros.

Para los niños de clase media y alta era común y normal la concurrencia a los circos, los teatros y los conciertos.

Las distracciones en las casas se realizaban en las salas de juego, especialmente diseñadas, decoradas y surtidas de juguetes.

Otro entretenimiento que distinguía las clases eran los libros y revistas adecuadas a la edad de los niños. De todos modos lo que producía la diferencia más notable eran las vacaciones y los descansos estacionales.

Los juguetes de los niños de la clase alta eran traídos de Alemania, Francia, Gran Bretaña o comprados por catálogo en la casa del importador directo.

Las muñecas para las niñas llegaban de París (cabeza de porcelana, pelo natural y un número a la altura de la nuca) o de Alemania.

Otra diferencia notable entre las clases era la presencia de las institutrices, como lo señalan con claridad Lange, Bullrich o Bunge al remarcar que su niñez y adolescencia estuvieron pautadas por la presencia de las distintas institutrices.

Lo idéntico para los niños de las diferentes clases sociales eran los castigos físicos y la ausencia de persuasión. Esto se notaba en las escuelas, donde, a pesar de las prohibiciones legales, eran de práctica cotidiana.

Los soldaditos,

en todas las épocas, fueron juguetes muy apreciados por los niños.

(Colección del doctor Quiroga Micheo.)

LA MUJER

En la historia argentina desde la fundación de Buenos Aires hasta hace pocos años, las mujeres destacadas en los hechos políticos, literarios o artísticos fueron excepciones que confirman la regla del machismo sin cortapisas.

Ellas catalizaban los hechos, pero no los protagonizaban. Desempeñaban un papel secundario en la casa, se ocupaban de las tareas domésticas, de la crianza de los hijos y, en los casos necesarios, también salían a trabajar para solventar los gastos familiares.

Nunca rehusaban ninguna responsabilidad y, de alguna manera, a través de la educación intentaron abrirse paso y alejarse del relegamiento social.

LA TENTACIÓN Y LA OBLIGACIÓN

El centro tentaba con sus lugares de diversión a las jovencitas inexpertas, pues pasando la frontera de los barrios estaba la ilusión casi tangible de un mundo mejor.

Ese contraste entre lo vivido y lo anhelado fue el tema matriz de muchos sainetes y tangos. En la novela de Manuel Gálvez, *Historia del arrabal*, encontramos una expresión literaria muy cercana a la realidad cotidiana de aquella época.

Sin embargo, también las obligaciones las acercaban hacia ese otro mundo, pues día a día se imponía la necesidad de que las mujeres aportaran y contribuyeran al sustento familiar, ya fuera trabajando en las fábricas o en su casa, cosiendo para afuera.

Las estadísticas y estudios sociales indican que había rubros manufactureros donde el 40 por ciento de la mano de obra era femenina que trabajaba por tanto (a destajo) o en su propia casa (cigarreras, costureras, sastres, lavanderas y planchadoras, etcétera). Otras actividades superaban con creces el 30 por ciento.

También se puede encontrar un rol de subordinación femenina en el teatro porteño del género menor. En las piezas representadas, la mujer era el eje sobre el que giraban los amoríos, pero no dejaba de ser un aditamento más para que el primer actor se luciera.

Los libros sobre la condición femenina son la expresión de las mujeres de la clase alta, que gracias a la educación recibida podían escribir y pensar sobre su vida y su mundo.

Aviso medicinal.
La belleza femenina fue el atractivo para la venta de remedios dedicados a restablecer las fuerzas perdidas en el trabajo.

La mujer de la clase media y del proletariado, además de tener una educación deficiente, no tenía tiempo para escribir, como deleite personal ni como profesión.

Nadie habla, salvo contadísimas excepciones, de ninguna mujer periodista, que formara parte estable de la redacción de ningún diario ni revista. Las excepciones no abundan.

LA MADRE SOLTERA

La mujer que se convertía en madre soltera no podía evitar la condena ética de la sociedad que estaba aferrada a leyes al parecer inmutables e inviolables.

El resultado era la marginación, por más madre trabajadora que fuera. La censura, cuando no la condena definitiva, se sintetizaba en la frase "por algo será".

Las mujeres que habían logrado acceder a niveles de cultura suficientes como para expresarse en prosa o en verso, para contrarrestar el machismo imperante, acostumbraban a dar a conocer sus producciones literarias bajo seudónimos. La síntesis de todas ellas fue César Duayen, cuyo nombre civil era Emma de la Barra de Llanos, distinguida por su amplia cultura humanista.

Este hábito fue también muy frecuente en las delincuentes y prostitutas que utilizaban en sus trabajos nombres supuestos o seudónimos masculinos.

CONTRACARA SOCIAL

Para los meses finales de 1900 se mencionaban como integrantes de la clase alta a Delfina Caprile de Mitre, Laura Bosch, Matilde Buschiazo, Teresa Urquiza, Dolores Victorica, María Carmen Sala, Dolores Arana de Demaría, Sofía Yañes de Llanes, Carmen Marcó del Pont, Rosario M. de Dorrego, Dolores Lavalle de Lavalle, entre otras.

En ocasión de designarse la comisión de damas para recibir a la Infanta Isabel en su visita para mayo de 1910, la misma estuvo integrada por María T. Quintana de Pearson, María Baudrix, Rosa Ocampo de Elía, Carmen Marcó del Pont de Rodríguez Larreta, Dora B. de Cazón, Enriqueta Basabilvaso de Catelín, Agustina Luro, Mercedes Zapiola de Ortiz Basualdo, Susana Torres de Castex y Juana Baudrix.

Esos apellidos eran la flor y nata de la sociedad porteña del centenario. Esas damas u otras de su clase social repartieron para el Día de Reyes juguetes a los niños pobres de los conventillos.

Sin dejar de desempeñar los papeles sociales que les correspondían por pertenecer a la clase alta de la sociedad porteña, ya se vislumbraba hacia 1913 un cambio en ellas y en sus actividades sociales.

En la mujer porteña confluían el recato y el ascetismo heredado de la época hispana, el hedonismo de la *belle epoque,* seguido por la incipiente liberación en las ropas y los modales y los comportamientos sociales que se desataron después de 1910.

Esos cambios coincidieron con las formas o maneras del matrimonio, pues de los casamientos concertados entre los padres se fue llegando de manera lenta pero inexorable, a los casamientos de mutuo consentimiento, donde el amor de la pareja estaba presente.

Esto a su vez trajo aparejada la dura crítica de los sectores tradicionales y conservadores, pues consideraban al trabajo femenino como la antesala o el primer paso para la vida riesgosa y la posible pérdida de la virginidad, condición importante para que la mujer contrajera matrimonio.

Mientras la clase alta aceptaba que sus mujeres escribieran prosa o verso, estudiaran carreras liberales y las ejercieran, como una manera de alcanzar la liberación social, criticaba con términos muy duros a las integrantes de la clase media o baja que buscaban el mismo objetivo por el logro de un salario que les permitiera romper con las limitaciones impuestas por la pobreza.

De algún modo la clase alta intuía que esa libertad a la postre rompería la estructura social que consolidaba sus privilegios.

Las mujeres que rompieron con el quietismo y la ramplonería de sus respectivas épocas históricas, fueron Mariquita Sánchez, Melchora Sarratea, Joaquina Izquierdo, Juana Manso, Rosa Guerra, Juana Manuela Gorriti, Eduarda Mansilla, Josefina Pelliza, Celestina Funes, Lola Mora, la señora de Coni, entre otras.

Fuera de esas personalidades, la mayoría de las mujeres de la sociedad llevaban existencias anónimas con vidas grises, irrelevantes y perdidas en el amontonamiento creciente de una población que no terminaba de madurar, salvo en las reuniones sociales donde eran el centro de las miradas y atenciones masculinas.

EQUILIBRIO ENTRE CUERPO Y ESPÍRITU

Escuelas elementales de varones y niñas

(Paraná y Santa Fe).

En la mayoría de las escuelas primarias no funcionaron aulas mixtas hasta bien entrado el siglo XX.

Junto con el progreso económico se fue concretando de manera progresiva la tarea de educar al soberano, lema alberdiano y prédica constante de Sarmiento.

Este hecho se desarrolló sobre todo al sancionarse la Ley de Educación Común que hizo de la escuela primaria una obligación primero y luego, una necesidad.

Entre 1864 y 1918, los índices de analfabetismo se fueron reduciendo de manera constante año a año, debido al aumento de Escuelas Normales de donde egresaban maestras y maestros que se adentraban en la pampa húmeda y hasta los sitios más remotos del territorio de la nación.

Este auge e impulso de la educación primaria hizo de la profesión del docente una actividad con prestigio social.

Luego, surgieron otras disciplinas para complementar paulatinamente los nuevos horizontes que la ciencia y la técnica iban abriendo.

Históricamente las facultades de Derecho y Medicina eran utilizadas por la clase política para ocupar toda la gama de cargos y puestos electivos y rentados que el presupuesto nacional proveía.

Por ello, en una muy ligera revisión de los ministerios y de las bancas provinciales y nacionales, se encuentran abogados y médicos por doquier, que si bien habían pasado por las aulas universitarias, sabían poco de las ciencias o materias que habían cursado. Estas incongruencias eran constantes debido al bajo nivel de la política, que decía clamar por la democracia y las libertades cívicas, pero practicaba los fraudes más escandalosos.

Este contexto político coincidía con el bajo nivel educativo de los miles de inmigrantes que llegaban para trabajar. Sin embargo, los hijos y los nietos de esos inmigrantes eran ciudadanos que tenían derecho a la educación y a la cultura.

Por todo esto, la tarea de educar fue una verdadera obra ciclópea. Partió de la nada, pues no había escuelas, maestros ni dinero para financiar semejante empresa, y requirió de mucho más que voluntad y buenas palabras.

Cada niño sacado del analfabetismo era un premio para todos los que directa o indirectamente colaboraban en ese esfuerzo, pues estaban sembrando la semilla de los buenos ciudadanos y de las personas que la nación necesitaba.

La apertura de escuelas de enseñanza primaria posibilitó dos cosas muy importantes para la Argentina de aquel entonces: difundir la enseñanza elemental, aunque sea recurriendo a la técnica de los palotes iniciales, y posibilitar el control médico y sanitario de los niños, que acudían a las escuelas desde los estratos más diversos de la sociedad. Por un lado, se influía en la toma de conciencia respecto a normas sociales de convivencia entre los diferentes niveles económicos, equiparándolos a todos con el rasero de las lecciones cotidianas y, por otro lado, se lograba que los niños de los conventillos, con míseros niveles de vida, aprendieran los beneficios de la higiene, aunque fuera elemental, como el lavado de las manos y la cara con agua y jabón una vez al día. Asimismo, se los despojaba de piojos y otros pobladores de las cabelleras infantiles. También la escuela sirvió para difundir y practicar la aplicación de vacunas contra enfermedades muy comunes entre los pequeños. En pocas palabras, la educación inicial y luego, la secundaria y universitaria, fueron como tres escalones ascendentes, para preservar la salud. A medida que se adquirían conocimientos, se aprendían las costumbres básicas de la higiene. Esto permitiría ser sano, fuerte, culto o inteligente, como se decía en aquellos años.

Interior de una escuela de niñas.

Pueden observarse las ropas largas hasta la mitad de la pierna, muy características de la moda femenina hasta 1920.

EL VALOR DE LA ENSEÑANZA

Un análisis desapasionado de la educación impartida entre 1864 y 1918 nos permite valorar los tremendos esfuerzos que se realizaron para imponer la educación primaria gratuita, obligatoria y laica. Para ello, hubo que superar prejuicios y luchar contra viejas rémoras elitistas, la falta de personal idóneo y las falencias presupuestarias.

Con todas las críticas que actualmente se pueden hacer, es imposible no aquilatar positivamente lo realizado.

Entre las críticas que surgían en primer lugar, tanto para la educación primaria como la universitaria, estaba la de no haber enseñado a pensar y razonar los conocimientos impartidos, pues en su mayoría las camadas salidas de las escuelas, colegios y universidades eran memoristas.

Si fuera posible poner en una balanza ideal los pros y los contras de la educación y la cultura de este período, veríamos que el fiel se inclina a favor de todo lo hecho, pues por algo la Argentina llegó a ser importante en América en materia cultural, despojada esta afirmación de todo asomo *chauvinista*.

PANORAMA GENERAL

La Argentina tenía cereales y vacunos, pero carecía de laboratorios científicos. Las universidades, de cualquier especialidad, preparaban hombres para la política, no para la ciencia.

El jardín de infantes fue la etapa previa de la niñez antes de su ingreso a la educación primaria.

Ese escepticismo posiblemente estaba influido por el predominio de la clase media, que no tenía raíces profundas en el territorio, pero sí fuerzas e ideas para cambiar el perfil nacional, sin llegar a renegar del pasado, aun cuando lo cuestionara hasta lo más profundo.

A pesar de las dificultades y limitaciones materiales, un sector de la burguesía media, si bien no había hecho de la literatura y de las artes su medio de vida, había logrado nuclearse entre pares para analizar, criticar y al mismo tiempo impulsar las manifestaciones espirituales. Se reunían peñas como El Ateneo de Buenos Aires (1893), y las que informalmente se constituían en las más importantes librerías, como Casavalle, la de los hermanos Möen, Lajouanne, etcétera.

Esos movimientos literarios recibieron un notable impulso con la presencia de Rubén Darío (1893), que desde el café de la bohemia, llamado por los intelectuales La Helvética, orientaba las inquietudes de jóvenes y adultos.

Entre 1890 y 1914 se publicaron en la Argentina 362 revistas literarias, de las cuales sólo quince sobrevivieron más de dos años. Este dato demuestra una intensa vida intelectual, en medio de dificultades económicas.

Ricardo Rojas con su libro *Restauración nacionalista* marcó un momento muy importante para este replanteo cultural. Él bregaba por salvar los valores de la nacionalidad y dejar de ser una colonia intelectual de España, Francia e Inglaterra, remontándose a los valores americanos anteriores a la llegada de los españoles.

En 1890 no llegaban a 2.900 la escuelas primarias en la ciudad de Buenos Aires, con un promedio de 16,8 alumnos en cada una de ellas. En 1908 el número de alumnos había aumentado a algo más de 618.000 y el promedio por cada escuela era de 103.

A pesar de los adelantos logrados, en esos años se hacía notar con carácter alarmante la deserción escolar.

Además, existían los castigos físicos con los punteros, los plantones en los rincones con los sombreros de burro y, en los internados, el retaceo de determinados platos en el almuerzo o la cena.

La mayoría de las bibliotecas eran deficientes en cuanto a la cantidad y calidad de las obras. Predominaban las de historia natural o historia. Esas deficiencias se paliaban con la educación que se recibía en el hogar. Por ello, en la mayoría de las memorias dejadas sobre la infancia y la adolescencia, se menciona reiteradamente la educación adquirida con profesores particulares. Este tipo de educación inicial sólo era posible para el sector de la alta burguesía.

También caracterizó a la educación de principios del siglo XX la tendencia al patrioterismo. En algunos sectores llegaba a la xenofobia o al nacionalismo extremo, cristalizado en organizaciones como la Liga Patriótica Nacional (1901), que luego se prolongaría con mucha virulencia en la Liga Patriótica Argentina de 1919.

EDUCACIÓN PRIMARIA

Uno de los adelantos de notoria influencia fue el cambio de las técnicas pedagógicas, aunque este proceso tuvo lugar como las ondas en el agua, que se expanden desde el centro a la periferia.

Aula de 2° grado, con inscripción en el pizarrón.

(Álbum del Consejo general de Educación.)

EL VIEJO COLEGIO NACIONAL

El nuevo año que para los estudiantes fenece en estos días de tribulaciones y nerviosismo, ante el espectro fatídico de los exámenes, tendrá para los del Colegio Nacional de la calle Moreno, un mayor término, al abandonar para siempre las viejas aulas en las que el afán cultural unió afectos y amistades que raras veces se pierden en el tráfago de la vida dispersa.

Ya para 1905 el progreso insaciable expulsó a los estudiantes de entonces de la casa secular de la calle Bolívar, para dar comienzo a la erección del nuevo edificio que en el año próximo cobijará una nueva juventud, para lanzarla nuevamente a los menesteres del mundo, con su acopio de trabajo y de saber.

En el rito grandioso de la ciencia, estas casas por las que desfilaron y desfilarán año a año generaciones enteras, adquieren una grandeza de símbolo en cada detalle, en cada rincón que, contemplando hacia atrás, es un recuerdo de días inolvidables, que creemos siempre mejores que cualquiera ...

Nessun Maggior dolore ...

Los anchos muros del Buenos Aires colonial quedarán ya como recuerdo; y de los últimos son los claustros del Colegio Nacional Central, que caerá también bajo la picota inexorable para dar paso a la modernización de la ciudad que asciende.

Cuando el progresista virrey Vértiz, en el año 1783 fundara el Real Convictorio de San Carlos, que funcionó en el edificio ocupado por los jesuitas, éste era todo uno, inmenso y solitario, y al que si bien tenía todas las características de un convento se le denominaba colegio, por verificarse en él reuniones con fines estudiosos. El primer rector del Convictorio fue el doctor Juan Baltasar Maciel.

Este primer episodio de la vida del Colegio fue como el bautismo de la casa que debía ser desde entonces, lugar de estudio y de cultura.

Ya en el dominio de la nueva patria Pueyrredón, en el año 1818, autorizó el funcionamiento, bajo decreto, del que se denominó Colegio de la Unión del Sud, que fue una continuación del Colegio San Carlos, teniendo como primer rector al doctor Domingo Victorio Achega.

Posteriormente y como todo lo que en el transcurso de su evolución tuvo que atravesar el azaroso momento de la tiranía, el colegio sufrió en su funcionamiento la deplorable influencia de aquellos años de rencores.

Después de tener una existencia dudosa, en los principios de esa época, como colegio público a cargo de religiosos jesuitas, en el año 1855 se instaló el Colegio Se-

Colegio Nacional,

en la calle Bolívar.
Fue el escenario
recordado por Miguel Cané
en su libro *Juvenilia.*

minario, sobre cuya base se fundó en el año 1863 el Colegio Nacional definitivo, bajo la rectoría del doctor Eusebio Agüero y que funcionó en la casa de la calle Bolívar hasta el año 1905, en que planteada ya la construcción del gran edificio que ofrecería todas las comodidades necesarias de la enseñanza moderna, fue reducido a una parte de ella, con entrada por la calle Moreno, de donde egresan este año los últimos bachilleres que iniciaron sus estudios al amparo de sus bóvedas y aulas seculares, por las que pasaron grandes hombres de nuestra evolución nacional: Manuel Belgrano, Nicolás Rodríguez Peña, Juan José Castelli, Cornelio Saavedra, Mariano Moreno, Juan Hipólito Vieytes, Vicente López y Planes, Bernardino Rivadavia, Tomás Guido, Francisco Narciso Laprida, Pedro José Agrelo, José Valentín Gómez, Manuel Dorrego, Eduardo de Anchoris, a los que siguieron las juventudes ávidas que en caravana interminable pasaban año a año por las clases y los laboratorios del Colegio, llena hoy de recuerdos en la soledad de su vejez.

BIGNONE, Héctor A., "El Colegio Nacional Central", en *Caras y Caretas,* año XIX, Nº 947, Buenos Aires, 25-11-1916.

Por ello no debe asombrar que en el censo de 1869, el nivel de analfabetismo llegara al 72 por ciento, o sea, a las tres cuartas partes de la población.

El otro cambio verdaderamente revolucionario consistió en la preparación de maestros y maestras capacitados para la enseñanza, y no solamente para mantener la disciplina, que era lo común en muchas escuelas privadas.

Cuando Sarmiento asumió la presidencia, no había en todo el país una sola escuela para la preparación de maestras. Con semejante déficit en la formación se comprende que la educación primaria no fuera muy diferente a la de la época española o rosista.

Había tres escuelas superiores y seis colegios nacionales. Recién en 1873 se fundó la primera escuela normal femenina.

Las primeras promociones tardaron mucho en transformar el método de enseñanza. Con mucho acierto se ha dicho que Sarmiento, durante el tiempo de su presidencia, sembró semillas de educación sin lograr cosechar ninguna.

Como una manera de fomentar la fundación de escuelas primarias en las provincias, por medio de la ley 356, de 1869, se premiaba a las provincias con 10.000 pesos. Sin embargo, el estímulo resultó vano, pues ese dinero tuvo otros destinos.

A pesar de todas las dificultades y rémoras subsistentes, en el censo de 1895, un 34 por ciento de la población infantil estaba en edad escolar. Por ello y en un intento de fomentar la educación primaria, se sancionó la ley 463, de 1871, para construir escuelas, pagar los sueldos de los maestros y adquirir útiles escolares.

Inicialmente, se siguió enseñando las mismas materias de la época hispana: leer de corrido, escribir con letra clara, sumar, restar, multiplicar y dividir.

A pesar de todas las deficiencias, la educación continuó avanzando de manera lenta y constante.

No debe sorprender que en el Centenario de Mayo, algo más de la mitad de los niños en edad escolar no concurrieran a las escuelas, al mismo tiempo que el analfabetismo estuviera distribuido en forma anárquica, pues había lugares alejados de Buenos Aires donde el promedio llegaba al 90 por ciento de la población total.

De las 1.092 escuelas nacionales comprobadas al realizarse el censo de 1909, 192 esta-

Clase de niñas de tercer grado.

Los duros bancos de madera con armazón de metal sirvieron para aprender desde los palotes hasta los conocimientos universales.

Escuela Petronila Rodríguez,

actual Ministerio de Educación. La difusión de la educación primaria pasó de humildes edificios a modernos palacios.

ban en la Capital Federal, 870 distribuidas en las provincias y las restantes 280 en los entonces llamados territorios nacionales.

A ellas se debían sumar menos de 150 en vías de instalación, y 3.800 escuelas provinciales. Eso daba un total de casi 5.000 escuelas primarias. El número de maestros en ejercicio era de 3.870 maestras y 1.218 maestros (5.088), lo que hacía que en promedio cada escuela contara con un maestro.

A esa acción educativa a cargo del Estado se sumaba la desarrollada por instituciones religiosas, que llegaba a beneficiar al 10 por ciento de la población en edad escolar, y la tarea cumplida por William C. Morris que en Buenos Aires daba educación a algo más de 5.000 niños.

Había que agregar para ese año lo realizado por la Sociedad de Beneficencia, el Patronato de la Infancia, varias sociedades de Damas de Caridad o de San Vicente de Paul, quienes además de ayuda material y espiritual impartían educación primaria gratuita.

El mayor impulso para la educación se logró con la sanción de la Ley Nº 1.420 (1884), que estableció la educación primaria, laica, gratuita y obligatoria.

Ese año había 192 escuelas dependientes del Consejo Nacional de Educación, 1.371 escuelas fiscales, 127 a cargo de particulares, 18 anexas a escuelas normales. En total eran 1.708 que daban educación a 138.468 niños en edad escolar.

Esa ley reconoce como antecedente inmediato el Congreso Pedagógico reunido en Buenos Aires en 1882, que contó con representantes de la mayoría de los partidos políticos y las ideologías más destacadas de ese momento.

Las cifras censales permiten comprender el avance en materia de educación primaria, pues en 1914 había 211 escuelas funcionando entre estatales y privadas, en la Capital Federal, y en 1905 eran 166. La cantidad de alumnos llegaba a 190.317, superando los 118.181 de mediados de siglo, y los maestros, para el año censal, totalizaban 6.255.

EDUCACIÓN SECUNDARIA

Durante muchos años, la tarea de Amadeo Jacques sirvió como orientación y permitió alcanzar niveles ponderables a pesar de las vicisitudes presupuestarias.

Esa labor se logró, en buena parte, con las nuevas disposiciones del Colegio Nacional de Buenos Aires, pues su programa de estudios sirvió de modelo a los colegios nacionales creados con posterioridad.

Las escuelas normales y las de enseñanza comercial, a las que luego se agregaron las de artes y oficios, requirieron años para dar sus frutos, especialmente las primeras, pues de ellas egresaban quienes impartían educación primaria directa.

Para la formación de maestros primarios en 1909 (datos censales), funcionaban en todo el país 44 escuelas normales, distribuidas en 19 mixtas, 21 de mujeres y 4 de varones.

En la ciudad de Buenos Aires había una escuela normal de profesores, a cargo de Adolfo van Gelderen, y otra de lenguas vivas a cargo de Emma Caprile.

El profesorado secundario, para la atención de las escuelas normales, de enseñanza técnica y especial, se formó un poco más tarde, pues recién a fines del siglo XIX se dieron títulos habilitantes en la facultad de Filosofía y Letras de Buenos Aires.

En 1904 se fundó, en la Capital Federal, un Seminario Pedagógico, que contaba con la colaboración de varios especialistas alemanes. Luego cambió su denominación por la de Instituto Nacional de Profesorado Secundario.

Años después, la Universidad de La Plata otorgó títulos habilitantes en esta materia.

También recibieron mucho impulso los colegios comerciales y de artes y oficios, que constituyeron una importante variante de la educación clásica impartida en los colegios nacionales y, en menor medida, en las escuelas normales.

La primera escuela de comercio fue fundada en Buenos Aires en 1891, por iniciativa de Carlos Pellegrini. En 1898 se le anexó el departamento industrial, que fue el origen de la Escuela Industrial de la Nación, dirigida por Otto Krausse.

En 1910 había unos 6.000 alumnos a nivel nacional que seguían ese estudio. Paralelamente, la Academia Nacional de Bellas Artes daba educación a 800 alumnos, a los que había que agregar los que concurrían a academias particulares, que eran otros tantos.

Colegio San José (c. 1890).

Muchas órdenes religiosas fundaron escuelas y colegios a lo largo de toda la República Argentina.

EDUCACIÓN UNIVERSITARIA

Después de la batalla de Pavón, el presidente Mitre recurrió a Juan M. Gutiérrez para que dirigiera la Universidad de Buenos Aires, quien permaneció cumpliendo esa tarea hasta 1874.

LA UNIVERSIDAD QUE ALCANCÉ

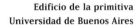

Edificio de la primitiva Universidad de Buenos Aires

en la llamada "Manzana de Las Luces".

(Archivo General de la Nación.)

Pasaron los años y llegué a la Universidad. Mi opción por la carrera de ingeniero civil fue decidiéndose en mí libremente, durante mis estudios de bachillerato. Estudios digo, pero siendo que siempre quedé eximido del pago de matrícula por altos promedios y asistencia perfecta, me es urgente declarar que nunca estudié, en el sentido de "estudiar la lección".

No se trataba, es claro, de que recibía los conocimientos por inspiración genial. La cosa era sencilla. Atendía contraídamente a los profesores en clase, algunos de los cuales eran muy buenos, y como utilizaban las composiciones escritas para los promedios mensuales, entonces sí, en los temas que podríamos llamar memorísticos, daba una leída atenta previa a nombres geográficos, datos concretos históricos, forma de conjugación y enunciado preciso de las leyes físicas, por ejemplo. Así, el día me quedaba libre para lecturas voluntarias y para pasear por mi barrio y la ciudad.

Me interesaba la ingeniería, no para construir pequeñas casas, que era la perspectiva más general de la época, sino con relación a las obras públicas en la promoción general del país. Un viaje con compañeros del curso del bachillerato, por el interior hasta Tucumán, me dio la impresión de un país en estado de naturaleza, salvo las muy diseminadas y reducidas manchas demográficas de sus poblaciones; un país sin civilización en el sentido directo del término.

Yo había leído el libro del ingeniero Huergo, del año 1902, sobre la necesidad de canales, había leído algunos estudios hidráulicos del ingeniero Luiggi, sobre el norte de la Patagonia y también la historia semi novela del Dique San Roque. Pues esto era lo que me atraía, con la suposición de que la correspondiente Facultad habría de prepararme para comprender a fondo.

Me había distinguido en las aulas del Colegio en "Matemáticas", no por razones extraordinarias, sino sencillamente porque tuve la suerte de anteriores buenos profesores, que en ese aspecto suelen ser tan deficientes, más las maestras de la escuela primaria (que en general suelen ser tan capaces en otros rubros de la enseñanza), existe la alergia general de los estudiantes del bachillerato para la Aritmética, el Álgebra o la Geometría: estudiantes que suelen decir "Yo no he nacido para eso". No es cierto. Lo verdadero es que faltó a sus profesores la palabra precisa, clara y sencilla, y el método rigurosamente lógico y progresivo que exige la Matemática, y que tan útil es, y no sólo para cumplir con ella misma.

DEL MAZO, Gabriel, *Vida de un político argentino*, Plus Ultra, Buenos Aires, 1970.

Por su iniciativa, se creó el Departamento de Ciencias Exactas, para la formación de profesionales e ingenieros. Para esto contrató profesores en Europa, entre los que se destacaron Bernardo Speluzi, en la enseñanza de matemáticas puras, y Emilio Rosetti, en la enseñanza de las matemáticas aplicadas.

Para historia natural se contrató a Pelegrino Strobel, a quien Juan Romarino sustituyó en 1867. Todos ellos eran de nacionalidad italiana.

Este departamento se inició en 1866 y los primeros doce ingenieros egresaron en 1869 y fueron llamados los doce apóstoles, por la ímproba tarea que les esperaba.

Sin entrar en el detalle de sus nombres o trayectorias, es posible decir que cumplieron acabadamente con su apostolado. Algunos lograron perfeccionarse en Europa y suceder en la cátedra al profesor inicial, como fue el caso de Valentín Balbín.

Con posterioridad se crearon las Facultades de Filosofía, de Matemáticas y de Ciencias Físico-Naturales.

En 1872, Gutiérrez elaboró un plan de estudios muy moderno, al establecer la libertad de enseñanza para evitar el estancamiento de la ciencia, al mismo tiempo que la autonomía de los altos centros de estudio.

En el año del Centenario de Mayo funcionaban en la Argentina tres universidades de importancia: Córdoba, Buenos Aires y La Plata. En un menor nivel se encontraba la Facultad de Derecho de Santa Fe.

En Buenos Aires se hallaban las facultades de Derecho, Medicina, Filosofía y Letras, Ciencias Exactas, Físicas y Naturales y Agronomía y Veterinaria. La cantidad de alumnos que acudían a ellas se estimaba en algo más de 4.000.

En la Universidad de Córdoba imperaba un rígido formalismo, descripto por Vicente Gil Quesada en forma brillante. Sin embargo, la sangre nueva de la juventud se manifestó en contra de conceptos del medioevo y sentó los criterios modernos de la reforma universitaria. Este movimiento inicial obtendría, casi de inmediato, una respuesta favorable en la otras universidades.

BIBLIOTECAS Y PUBLICACIONES BARRIALES

Otra manifestación de la constante superación en materia de educación lo dan las cifras correspondientes a las bibliotecas públicas. En 1914, en la Capital Federal funcionaban 30 de ellas.

La mitad tenía aportes de la Nación o de la Municipalidad y la otra mitad, de asociaciones particulares. Totalizaban unos 400.000 volúmenes y mostraban un gran desequilibrio entre sí.

Había bibliotecas con casi 200.000 libros, como la Biblioteca Nacional, y otras contaban apenas con 300 o 400.

El promedio de libros por biblioteca era de 133,3 y el de lectores ascendía a 99,7. El promedio de libros leídos en las bibliotecas era de 1,33 al año.

A medida que la tasa de analfabetismo fue retrocediendo, las publicaciones gráficas fueron creciendo. En 1914 había 124, entre diarios nacionales, barriales, gremiales, comerciales y revistas.

Se publicaban en castellano, italiano, alemán, francés, gallego, árabe, vasco, griego y dinamarqués. Los había de aparición diaria, semanal, quincenal, mensual y anual, como el *Anuario Kraft*, la *Guía Periodística Argentina*, la *Guía Peuser del Viajero* o el *Almanaque del Mensajero*, almanaques generales o dedicados a una actividad específica, como *La Gaceta Rural* o *El Inventor*.

Los métodos de composición e impresión eran manuales o mecánicos, y en algunos casos se combinaban.

Ejemplos de las publicaciones barriales fueron *El Magazine*, fundado en 1911, *El Oeste*, de 1912, *El Eco de Flores*, fundado en 1908, *El Social* y *El Tiempo*, de 1908 y 1894 respectivamente.

Algunas publicaciones barriales eran órganos de difusión de sociedades de socorros mutuos.

En los barrios también se leían *Caras y Caretas, Mundo Argentino, Fray Mocho, P.B.T.* y *El Hogar*.

Como síntesis, se puede señalar que muchas bibliotecas barriales, más que una acción educativa, desarrollaban una actividad cultural, pues en la enseñanza de leer y escribir, si bien pusieron mucho énfasis, no lograron complementar de manera eficaz la escuela común.

Biblioteca de Domingo F. Sarmiento (c. 1889).

Como muchos hombres públicos, Sarmiento se preocupó por tener su propia biblioteca.

CIENTÍFICOS ARGENTINOS

Florentino Ameghino (1854-1911) constituyó, junto con Francisco Pascasio Moreno y Eduardo D' Holmberg, el trío inicial de los naturalistas.

Sobresalió como paleontólogo y es autor de *La antigüedad del hombre en el Plata, Los mamíferos fósiles de América Meridional, Filogenia* y otros trabajos donde recogió la experiencia de sus años de incesante labor.

Eduardo D' Holmberg (1852-1837) se distinguió por sus estudios sobre mineralogía, botánica, zoología e insectos.

Por su parte, Francisco Pascasio Moreno (1852-1919) se destacó por sus estudios como naturalista y geógrafo. Ha dejado una interesantísima obra donde resume sus experiencias en los viajes por territorios argentinos desconocidos. En 1899 realizó en Europa una exposición con las fotografías extraídas en sus viajes.

Este trío inicial se agranda y consolida con Francisco Javier Muñiz, Ignacio Pirovano, Guillermo Rawson, Juan M. Gutiérrez, Dalmacio Vélez Sarsfield, Antonio Malaver, Manuel Ricardo Trelles. En historia corresponde mencionar a Bartolomé Mitre, un revisionista para su tiempo, acompañado y cuestionado por Vicente Fidel López, y en un menor nivel por Antonio Zinny, Luis L. Domínguez y José M. Estrada.

Francisco Pascasio Moreno.

Además de ser un científico de reconocidos méritos fue un defensor de la soberanía territorial argentina.

MUSEOS E INSTITUTOS

El museo del Perito Moreno constituyó la base del Museo de Ciencias Naturales de La Plata. Otro similar es el Museo de Ciencias Naturales que está en la Ciudad de Buenos Aires.

En 1884 se creó el Instituto Geográfico Militar, especializado en estudios geofísicos, cartográficos y topográficos, y en 1906 se fundó el Museo Etnológico.

El de Buenos Aires tuvo una vida errática e incierta desde 1812, hasta que después de Caseros, por la acción de un grupo muy pequeño de personalidades interesadas en la cultura científica, se contrató al naturalista alemán Carlos G. Burmeister (1807-1892), como director del mismo. Paralelamente desarrolló una intensa y prolífica labor científica. Ese cargo fue ocupado luego por Carlos Berg (1892-1902). Le sucedió Florentino Ameghino entre 1902 y 1911, quien a su vez fue sucedido por el biólogo Ángel Gallardo entre 1912 y 1916. En esos años se desarrollaron estudios puntuales y también el ordenamiento de las piezas reunidas y acumuladas, que no habían sido estudiadas ni expuestas al público.

A pesar de las precariedades presupuestarias, el Museo dio a conocer las *Comunicaciones del Museo Nacional de Buenos Aires,* a partir de 1898, que se han continuado con posterioridad.

En lo que respecta al Instituto, tiene como antecedente remoto a la llamada Mesa de ingenieros, creada en 1865 durante el ministerio del general Juan A. Gelly y Obes. Al frente de sus trabajos estuvo el coronel de ingenieros Juan A. Czet, de nacionalidad húngara (1822-1904). Se incrementó en importancia, al desarrollarse la campaña

UNIVERSIDADES

Florentino Ameghino.

Su importantísima colección de materiales fósiles argentinos permitió la creación del Museo de Ciencias Naturales de la Universidad de La Plata.

La Universidad Nacional de La Plata es la más moderna de las argentinas; son tres las nacionales que hay en la República; la de Córdoba, la de Buenos Aires y la de La Plata. No trato de establecer comparaciones entre los tres grandes centros de la enseñanza superior en la República Argentina. No estoy en condiciones de hacerlo por falta de datos suficientes. Verdaderamente sólo he vivido la intimidad necesaria, para llegar a la compenetración indispensable con la más joven de las universidades argentinas. Deseaba vivamente visitar la histórica de Córdoba. Despertaba fuertemente nuestra curiosidad contemplar, en la vida febril y nueva, una de aquellas "agitadas democracias americanas" que "han hecho como profesión de vivir sin pasado", la huella de la tradición más pura, mantenida en una ciudad. No es poco mérito, en una democracia moderna y en un pueblo que marcha, tener una larga historia de influjos y de crisis, sobre todo si la institución de tradiciones ha sabido vivir, en cada momento, la vida de su tiempo. En otro lugar he explicado los motivos que me impidieron ver de cerca la histórica universidad sudamericana. Sólo diré aquí que en la Universidad de Córdoba funcionan las Facultades de Derecho, de Ciencias Médicas, de Ciencias Exactas, Físicas y Naturales, y que los alumnos matriculados pasan de 500.

La Universidad de Buenos Aires ha venido a simbolizar, sin duda, el anhelo cultural de la Argentina en el primer período de la independencia; inaugurose el 12 de agosto de 1821, aún cuando puedan señalarse más antiguos antecedentes. Fue su primer rector el doctor Sáenz y habló en la inauguración el famoso Rivadavia. La universidad está constituida por cinco facultades a saber; Derecho y Ciencias Sociales, Ciencias Médicas (con soberbia instalación); Ciencias Exactas, Físicas y Naturales; Filosofía y Letras y Agronomía y Veterinaria. La universidad sostiene 190 cátedras, alcanzando una matrícula de unos 4650 alumnos. Su presupuesto era, en 1910, de 1.535.000 pesos moneda nacional, más el de Agronomía y Veterinaria, que era de 419.666; la universidad goza de independencia en la confección del presupuesto y tiene personalidad, pero aunque viví meses en Buenos Aires no he tenido la fortuna de intimar con la universidad de la capital, no me sería fácil, pues, apreciar su influjo ni el valor ético de sus fuerzas. Me imagino que las condiciones del medio de gran ciudad en que actúa, y las exigencias complejas de una vida tan intensa y difícil como la de Buenos Aires, ofrecerán duras resistencias a la constitución de un verdadero núcleo universitario.

Posada, Alberto, *La República Argentina*. Hyspamérica, Buenos Aires, 1987.

contra la frontera interior cumplida bajo la dirección de Julio A. Roca (1879), que tenía en el teniente coronel Manuel J. Olascoaga (1835-1902) a un diligente impulsor y director, durante varios años. A partir de 1904 amplió sus funciones abarcando otros trabajos científicos realizados con el personal militar y civil especialmente contratado. Es para destacar la importante labor desarrollada por el Instituto en el relevamiento de los censos que se llevaron a cabo entre 1869 y 1914.

Al tercero se lo conoció como Etnológico o Etnográfico. Su iniciación contó con los materiales reunidos y clasificados por su fundador y primer director, el arqueólogo Juan B. Ambrossetti (1865-1917), al que le sucedió el arqueólogo Salvador Debenedetti (1884-1930).

Lamentablemente estos institutos no fueron visitados con asiduidad por el público en general, reduciéndose al público escolar, por medio de visitas guiadas, que no siempre resultaron eficaces.

CENTROS NATIVISTAS

El culto del nativismo patriótico se practicó en la mayoría de los centros criollos como Los Pampeanos, Los Rezagos de la Pampa, Los Vencidos, Los Hijos del Tuyú, Los Hermanos Calandria, Picaflor y los Suyos, etcétera.

Fue una reacción ante la invasión de voces, dialectos, idiomas, canciones y músicas exóticas y extranjeras, que se habían ido apoderando de las calles porteñas. Este proceso extranjerizante culminó con las banderas rojas y la letra y música de *La internacional anarquista*.

Renacieron los versos de Ascasubi, Hernández, del Campo y otros, y las canciones criollas al son del rasguido guitarrero, para acompañar pericones, cielitos, zambas o gatos.

En esas presentaciones se vestía a la usanza gaucha: chiripá, bota de potro, rastra, espuelas. El atuendo se completaba con melena y barba postizos y el infaltable facón.

SALUD Y ENFERMEDADES

El tema de la salud siempre fue una preocupación para las autoridades municipales de Buenos Aires.

El déficit en la salud porteña estaba vinculado a la estructura del terreno sobre el cual se levantaron las casas. Los arroyos naturales que lo recorrían servían de vaciaderos naturales y, al mismo tiempo, de acumuladores de basura, a la espera de que la próxima lluvia los limpiara.

A ello hay que agregar las zonas bajas inundables, sin drenajes naturales, que se convirtieron durante años en trampas para la circulación de vehículos, personas y animales.

Todavía a fines del siglo XIX se realizaban quejas por los animales muertos en el barro de algunas calles no céntricas, que atraían a roedores y perros semisalvajes. Respecto de éstos y, como dato ilustrativo, la Municipalidad informó que en la primera década del siglo XX se mataban 10.000 al año.

Dejando de lado enfermedades que aún en la actualidad son incurables, como el cáncer, muchas otras carecían de medicamentos adecuados.

Los métodos rudimentarios utilizados, como por ejemplo la pólvora encendida para sanar heridas o los metales al rojo, para cicatrizarlas, eran causas frecuentes de la muerte de muchas personas.

A pesar del criterio popular en contra de los hospitales, hay que reconocer que mejoraron tanto en la construcción civil, como en la atención a los pacientes. Esto provocó un aumento anual de la cantidad de enfermos sanados y una mejor prevención como antesala de la salud.

En 1887, los habitantes de la ciudad tenían una expectativa de vida de 32,8 años; en 1906 de 40 y en 1918, de 49, lo que muestra un sensible progreso y mejora en las condiciones y calidad de vida.

Sin embargo, estas cifras, excelentes para Sudamérica, eran deficitarias si se las compara con las de las ciudades europeas.

José Ingenieros dando clase.

Fue un pionero de psiquiatría en la Argentina.

Entre el censo de 1869 y el de 1914, la población capitalina aumentó casi 9 veces. Los índices de mortalidad fueron los siguientes: en 1890 era de 30/00; en 1906 de 16,52/00 y en 1915 de 15,47/00.

Esto fue acompañado con el retroceso de las enfermedades infecto contagiosas, vinculadas a las pésimas condiciones de vida en los conventillos; la viruela, propagada en muchas oportunidades por inmigrantes, como el caso de la acaecida en 1899, atribuida a los portugueses; la fiebre tifoidea, la tuberculosis y algunas otras dolencias.

La excepción fue la sífilis, que se extendía ante la inexistencia de los antibióticos.

Todas las mejoras se fueron logrando a medida que el Estado dispuso de establecimientos hospitalarios y asistenciales, atendidos por médicos y enfermeras idóneos y capacitados, secundados por las monjas y las damas de caridad.

Guillermo Rawson

se destacó por su constante labor humanitaria en favor de enfermos y marginados sociales.

PRINCIPIOS BÁSICOS

Para eso fue necesario que se difundieran entre la población tres principios básicos: la higiene personal y de los ámbitos de la vivienda y el trabajo, la alimentación sana y suficiente y la prevención.

Las principales enfermedades que afectaban a la población porteña eran: fiebre tifoidea, disentería, cólera, fiebre amarilla. El doctor Guillermo Rawson y varios de sus colegas las definirían, muy acertadamente, como males evitables.

En los primeros años del período 1864-1871, la indignación popular y los reclamos causaron la renuncia de los concejales, acusados de inoperancia.

Actualmente, a la distancia y con la ventaja que da la investigación desapasionada, es posible decir que esos reclamos tenían una parte importante de razón, aunque no toda, pues las deficiencias presupuestarias, médicas, científicas y la ausencia de obras de infraestructura para la provisión de agua potable y eliminación de residuos y detritus, conformaban un conjunto de responsabilidades mayor que la desidia oficial.

Lo que es posible de indicar con seguridad es que en el período considerado hay una coincidencia casi total entre los focos de enfermedades y los focos de pobreza.

A medida que pasó el tiempo esa coincidencia se trasladó hacia la periferia siguiendo los ejes de este a oeste y de norte a sur, que marcan también los adelantos edilicios, y con ellos las mejoras económicas de los distintos estamentos demográficos.

HOMBRES DE LA MEDICINA

Telémaco Susini (1856-1935): Fue profesor de anatomía patológica de la Facultad de Medicina de Buenos Aires, desde 1887, por espacio de treinta años; creó el Museo de Anatomía Patológica y convirtió su cátedra en Instituto de Anatomía Patológica, al que luego se dio su nombre. Realizó investigaciones sobre el carbunclo, que identificó con el llamado "grano malo"; en un viaje a Europa asistió a cursos sobre otorrinolaringología, y fue así el primer especialista en esa materia en el país. (...)

Luis Güemes (1856-1927): Salteño, egresó de la Facultad de Medicina de Buenos Aires en 1879. (...) Viajó a Francia para perfeccionarse junto a las figuras más famosas de la medicina y de la cirugía y se doctoró en 1887 con una tesis sobre "Hemate salphings", también realizó estudios en Austria, Alemania e Inglaterra. (...) Regresó al país en 1888, para consagrarse en Buenos Aires al ejercicio de su profesión, logrando éxitos que le dieron un alto prestigio, y sus diagnósticos se reconocían como definitivos. En 1897 aceptó la cátedra de clínica médica que se había creado especialmente para él. Ya desde 1895 era miembro de la Academia de Medicina, a la que presentó un trabajo titulado "La Exactitud en Medicina". Fue senador por Salta en 1907 y decano de la Facultad de Medicina en 1912.

Manuel V. Quiroga (1859-1923): Inició la enseñanza teórico práctica de la patología interna en la Facultad de Medicina desde 1902, pero se consagró especialmente al problema de la sanidad militar, fundando la Escuela de Sanidad Militar y los Anales de la Sanidad Militar Argentina; dictó cátedras en la Escuela Superior de Guerra; intervino en la redacción del Código Medicamentorum y en iniciativas como la lucha antipalúdica y la creación del Instituto de Radio.

Cecilia Grierson (1859-1934): Se doctoró en medicina en 1889 y fue la primera mujer que ostentó ese título en el país. Al mismo tiempo que a su profesión, se dedicó con fervor a diversas obras sociales, educativas, culturales y asistencia. Fundó la primera Escuela de Enfermeras y Masajistas, que dirigió por varios años. Propagó la puericultura. Sostuvo y atendió personalmente el primer consultorio psicopedagógico argentino para el estudio y la observación de los malos hábitos físicos y mentales del niño en edad escolar. Enseñó gimnasia médica y fue secretaria del Patronato Nacional de la Infancia. Fue también una de las pioneras y activista destacada en la defensa de los derechos civiles y políticos de la mujer.

Los médicos,

además de curar las enfermedades corporales, cumplieron la función de confidentes. Caso típico fue el médico de familia.

Luis Agote (1868-1954): Se graduó en 1895 con la tesis sobre hepatitis supurada. Fue secretario del Departamento Nacional de Higiene y director del lazareto de la isla Martín García. En 1915 fue designado profesor de clínica médica. En noviembre de 1914 hizo un descubrimiento que había de iniciar poco después la hemoterapia en el mundo; se preocupaba en hallar un anticoagulante, para que la sangre llegase al paciente, durante las transfusiones, en el estado de fluidez que tenía al salir de las venas del dador, y lo encontró en el citrato de sodio, logrando así el anticoagulante de la sangre. El 9 de noviembre del mismo año hizo la primera transfusión exitosa. De inmediato las naciones en guerra adoptaron el sistema y el método de Agote, logrando así salvar muchas muertes en los frentes de batalla.

Daniel Cranwell (1870-1853): Porteño, fue maestro de varias generaciones de cirujanos. Dictó cátedra de Patología Quirúrgica entre 1905 y 1926, y dirigió la *Revista Médica Argentina* y *La Prensa Médica Argentina*.

DE SANTILLÁN, Diego A. (director), *Historia Argentina*, tomo 4, T.E.A., Buenos Aires, 1986.

En 1890 las autoridades nacionales y municipales tenían conciencia de la íntima relación que existía entre la realización de obras de salubridad y la disminución de enfermedades como tifus, parásitos intestinales o disentería, que estaban en íntima relación con la situación habitacional, determinada por las pésimas condiciones de vida impuestas por la proliferación de los conventillos o inquilinatos.

Fue necesario en esos años tener un estricto control de los inmigrantes, pues muchos provenían de regiones de endemias crónicas, por lo que era necesario imponer la cuarentena, el fumigado de barcos, personas y mercaderías. La acción sanitaria se completaba con el aislamiento de los enfermos comprobados en el radio urbano y la desinfección de sus ropas y viviendas. En muchas ocasiones se debía recurrir a casillas provisorias para dar alojamiento a las personas desalojadas.

Los esfuerzos realizados por las autoridades para mejorar las condiciones materiales de la población porteña, en general, fueron muy ponderables, pero el crecimiento demográfico superó con largueza el empeño, puesto que no debe olvidarse que en el censo de 1904, el 72,5 por ciento de la población carecía de agua corriente en su domicilio y que en 1910 ese porcentaje se había reducido sólo al 47 por ciento.

HOSPITALES

La mayoría de los hospitales de la época respondían en la obra civil y en el sistema de atención interna y externa al modelo de los hospitales franceses.

La afluencia de inmigrantes y el crecimiento demográfico de la ciudad obligó a las autoridades a redoblar el cuidado de la salud pública.

El antiguo Lazareto fue reemplazado, a partir de 1880, por la construcción del Hospital Muñiz, que estaba dotado de 23 pabellones o salas generales y 60 cuartos para la atención individual.

Al mismo tiempo, se instaló en el Hospital San Roque la primera Asistencia Pública, que reemplazaba los servicios prestados por la anterior Comisión de Higiene Municipal.

El antiguo Hospital General de Hombres, heredado de la época hispana, por las deficiencias de su obra civil fue demolido en 1883. Se lo reemplazó en 1885 por el Hospital de Crónicos, que daba asistencia a las personas de mucha edad, que por carecer de medios económicos deambulaban de

Hospital Italiano (c. 1890).

Ubicado inicialmente en Caseros y Bolívar.

hospital en hospital. Sin embargo, en 1892, por falta de presupuesto, esos pacientes fueron llevados a las barracas del Hospicio de las Mercedes.

El Hospital San Roque abrió sus servicios en 1883 y contaba con ocho pabellones y trescientas camas. Desde 1890, contó con una sala de Maternidad.

Por su parte, el Hospital Rawson estuvo pensado inicialmente para atender y alojar a los heridos e inválidos de la Guerra de la Triple Alianza. Tenía condiciones muy precarias, a tal punto que los médicos dormían en las salas donde estaban internados los pacientes, pues contaba sólo con 200 camas.

Un lugar destinado a atender o por lo menos alojar a los enfermos contagiosos fue la Casa de Aislamiento, que se inauguró en 1882. Fue desbordada al año siguiente, al producirse una peste de viruela, por lo cual muchos afectados fueron atendidos en carpas instaladas en los patios, a la intemperie. Como las condiciones eran muy malas, los enfermos fueron trasladados a casillas de madera levantadas en Caseros y Entre Ríos. Pero la cantidad de muertos obligó a realizar las primeras cremaciones.

En 1888 se habilitó el primer Sifilicomio, con capacidad de 100 camas, para albergar a las numerosas prostitutas afectadas de sífilis.

El Hospicio de las Mercedes estaba destinado a la atención de las enfermedades mentales. Empezó a funcionar en 1863, pero pronto se colmó, lo que produjo la necesidad de realizar obras ampliatorias y mejoras.

Este hospicio contaba con poco personal, lo que facilitaba las fugas. Para evitarlas, se rodeó el establecimiento con una cerca y personal de vigilancia.

El Hospital de Buenos Aires, llamado comúnmente Clínicas, se inauguró en 1881 y por muchos años se lo consideró como un modelo. Dependía de la Facultad de Medicina, que en 1883 dispuso que funcionara como hospital escuela.

Siguiendo con los hospitales nacionales, se agregó al anterior el Hospital Militar Central, inaugurado en 1889, y que en la actualidad funciona en la avenida Luis M. Campos. Tenía una capacidad de 326 camas.

La Sociedad de Beneficencia estaba a cargo del Hospital de Niños, San Luis Gonzaga, con una capacidad de 98 camas.

Para las mujeres, la misma sociedad tenía el Hospital Rivadavia y el Hospicio de Mujeres Alienadas, que contaba con algo más de 600 camas.

La mayoría de los hospitales de Buenos Aires gozaba de la inapreciable labor de las Hermanas de Caridad y de otras órdenes religiosas, que en silencio y con sacrificio, cumplían largamente con su voto de ayuda al prójimo.

Además de las instituciones hospitalarias oficiales funcionaban hospitales privados, pertenecientes a las comunidades alemana, británica, italiana, española y francesa, con una capacidad total de 566 camas.

También corresponde mencionar en esta categoría al Instituto Frenopático, ubicado en Barracas, y al Frenopático Modelo, ambos con muy buenas comodidades.

Existían también institutos para atender problemas de visión, ceguera, tartamudez y gimnasia.

Este último estaba en la calle Lavalle y se lo consideró durante varios años como el mejor de los cuatro que había en el mundo.

ENFERMEDADES VENÉREAS

A lo denigrante de la prostitución, con sus secuelas de explotación rufianesca y otros delitos concomitantes, se agregaba el problema de la sífilis.

Buenos Aires se llegó a considerar como la capital mundial de la prostitución, pues tenía el más alto nivel de muertes causadas por la sífilis. Sextuplicaba a Berlín, triplicaba a París y duplicaba a Estocolmo, todas ciudades europeas famosas por la actividad prostibularia. Sólo la superaban, en relación a la población, algunos puertos como Marsella y Hamburgo.

Para prevenir y atender a las mujeres afectadas, se crearon los Sifilicomios y los Dispensarios, donde se las revisaba y medicaba.

Estos establecimientos, dependientes de la Asistencia Pública, no siempre cumplían con idoneidad las funciones preventivas y curativas. La cantidad de mujeres que acudían hacía que muchas revisaciones fueran superficiales, y que se extendieran certificados de salud a enfermas portadoras del mal.

Mujer de la calle.

La llamada "vida disipada" fue el vehículo para contagiarse muchas enfermedades.

TUBERCULOSIS

Siempre se ha considerado esta enfermedad como la peor de todas, es decir, como la que más muertes provocaba. Por ello, los adjetivos para nombrarla fueron varios: epidemia tuberculosa, epidemia bacilosa, tisis, bacilosis, consunción lenta o, en el lenguaje corriente, grave dolencia, enfermedad social, crónica o parasitaria, flagelo, flagelo social y "el mal".

Aunque en las estadísticas disponibles entre 1890 y 1918, dista mucho de tener un lugar tan preponderante, era una enfermedad terminal, pues no existía remedio para curarla. Por eso se la trataba pormenorizadamente a fin de evitar su propagación.

Esa peligrosidad hizo que se sancionaran las ordenanzas de 1891, 1892, 1893, 1901, 1902, 1903, 1905, 1907, 1908 y 1918, por las que se prohibía la atención de los tuberculosos por personal no idóneo; su alojamiento en hospitales comunes; la obligación de denunciar a los enfermos; la creación de la Liga Argentina contra la Tuberculosis y la creación de varios dispensarios. Toda esta acción culminó en 1918 con el Primer Informe sobre la Tuberculosis en la Argentina, del doctor Alfredo Cabred.

Tuberculosis.

Fue el gran fantasma entre la juventud trabajadora que no tenía una alimentación sana y abundante.

Una afección que inquietó y hasta aterrorizó a los porteños, por muchos años, fue la gripe, que se manifestó con características de pandemia en 1918.

Aparentemente no tenía remedio, salvo quedarse en cama una semana consumiendo pócimas caseras. Se atribuía al alcanfor la facultad de preventivo y por esa razón se lo llevaba colgado del cuello en pequeñas bolsitas, para aspirar su olor y así prevenirse.

CATARROS antiguos y recientes TOSES, BRONQUITIS radicalmente CURADOS POR LA SOLUCION PAUTAUBERGE que procura *Pulmones robustos*, despierta el *Apetito*, aumenta las *Fuerzas*, seca las *Secreciones* y preserva de la TUBERCULOSIS

L. PAUTAUBERGE, 10, rue de Constantinople, Paris y todas Farmacias.

SANADORES Y CURANDEROS

En estos rubros existen una serie de gradaciones que corresponden a distintas maneras de ejercer la medicina ilegal. En esta designación genérica se involucra tanto a quien recomienda la cura de la constipación con siete tragos de agua fresca, por la mañana, al levantarse, como aquel que receta las rodajas de papas para curar una persistente migraña.

En la historia del género humano el curandero ha existido desde siempre y ha predominado en las zonas rurales, donde los médicos diplomados escaseaban.

En esas circunstancias, el curandero ha cumplido las funciones de confesor, paño de lágrimas, orientador, curador y hasta nexo con el mundo del más allá.

Todo ello ha servido para rodear su persona y actividad con un halo de lejanía, respeto y hasta miedo, por los dones que se le atribuían, entre los que figuraban el dominio de fuerzas extranaturales, capaces de sanar o de matar.

En una ciudad como Buenos Aires, en un profundo proceso de transformación, sus tareas eran menos alambicadas y se concentraban en solucionar problemas muy concretos como la diarrea, los cólicos, el empacho, el mal de ojo, la culebrilla y otros males, más anímicos que corporales, resultantes del estrés que ya para ese período la sociedad porteña padecía.

No había barrio que no tuviera su curandero o curandera. A pesar de que muchos de sus nombres civiles se han perdido, subsisten los motes populares con los que se los designaba.

Así, había un Inglés, en la zona de Constitución-Barracas; un Japonés, en Parque Patricios; un Vasco, en el centro; Doña Mariana, Luisa o Perlita, diseminadas por otros barrios.

Estos curadores sin título habilitante necesitaban de la complicidad de los farmacéuticos barriales, para que aceptaran vender los remedios recetados por ellos. Mientras uno curaba, el otro vendía.

También tenían sociedad infusa con los médicos diplomados, por el conocimiento menudo y pormenorizado que solían poseer de los habitantes, sus métodos de vida, trabajo, debilidades y abusos en la comida y bebida.

Por su intermedio, los médicos penetraban en los sectores de la población en riesgo, de donde provenían la gran mayoría de los pacientes que acudían a los consultorios y los hospitales.

Muchos de los remedios empleados eran recetados por curanderos y médicos, pues ambos tomaban en cuenta las disponibilidades económicas de sus clientes.

Por ello, las cataplasmas, las ventosas secas o corridas, las frotaciones de pecho o espalda con untura blanca, untisal, unto sin sal, el vinagre aromático, el escarador para facilitar la acción de las ventosas dorsales, los polvos de Vichy, las pastillas del Dr. Andrew, los baños de asiento con agua fría, las purgas, las barritas de azufre –para sacar los aires que causaban dolores muy agudos–, las sangrías, las inhalaciones con vapo-

Leche materna y cerveza malta.

Durante muchos años se sostuvo que las madres debían consumir esta cerveza para tener abundante leche.

res de eucaliptos y mil otros remedios o procedimientos fueron utilizados indistintamente por los diplomados y los ilegales.

Para los niños y jóvenes se usaba el aceite de hígado de bacalao como seguro remedio para engordar y estar fuerte, lo mismo que los bifes de lomo, semicrudos, para que la sangre caliente fuera rápida y fácilmente asimilada.

Otro personaje del barrio que adquirió fama de sanador, sin que ejerciera como tal, fue el boticario o farmacéutico. Se podía ir a la farmacia a buscar el remedio para el mal del momento, sin receta médica, seguro de que se conseguiría el polvo, jarabe, solución, pomada, inhalación, cápsula o pastilla que solucionaría los problemas de salud.

Muchos boticarios eran también sangradores y sacamuelas y tenían como competidores a los peluqueros que, para incrementar su ingreso mensual, practicaban esas actividades.

No escaseaban en esta fauna ilegal los enfermeros que adquirieron prestigio y un lugar de consideración, al tener contacto con las inyecciones y acceso al lenguaje esotérico del médico.

Todos ellos, incluyendo los médicos diplomados, contaban con una verdadera herboristería para curar todas las enfermedades. Estas yerbas tenían la ventaja de ser muy baratas y posibles de comprar en farmacias o a los yuyeros que siempre recorrían las calles con sus canastas bien provistas y olorosas.

En cambio los ungüentos, pomadas y linimentos se distinguían por el mal olor, que penetraba en el lugar donde se aplicaba, obligando al baño, que no siempre lograba limpiar y desodorizar.

El purgante más popular durante muchos años fue el aceite de castor. Se tomaba sólo en casos extremos pues su mal sabor y sus efectos drásticos obligaban al uso del baño por un rato muy largo.

Más que un remedio, el alcanfor –ya mencionado antes– era un preventivo familiar en épocas de epidemias. No curaba ninguna enfermedad, pero la sensación de alivio respiratorio que se tenía al aspirar sus vapores le daba patente de remedio insoslayable de gripes, catarros, resfríos y ahogos.

SANTONES

Con este panorama semimágico, pero eminentemente práctico, la credulidad pública convirtió a determinadas personas en depositarios de la fe religiosa que soslayaba la religión oficial.

Si se pudiera establecer un ranking habría que colocar en primer lugar a La Madre María, seguida muy de cerca por Pancho Sierra. Luego se alinean Pachamama, la Difunta Correa, el Quemadito, Juana Figueroa, Carlos Gardel, Ceferino Namuncurá, San Cayetano y muchas vírgenes y santos menores, que tienen sus adeptos fieles y sus días de celebración, como los payés que honran la muerte.

Todos y cada uno de ellos tiene una historia verdadera y una falsa. Esta última mucho más interesante y atractiva que la primera, pues lo fáctico está galardonado por la imaginación poética de sus devotos.

También integran estas categorizaciones los hueseros, hombres o mujeres muy fornidos, que con apretones, abrazos, estirones de músculos, golpes o torsiones curaban dolores musculares de muy diverso origen.

El enfermo oía el crujir de su cuerpo a medida que se lo sometía a presiones, abrazos o estiradas. A pesar de los dolores momentáneos que sufría, los aceptaba de buen grado, pues sabía que al final se sentiría más livianito que un papel, sin ningún dolor y habiendo recobrado la movilidad corporal.

No son muchos los que quedan en la historia, pero uno de ellos, con mucha fama en una amplia zona, atendía en el amplio hall de su casa en Ranchos.

MARGINALIDAD Y DELITO

**Infractor conducido
a la seccional.**

La vagancia motivó muchas
detenciones en la vía pública.

Lo común en toda sociedad es la existencia de personas que respetan y acatan las leyes en vigencia y los que, por múltiples razones, no lo hacen.

Estos últimos son los delincuentes que tienen sus gradaciones y que, a medida que reinciden en la violación legal, se van internando en la marginalidad.

Cuando llegan a esta situación, coinciden en parte con los muy pobres y con los afectados por impedimentos físicos o mentales.

Forman, tanto unos como otros, el sector social que más prejuicios percibe por parte de la ley, pues casi nunca tienen derechos ni razones. Han sido acusados, juzgados y sentenciados, más por sus prontuarios o su pobreza, que por su culpabilidad.

Pareciera que la sociedad, como conjunto, les niega el derecho a la justa defensa en un juicio legal e imparcial.

A esta situación de marginalidad han llegado por sus conductas antisociales, por su negativa o resistencia a acatar las leyes vigentes, por su rebeldía a aceptar como normal las diferencias sociales, que son el paralelo de las diferencias físicas.

No es posible detallar en este trabajo las causales de la marginalidad y el delito dentro de la sociedad argentina, pero sí es posible dar ejemplos concretos de ambos.

DELITOS DE ADULTOS

Entre 1900 y 1909 la policía de la ciudad de Buenos Aires detuvo a 50.503 delincuentes, de los que el 62 por ciento eran extranjeros. De éstos, el 31 por ciento tenían origen italiano. De los recluidos en la Penitenciaría Nacional, el 38 por ciento eran argentinos y el 62 por ciento restante, extranjeros.

Dentro de los delitos regsitrados entre 1868 y 1918 se incluyen los atentados anarquistas, aunque están íntimamente relacionados con los enfrentamientos políticos e ideológicos.

Dejando de lado numerosos atentados menores, el más famoso fue el que le costó la vida al coronel Ramón L. Falcón y a su secretario Juan A. Lartigau, ocurrido al mediodía del 14 de noviembre de 1909, en la Avenida Quintana, cerca de su intersección con Callao.

El anarquista Simón Radowitsky arrojó una bomba, que destrozó el vehículo policial y les causó heridas que los llevarían a la muerte a las pocas horas. El anarquista fue detenido a pocas cuadras de allí, en Libertador y Callao.

La respuesta del gobierno fue establecer el estado de sitio y la aplicación de la Ley de Residencia, con lo cual expulsó a los extranjeros considerados indeseables, cerró imprentas y prohibió las publicaciones juzgadas como subversivas y peligrosas.

Al año siguiente, el 26 de junio de 1910, los anarquistas hicieron estallar otra bomba en la fila 14 de la platea del Teatro Colón, durante la representación de *Manon*. No produjo ninguna muerte, pero sí cinco heridos y mucho pánico.

Si bien es cierto que el anarquismo actuaba de manera virulenta, tenía como base de sustentación de sus ideas las pésimas condiciones en que debía desenvolverse la clase obrera.

Entre los atentados menores aludidos es posible mencionar el ocurrido en Lomas de Zamora y en otros lugares del interior contra instalaciones del Estado.

En otro nivel, se encontraban el robo y el asalto sistematizado, con la existencia de verdaderas bandas muy bien organizadas que tenían su zona preferida para reunirse, distraerse y planificar en la llamada Tierra del Fuego.

Además, esta zona les permitía disimularse entre los integrantes de la bohemia nocturna y tanguera, que también la tenía como escenario de sus placeres.

En la Recoleta, estaba la zona llamada De los Caños, que era refugio de malandras y de asociales. Estos últimos estaban muy alcoholizados y más de una vez morían en las noches frías de invierno, cuando la falta de alimentos, el vino de mala calidad, la humedad y la quietud formaban la combinación fatal.

Usaban enormes caños para refugiarse de la policía, que no se internaba ni cuidaba la zona. La mayor parte de su alimento lo suministraba el Convento de Santo Domingo, que recibía la visita de muchos malandras, disfrazados de lisiados, para disimular su figura y pasar inadvertidos por la policía.

Detenido bajando de un carro policial.

Se observa la manta arrollada que lleva el presunto delincuente para abrigarse en el calabozo.

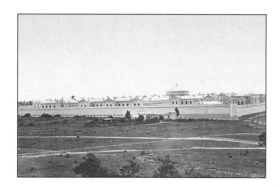

Penitenciaría de Las Heras (c. 1900).

En ella fueron alojados los condenados por los llamados delitos comunes, que no incluían a asesinos. Fue demolida en 1962.

Otros lugares de concentración delictual eran la isla Maciel y la isla Demarchi. En medio de su abundante vegetación (sauces, ceibos, cina cina, paraísos, mimbres, aloes, espinillos, etcétera), se levantaban ranchos muy improvisados y miserables que se usaban para la preparación de los golpes, la recepción de contrabando y el reparto de los botines.

Eran lugares donde la policía no acostumbraba a inspeccionar por lo intrincado y tupido de la vegetación que dificultaba la investigación, estropeaba las ropas, la piel de las manos y del rostro.

A pesar de ello y de la mala fama que rodeaba a la isla, muchos vecinos de La Boca la usaban para realizar pic-nics o asados aprovechando la sombra de los frondosos árboles y las playas. Al anochecer los botes de paseo retornaban a La Boca, dejando atrás al pequeño y cercano paraíso.

Una modalidad delictual consistía en los robos a almacenes y casas céntricas que quedaban solas. Uno de éstos se registró en Juncal y Suipacha, donde estaba el domicilio de la viuda de Manuel Cobo. A esos delincuentes se los llamaba raspas y caballeros industriosos.

Esos delitos y muchos otros, en número creciente en el centro y los barrios, intranquilizaron a la sociedad. Al cometerlos se golpeaba y apuñalaba a los damnificados, sin que la policía acudiera eficazmente en socorro de las víctimas, como señaló el diario *La Nación* en su edición del 21 de febrero de 1899.

Otra modalidad consistía en atracar a las personas –hombres o mujeres– cuando al ingresar a sus domicilios, tenían las manos ocupadas con las llaves. A estos delincuentes se los llamaba atorrantes, por vivir del atorro, o sea, vivir sin trabajar.

DELITO DE MENORES

La delincuencia de los menores se encontraba en un nivel de verdadera alarma, tanto por la cantidad como por la gravedad de los delitos que cometían. Habían sobrepasado los pequeños hurtos, para adentrarse en la delincuencia mayor o pesada.

Una publicación especializada señaló "que en el depósito de la calle Azcuénaga, en la colonia Marcos Paz, en la Prisión Nacional, en el Departamento, los pibes delincuentes forman legión". Enseguida agregaba: "No hay uno solo que no sea inteligente, la idiotez del criminal nato –teoría lombrosiana– no está presente en ellos".

Daba como ejemplo y síntesis tres de ellos. Domingo Giordano, once años, considerado como el niño más ratero de toda la ciudad. Vicente Cairo de nueve años, con más de veinte entradas. Juan José Domínguez de la misma edad que el primero, pero con el récord de entradas, era considerado como el capo, caudillo respetado y admirado por los demás niños delincuentes.

Se había iniciado en el delito arrebatando al mediodía en la calle Florida la cartera a una señora. En esos lugares de detención de menores no eran extrañas las evasiones de presos, que se descolgaban desde la azotea por el caño de ventilación de la cloaca.

La superpoblación de menores en la Cárcel Correccional motivó numerosas fugas, por descuido y por falta de vigilancia y de celadores; al grado que se llegó a negar la recepción de más menores para no agravar el panorama general.

Agente de policía (c. 1900).

El uniforme del personal policial pasó por muchas variaciones respondiendo a modelos franceses, alemanes y españoles.

DELITOS CONTRA MENORES

Este panorama de por sí preocupante se agravaba por la venta y corrupción de menores. En la calle San Juan 3756, en un procedimiento policial se aprehendió a una pareja y a cuatro menores de 14 años que habían sido corrompidos.

Luego se logró detener a otros cinco más. La mujer era una vieja conocida de la policía porteña. De nacionalidad italiana, se había dedicado en los primeros tiempos a la adivinación. En 1906 había empezado con los fraudes y, luego, se había dedicado a los menores, que alquilaba a pederastas, ayudada por su amante y socio en el delito. Vendía a los menores a personas que no porque ocuparan puestos especiales en la sociedad eran menos infames.

En aquella época, una banda abocada al secuestro y venta de menores fue desbaratada al incursionar la policía en Chile 374 y San Juan 2986. En la primera se encontró a una niña menor de 7 años y en la segunda, a una adolescente de 16.

Otro caso de prostitución de menores implicaba a una joven vendida por su padre en 30 pesos, para que el comprador la explotara.

El maltrato recibido por los menores era costumbre en sus propias familias y en los lugares de trabajo, pues los palos abundaban más que la comida.

CAMBIOS EN EL DELITO

De la extensa gama de transgresores a las leyes se destacaban los que practicaban el cuento del tío –una forma sofisticada de estafa, con personajes como Manuel Posse (a) el Rey del Cuento, o el Farrista–; los adivinos y los curadores; los falsificadores de billetes y de estampillas fiscales; los golpeadores; los furquistas; los bagayeros; los artistas del toco mocho; los oportunistas, etcétera.

EL CENSO DE 1869

Las mujeres de vida airada

dieron la sorpresa cuando en el censo del '69 se reconoció oficialmente su numerosa existencia.

Sólo 361 individuos, de ambos sexos, han confesado su prostitución como medio de vida.

Preciso es decirlo, semejante cifra es enormemente deficiente; pero acusa con elocuencia verdadera. Cuando 361 individuos han confesado hacer de rufianes y de prostitutas, ya puede creerse que el número real es por lo menos diez veces mayor.

Si no, ahí está el número de ilegítimos y el de amancebados, que en parte son datos correlativos, ahí están nuestros hospitales y casa de expósitos; y mejor aún, tenemos las crónicas policiales de nuestras ciudades que logran dar al público casi por día, una semilección de violencia, de robo, de asesinato en los relatos de la vida ordinaria de los lupanares, y centros de reunión y de viciosos que llenan cuadras enteras.

Esta prostitución no tiene por primeras raíces la organización y la mal dirigida educación individual, y como fomentadores de la miseria, banal emulación y ficticias necesidades de las diversas clases; pero es un mal que, ya que no pueda del todo corregirse, conviene aminorar y precaver en cuanto sea posible; y para ello es forzoso remontarse al origen de los hechos, y descubrir y remover las causas, no haciendo como el empirismo que se detiene en los efectos, ni como todas esas legislaciones adocenadas, que no encuentran como remedio contra el aumento de los males sino aumento de penas.

Pero la mejor situación, las sociedades, como los individuos, llevan dentro de sí, una cierta capacidad para el vicio, tendencias que no pueden contenerse, deficiencias orgánicas imposibles de colmar, predisponen acciones todo poderosas como enfermedades y dolores incurables.

La prostitución no disminuye porque se la persiga; el que eso pretende, la fuerza a que se disfrace, a que se aguce su ingenio, perfeccionando los recursos de Proteo.

Llega por otra parte, un momento en que la persecución se encuentra con solo puertas de casas de familia, de hogares que se confunden todos como honestos, y que se defienden con la inviolabilidad que ha garantido la ley.

Primer Censo de la República Argentina, Prostitución, Buenos Aires, 1872.

Todos ellos eran calificados en el lenguaje policial como raspas o caballeros industriosos.

MENDIGOS

Desde épocas inmemoriales, Buenos Aires contó con numerosos mendigos. En el período considerado constituyeron una verdadera plaga que motivaba la intervención policial casi a diario, pues ocupaban plazas, atrios y merodeaban espectáculos públicos, mercados, carnicerías, hoteles, fondas, bares y casas de gente de buen pasar, para recoger de la basura alimentos o para ejercer el oficio de la manga, como se decía en aquella época.

El Asilo de Mendigos siempre resultaba pequeño para dar albergue a todos los que solicitaban la admisión y por ello en sus cercanías siempre se podían encontrar grupitos de mendigos que esperaban.

En 1869 había tres mil inválidos de guerra, que en su mayoría vivían de la caridad pública. A ellos había que agregar los niños mandados por sus padres a mendigar.

La nacionalidad de los mendigos porteños fue reflejo de las corrientes inmigratorias, pues había, entre hombres y mujeres, representantes de todas las nacionalidades.

De sus integrantes se rescatan los nombres de La Franchuta, Mariposa, La Paloma, Alambre, Ingenioso, Pescador, etcétera.

Una variante del mendigo urbano fue el linyera en las zonas rurales, llamado también *croto*.

Camilo Croto.

Este gobernador permitió el viaje gratuito de la mano de obra golondrina en los trenes de la provincia de Buenos Aires, por ello se los llamó "crotos".

OTROS PERSONAJES DEL DELITO

El afán de lucro y las especulaciones produjeron entonces lo que se llamó la mala vida, que tenía un amplio espectro de manifestaciones como: mendigos profesionales, chacadores, escruchantes, atracadores, biabistas, bocheros, rastrillantes, punguistas, escamoteadores, fulleros, pequeros, adivinas, curanderos, contrabandistas, reducidores, pasantes y banqueros de juegos clandestinos, usureros, proxenetas, homosexuales, tratantes de blancas, vendedores de alcaloides y alcahuetes, etcétera.

LAS CAUSAS

A principios del siglo XX y respondiendo al positivismo, se consideraban causales de la prostitución la pereza, la codicia, el amor al lujo, las deficiencias psíquicas, la pobreza, la educación deficiente o su ausencia, carencia de sentido religioso y una larga serie de razones sociales concomitantes con la criminalidad.

A pesar de la preocupación y el trabajo de las autoridades municipales y policiales, es imposible determinar con absoluta certeza la cantidad de prostíbulos que funcionaron entre 1890 y 1914, pero puede afirmarse que llegaban a más de cuatrocientos en toda la ciudad.

Ya en 1880 se estimaba en los círculos municipales y médicos que ejercían la prostitución más de tres mil mujeres recluidas y otras tantas que recorrían las calles en búsqueda de clientela. Un panorama bastante gráfico lo ha brindado Batiz en su breve, pero informativo trabajo, para la década de 1880.

QUEJAS Y PROTESTAS

A las continuas quejas de los vecinos por la existencia de prostíbulos que no cuidaban las formas externas del comercio y provocaban escándalos a toda hora del día y de la noche, se agregaron los reclamos de los diarios porteños a la Municipalidad para que actuara con más celo y severidad. Tal fue el caso de la casa de prostitución que funcionaba en la calle Rodríguez Peña cerca del centro, para la que se solicitaba el desalojo compulsivo inmediato.

En realidad, la prostitución estaba desparramada por toda la ciudad. No tenía un barrio o zona preferida, aun cuando era posible encontrar cierta concentración en las calles 25 de Mayo y Paseo de Julio.

La otra zona de concentración estaba en la intersección de Lavalle y Junín, y se extendía a las calles cercanas, en un radio estimado en las quince cuadras a la redonda. En ambos casos se ejercía la prostitución clandestina. La tarea de la Municipalidad se extendía también a preservar la moral pública clausurando publicaciones consideradas obscenas, como la llamada *Buenos Aires Cómico*.

En la tarea de tratar la prevención de la sífilis, que acompañaba por esos años a la prostitución, como si fuera su sombra negra, en 1900 se pusieron en funcionamiento cinco dispensarios, que además de personal médico contaba con la colaboración de un funcionario políglota, debido a las variadas nacionalidades de las prostitutas.

La prostitución se llevaba a cabo en los prostíbulos y en otros lugares que adoptaban diversas apariencias para disimular el comercio carnal. Eso provocó la agudización de las inspecciones municipales y que muchos de ellos salieran de la zona más céntrica para ubicarse en los barrios distantes.

Ejemplos de estos disimulos lo dan las planillas censales, que por ejemplo registraron en una circunscripción porteña 2 edificios públicos, 2 templos, 4 hoteles, 477 casas de comercio, 32 inquilinatos y 35 casas de tolerancia.

En cuanto a la nacionalidad de las mujeres las había de casi todas, pues el 27 por ciento eran polacas; el 18 por ciento, italianas; el 16 por ciento, españolas; el 16 por ciento, francesas; el 12 por ciento, rusas; el 3 por ciento austríacas; el 3 por ciento, alemanas; el 2 por ciento, húngaras; el 2 por ciento uruguayas; el 1 por ciento, holandesas, además de las peruanas y brasileñas que se podían encontrar frecuentando uno o varios prostíbulos.

En cuanto a las religiones las había ortodoxas, israelitas, protestantes, católicas, liberales o ateas.

En cada uno de estos establecimientos la madama o el rufián eran los encargados de imponer el orden, llevar las cuentas y vigilar que el negocio funcionara sin tropiezos. En muchos censos, los rufianes se manifestaban al censor como comerciantes, porteros o empleados, mientras algunas madamas decían ser rentistas, bailarinas, modistas, etcétera.

Mujeres jugando a las cartas,

que alternaban con la clientela de muchas casas de juego.

No era extraño encontrar niños cuyas edades variaban desde los pocos meses hasta los 15 o 16 años.

En 1891 era voz popular el ingreso de mujeres provenientes de va-

MEZCLA DE ESPECTÁCULOS

En el Buenos Aires de principios del siglo XX, contrariando las opiniones que la consideraban una ciudad paquetamente aburrida, formalista, moralista, la juventud tenía por lo menos más de trescientos prostíbulos entre legales y clandestinos, desparramados desde el centro hasta los barrios no terminados de urbanizar, y por ello considerados como suburbios. Dejando de lado ese sector *divertido y atrayente*, había otros tantos lugares que sirvieron para convocar a la juventud deseosa de distracción y desahogo. Estaban las fiestas y kermeses, que tenían por escenario al Pabellón de los Lagos, ubicado en el Parque Tres de Febrero. Allí era posible comer suculentos bocados por monedas, escuchar música propalada por gramófonos, ver cine mudo al aire libre, remar por el lago, llevar a los chicos a la calesita o pasear por sus jardines. En el entonces llamado Paseo de Julio (hoy Leandro N. Alem), estaban los locales que permitían ver a la mujer más gorda del mundo o a la mujer barbuda, asombrarse y asustarse en la galería de los espejos deformantes y empalidecer en el túnel misterioso. También se podía asistir al Parque Japonés, en Callao y Paseo de Julio (incendiado en 1911), para subir al trencito veloz, a la conmovedora Montaña Rusa, o bailar unos tangos, haciendo un alto en las oportunidades de ganar un premio en el tiro al blanco, o pegar un pelotazo a la cara del negro. Cuando no había dinero suficiente para pagar el tranvía o las entradas, la muchachada se reunía en los patios de los conventillos o en las plazas, para escuchar y bailar tangos o payadas, grabadas por los esposos Gobbi, Ángel Villodo, Arturo de Nava, Juan Sarcione o Arturo Mathon. Muchas de estas citas fueron los prolegómenos para encontrar la relación sexual, pues en opinión de la policía, de los médicos y de las autoridades municipales, esos lugares eran los preferidos por muchas prostitutas que no estaban confinadas en burdeles, y, escapaban así a los controles sanitarios que se realizaban en el Sifilicomio. También en esos lugares de concentración popular actuaban los carteristas y descuidistas que despojaban a las víctimas de los pocos pesos o centavos reunidos a costa de muchos sacrificios.

"La Demi Mondaine."
Fueron las prostitutas preferidas por la alta burguesía porteña.

Contrastaba con esos sitios El Pabellón de las Rosas, construido de cemento y emplazado entre jardines muy bien mantenidos todo el año. En sus dependencias tenían lugar conciertos ofrecidos con orquestas de 25 profesores, dirigidos por el maestro José M. Palazuelos, según informa un aviso de 1908. Para satisfacer otros gustos ofrecía música interpretada por orquestas de señoritas y números circenses muy variados en la pista grande que había en el jardín.

Archivo periodístico del autor.

rios puertos europeos, que se remataban en ciertos lugares porteños. También eran conocidos a nivel popular los nombres de los importadores de mujeres, de los rematadores y de los dueños de los locales.

Se decía que la juventud dorada de Buenos Aires gastaba muy buenos pesos en esas mujeres, llamadas irónicamente Nanás, a las que paseaban en sus carruajes por Palermo.

ORGANITOS EN PROSTÍBULOS

En informes de 1895 se señala que entre los 260 prostíbulos registrados, circulaban a diario 280 pianitos mecánicos, que daban música a la concurrencia hasta las veintidós horas. La piezas difundidas eran valses, polkas y zarzuelas populares. Con el transcurso del tiempo, esos pianos mecánicos incorporaron otras músicas de aceptación masiva como el tango.

Las denuncias y quejas eran continuas, por lo que las autoridades no daban abasto para atenderlas. Ejemplos de esas quejas fueron las registradas en 1891 contra la posada que funcionaba en Viamonte 847, contra el clandestino de Talcahuano 272, lo mismo que contra el clandestino, fonda y posada de Lamadrid 186.

Como no se llegaba a revisar a la cantidad de mujeres que acudían para atenderse sanitariamente, en 1904 se abrió un anexo del Hospital Argerich, en la calle Brandsen 555, para poder satisfacer las demandas de las prostitutas de Barracas, Constitución, la Boca y zonas aledañas.

Ya en esos años se practicaba la venta o remate de mujeres en determinados clubes, que cubrían sus verdaderas actividades delictivas con bailes o representaciones teatrales.

También en esos años funcionaba el Café de Cassoulet, propiedad de Lorenzo Gassolet, en la antigua calle Temple 305, actual intersección de Viamonte y Suipacha. Era refugio de cocheros, personajes de vidas desconocidas y de muchas prostitutas que tenían sus jefas de trabajo en la Parda Refucilo, Enriqueta la Con... y la Parda Loreto, todas mujeres de avería, con largos prontuarios policiales, que resumían prostitución, proxenetismo, robo, asalto y cuanto delito contra la propiedad se podía cometer.

LOS NOMBRES DE GUERRA

Los nombres que han trascendido a través las páginas de los diarios son: Consuelo, la Gallega, Tomasa, la Porota; Catalina, la Tontona; la Tísica María; la Babosa, entre otros.

CRITERIOS CONTRAPUESTOS

Baile popular.

La concurrencia se caracterizó por la mezcla de profesiones y preferencias para bailar la música ofrecida.

La policía seguía preocupada, pero no arrestó a muchas mujeres, como puede verse en el porcentaje de las detenidas por mala conducta a la década de 1880. Sin embargo, los funcionarios policiales se empeñaron en advertir al público acerca del delito femenino. La *Memoria* de 1884-85, contenía la carta del policía a cargo de la seccional 3, que había arrestado a una madre por vender los servicios sexuales de su hija a un burdel. No queda claro cuál fue el delito del que se le acusaba, pero el arresto se llevó a cabo mientras la madre esperaba pacientemente afuera, acompañada por otra de sus hijas menores. Ante la consternación de la policía, el juez descartó los cargos. En lo que a él concernía, el caso de la madre inmoral era sólo la punta del iceberg, ya que en su distrito -afirmaba- había más de cien burdeles con más de quinientas mujeres. Denunciaba que había mujeres que impulsaban a las jóvenes a las calles y que luego las rifaban al mejor postor. Es posible que la policía se quejara y acusara, pero sólo ocasionalmente hacía arrestos, porque en ese año, en toda la ciudad,

sólo el 7 por ciento de los arrestados por mala conducta (364) y el 5 por ciento de arrestos (1448) por ebriedad eran de mujeres. La carta era inusual, por un lado, porque los casos individuales rara vez aparecían en los informes anuales de la policía, y por otro, porque acusaba a una mujer de explotar a su propia hija, y no, como solía ocurrir, a los esposos o a los padres. Además representaba a la mujer acusada de prostitución clandestina como independiente de los hombres, carente de principios y como una amenaza para la comunidad. Básicamente, éstas eran las mismas descripciones que las que se hacían de las mujeres de clase obrera que se atrevían a trabajar en lugares públicos, donde su falta de virtud no podía limitarse. Eran estas mujeres, y no tanto las pasivas esclavas blancas, las que corrompían a sus hijas e impulsaban a los hombres a la mala conducta, contagiándoles enfermedades y empujándolos al delito.

Guy, Donna J., *El sexo peligroso.* Sudamericana, Buenos Aires, 1994.

En un plano de igualdad, pero unos años después y en otro marco geográfico se encontraban Mamita, la prostituta de la calle Lavalle al 2100 y María Rangolla, (a) *la Vasca*.

La diferencia entre estas dos últimas y el resto es que escalaron posiciones en la literatura tanguera, porque en sus casas se bailaban tangos y ellas eran eximias bailarinas.

En 1887, el periódico *El Quijote* se hacía eco de esta modalidad, en su edición del 17 de junio, pero fue clausurado en mayo de 1898, por publicar reproducciones de la Princesa de China, consideradas obscenas; el periódico *El Puente de los Suspiros*, en 1878, había prometido combatir la prostitución, pero en realidad cobijaba las maniobras de un grupo de rufianes que lo utilizaban para ocultar sus actividades ilegales.

No son escasas las referencias de los principales diarios sobre el tema, muchas veces acusando de negligencia a las autoridades, otras, haciendo hincapié respecto de la peligrosidad del ambiente, por la catadura de sus personajes, y finalmente dando lugar en sus columnas a las quejas del vecindario.

En estas últimas deben incluirse el pedido de desalojo para 35 cafetines y despachos de bebidas, servidos por camareras. Ese tipo de solicitud se reiteró para los ubicados en Catedral del Norte, especialmente en las calles 25 de Mayo y Paseo de Julio, en Rodríguez Peña entre el 100 y el 300 y en zonas muy céntricas, por el ejercicio de prostitución clandestina.

En un ligero resumen de las solicitudes de clausura, se puede comprobar que la prostitución se ejercía más en lugares no habilitados a tal fin y que las mujeres se declaraban en ellos como meseras, mucamas, etcétera.

Carátula del tango *La Vasca*.

La popularidad de esta prostituta y proxeneta dio lugar a que se la incluyera en la música popular.

LA EXPANSIÓN INCONTROLABLE

La prostitución rebasó los locales habilitados como prostíbulos, para asentarse en posadas, hoteles-restaurantes, cafés con o sin camareras, fondas y casas que aparentaban ser de familia.

No debe llamar la atención esta abundancia de prostíbulos y prostitutas, dado que en el año censal de 1887, 108 casas reconocieron que en ellas se desarrollaba esa actividad comercial.

En 1895, se solicitó la habilitación de varias casas con 15 habitaciones, techos galvanizados y pisos de ladrillos, ubicadas en la calle Jujuy entre Garay y 88.

En 1900, abundaban los hoteles que alquilaban habitaciones durante las horas del día, para que las mujeres pudieran ejercer la prostitución.

Entre 1908 y 1911, fueron detenidas y recluidas 682 mujeres, que eran una ínfima parte de las prostitutas en ejercicio que vivían en Buenos Aires. De ellas, el 40,4 por ciento se reconoció como prostituta; 43,6 por ciento, sin oficio y el 16 por ciento, como personal doméstico.

En 1911, la Inspección Municipal indicó que tenía inscriptos 165 prostíbulos; 4 cafés con camareras; 58 posadas; 184 fondas con alojamiento; 206 casas amuebladas; 500 mal llamadas casas de vecindad. Por lo tanto, es posible calcular los prostíbulos, legales e ilegales, en 1.010. Al año siguiente se registró un aumento del 17 por ciento.

La persistencia de las quejas nunca declinó y en 1915 se registró, entre otras, la solicitud de terminar con las actividades de una casa situada en la calle O'Brien 160, pues en ella además de ejercerse la prostitución clandestina, se daba refugio a malhechores e individuos de malos hábitos, vagos y mal entretenidos.

La estadística oficial de mujeres encarceladas entre 1898 y 1911 expresa que las prostitutas constituían un poco más de la cuarta parte de las informadas. El resto eran delincuentes comunes.

CUESTIONES LABORALES

Vendedor de aves y lechero (c. 1880).

La venta callejera persistió a pesar de la producción en fábricas.

Entre los cambios que se produjeron en la Argentina después de la batalla de Caseros, uno de los más importantes fue el de las cuestiones laborales, que tuvieron como eje principal y como generador al movimiento obrero.

La apertura de las fronteras y el llamamiento de mano de obra fueron las dos situaciones previas y prioritarias, que provocaron y le dieron dinamismo al "progreso material" que las autoridades nacionales tenían como meta.

Esto dio lugar a la llegada de una inmigración indiscriminada, que contuvo al trabajador honesto y paciente, al buscador de oportunidades fáciles y rápidas, al artesano o agricultor que deseaba encontrar la paz social y con ella la espiritual, al perseguido político de extremos (carlistas y anarquistas) y a los escapados de guerras internacionales, como la franco prusiana (franceses), de aventuras colonialistas (españoles), de restauraciones monárquicas (italianos), o de persecuciones internas (judíos, libaneses, etcétera).

Todos ellos, por sobre las diferencias que los separaban y distinguían, fueron el aporte de sangre, ideas, comportamientos y formas de vida que sirvieron, en el balance final, para enriquecer la personalidad nacional.

El "progreso", idealizado por las autoridades nacionales, no siempre se llevó a cabo de manera simple y lineal. Hubo tropiezos graves, en especial cuando se enfrentaron formas de dominio posfeudales con las capitalistas correspondientes al pre-imperialismo.

Esta colisión dio como resultado asociaciones gremiales, huelgas, paros violentos, leyes represivas y expulsiones, hasta que las fuerzas encontradas lograron un equilibrio —inestable pero equilibrio al fin— para desarrollarse en cuasi armonía.

LAS PRIMERAS ASOCIACIONES

El panorama general del trabajo se modificó a medida que el aporte de mano de obra creció y promovió agrupamientos por nacionalidad o rama de actividad. Así, aparecieron las sociedades de socorros mutuos, que reunían parcialidades de una misma nacionalidad y dentro de ellas, a los que tenían el mismo origen regional.

Un proceso paralelo, pero que abarcaba diversas ramas de actividad, tuvo lugar a partir del 25 de mayo de 1857, cuando se fundó la Sociedad Tipográfica Bonaerense, que, en realidad, era una sociedad de socorros mutuos para los que integraban ese gremio, y no una sociedad de lucha gremial.

Sin embargo, dentro de ella y por la influencia ideológica europea, se formó la Unión Tipográfica, que tenía como meta el mejoramiento de la tecnología empleada, de la preparación de sus miembros y la defensa de los derechos sindicales.

Por su iniciativa, los tipógrafos de los diarios se declararon en huelga. Los puntos de conflicto eran: la reducción de la jornada laboral diaria y el aumento salarial.

Ante la solidez de los tipógrafos, los patrones accedieron a reducir la jornada a 10 horas, en verano, y a 12, en invierno, y aceptaron un ligero aumento de centavos en los salarios.

Este éxito inicial alentó a otros gremios a unirse como entidades gremiales, aunque las diferencias internas, causadas en la mayoría de los casos por los sustentadores del anarquismo, impidieron la pronta concreción de esas iniciativas.

En 1874, por ejemplo, se realizó el intento fallido de unión de los obreros talabarteros, que recién pudo afirmarse en 1895 como Unión de Obreros Talabarteros.

LA IDEOLOGÍA DE EXTREMA IZQUIERDA

Casi todos los movimientos gremiales o sindicales de extrema izquierda que se habían manifestado en Europa, fueron perseguidos por los distintos gobiernos, que no admitían la perturbación del orden que pretendían imponer.

La reacción obrera se manifestó en la reunión realizada en Londres en 1864, donde se fundó la Primera Internacional de Trabajadores. De allí salieron enviados hacia el resto del mundo para difundir sus ideas extremistas.

Billetes de la Caja de Conversión (c. 1895).

La mayoría de los billetes emitidos a partir de 1890 tuvieron poca vida por el proceso inflacionario.

La mayoría de los movimientos sindicales se manifestó a partir de 1872. No eran muchos sus integrantes, pero estaban animados por una gran movilidad y virulencia. Se expresaban por medio de panfletos, folletos, reuniones callejeras y propaganda oral.

En ellos se advierte la influencia inequívoca de Miguel Bakunin y de Carlos Marx, no sólo en las ideas generales, sino en la transcripción de textos, que trataban de adaptar a las condiciones reales de la vida, trabajo y remuneraciones, y que acompañaban con duras críticas a la acción del Estado.

Los partidarios de la Internacional se nuclearon en Buenos Aires a partir de 1872, año en que llegó a la ciudad Raimundo Wilmart. Este partidario de la tesis comunista tuvo en realidad influencia intelectual, pues se dedicaba a la docencia en la Facultad de Derecho.

En los primeros años –hasta 1890–, en el movimiento obrero predominó el anarquismo, como se puede comprobar leyendo el periódico *La Vanguardia* de 1879 y 1880.

En su momento, el ataque contra el Colegio del Salvador y algunos disturbios ocurridos en La Boca se atribuyeron a la conjunción de masones y anarquistas. Por esto se le pidieron al gobierno acciones punitivas contra esos perturbadores sociales que habían llegado a la Argentina, al amparo de leyes libérrimas, para turbar a la sociedad y no para trabajar, como era el objetivo de su ingreso.

La presencia cada vez más numerosa de inmigrantes iniciados en las lides sociales e influenciados por la ideología de extrema izquierda, abrió una nueva etapa en las cuestiones sociales.

También sirvió para encontrar y denunciar a un sector social, dueño de los medios de producción, las finanzas y los recursos políticos, que por medio del fraude y de engaños de todo tipo, se había transformado en una elite poseedora del poder económico-político.

A partir de Caseros, la mayoría de las autoridades coincidieron en la necesidad de superar la civilización del cuero, en la que dominaban los tasajos y los saladeros.

Toda esa obra inmensa, no siempre valorada equitativamente, se fue realizando de manera paulatina, como lo prueban los Censos Nacionales de 1869, 1895, 1914 y los de la ciudad de Buenos Aires de 1887, 1904 y 1910, donde las cifras de población aparentemente no tenían límites de crecimiento y las del comercio exterior y de la renta per cápita iban en incremento continuo.

De todos modos, el progreso material no significó progreso social.

SUCESIÓN DE RECLAMOS

Las mejoras logradas en pequeña escala y de forma pacífica y silenciosa fueron fortaleciendo, de manera indirecta, las aspiraciones de los dirigentes más ambiciosos.

Esto se puso de manifiesto en ocasión de los reclamos por el descanso dominical, realizado en 1881 por el gremio de los empleados de comercio.

El pedido logró la adhesión de la Sociedad Tipográfica Bonaerense y, con ello, que se anulara una disposición de 1872 y se restableciera otra de 1852 que disponía el cierre de talleres, casas comerciales y otras actividades los días domingo.

Este hecho dio lugar a la dura reacción de la patronal. Más de siete mil comerciantes e industriales se reunieron y plantearon la inconstitucionalidad de la referida ordenanza, con lo que consiguieron retardar por casi un cuarto de siglo la sanción de una ley que dispusiera el descanso semanal.

También en 1881 se produjo la reunión semifrustrada de los panaderos, la de los molineros, más como entidades mutuales que gremiales, y el petitorio por parte de la Unión de Oficiales Albañiles por una jornada diaria de trabajo de 11 horas en verano y 9 en invierno. Obtuvieron una concesión relativa, que dependía de cada patrón.

Patacón.
Hasta la sanción del peso oro durante el primer gobierno de Julio A. Roca, las monedas de países extranjeros circularon en el territorio nacional.

En 1882 los sastres se manifestaron como gremio unido al constituir la Unión Obrera de Sastres, que seguía las huellas de la Unión de Oficiales Yeseros, y que rápidamente se manifestó en huelga, reclamando menos horas de trabajo y el alza de salarios. Sus pedidos fueron escuchados y concedidos.

MÁS DEMANDAS Y HUELGAS

Los reclamos del personal ferroviario, nucleado en La Fraternidad, recibieron por parte de la patronal medidas de penalidades diversas, como rebajas de salarios injustificadas, cambios de horarios en forma arbitraria, reducción de las horas de trabajo con la consiguiente disminución en las retribuciones y despido de personal de la estación Sola.

Billete del Banco y Casa de la Moneda, 1867.

La inestabilidad económica nacional hizo que el dinero emitido por la provincia de Buenos Aires tuviera vigencia legal.

Acompañaron estos reclamos los de los obreros de las obras del Riachuelo, y los marineros, que pedían un 25 por ciento de aumento en los salarios, por lo insalubre del trabajo. Como no encontraron respuesta favorable fueron a la huelga. El conflicto se solucionó momentáneamente con un 10 por ciento de incremento para los obreros y un 20 por ciento para los marineros.

Esos ajustes estaban lejos de equiparar la pérdida del poder adquisitivo, pues la moneda seguía en un plano inclinado de depreciación, en relación con el oro o la libra esterlina, que era la moneda fuerte de entonces.

Por este motivo, los obreros volvieron a la huelga, negándose a reanudar los trabajos, mientras no tuvieran la seguridad de recibir un salario que les permitiera vivir con decencia y sin tener necesidad de pedir fiado.

Los dos años finales de la década fueron fecundos en cuestionamientos obreros, que se entremezclaban con la crisis política que se desarrollaba en forma paralela.

El éxito parcial logrado por los marineros del Riachuelo impulsó a los de chatas, lanchas, buques y barracas de la zona, a reclamar mejores condiciones de trabajo y el pago en oro o su equivalente. Se les plegaron los calafateadores y carpinteros y, finalmente, los conductores de carros.

De esta manera, y en forma gradual, la paralización de las actividades portuarias en el Riachuelo llegó a ser total y el espíritu reivindicati-

PRIMER INFORME SOBRE HUELGAS

Huelga de cocheros.

Esta huelga afectó a una buena parte de la población porteña que se resistía a usar el tranvía como medio de comunicación.

La policía ha intervenido en varias huelgas que han tenido lugar en todo el transcurso del año próximo pasado. Felizmente la actitud de los huelguistas no se ha manifestado de un modo hostil ni ha dado que temer por el orden público.

De consiguiente, no hubo necesidad de tomar medidas excepcionales de prevención a este respecto, recurriendo relativamente a pocas contravenciones en su oportunidad reprimidas, sin resultados de mayor trascendencia.

Estos conflictos entre obreros y capitalistas se han manifestado en cinco gremios distintos, y obedecen más que todo al desarrollo creciente del socialismo en esta Capital.

Ninguna de estas huelgas ha alcanzado a tomar proporciones alarmantes, no habiendo siquiera repercutido alguna de ellas y terminando todas sin trastornos de carácter general.

No obstante carecer de medio ambiente apropiado para su difusión, las ideas del socialismo importadas desde algún tiempo a esta parte, merecen la atención de los poderes públicos.

Si las manifestaciones de estas teorías no han fructificado tanto como en las sociedades europeas, no es por eso menos importante la adopción de medidas preventivas sobre este punto, no previstas en nuestra legislación.

La escasez de trabajo y su exigua remuneración, causas que dan motivo a esta clase de manifestaciones en los centros obreros de otros países, carecen totalmente de aplicación entre nosotros, pero en muy breve plazo las condiciones de la población y las exigen-

cias del trabajo plantearán sin duda este problema que habría que resolver con disposiciones apropiadas que según mi opinión deberían ya dictarse.

Es digno mencionar referente a las huelgas ocurridas en esta Capital, la circunstancia de que en ninguna de ellas se ha hecho notar la participación del elemento obrero nacional. En su totalidad pertenecen al trabajador extranjero, imbuido ya en el espíritu comunista que aporta desde Europa, donde el socialismo avanza cada vez más, radicándose de una manera profunda.

En la de mayorales de los tranways se ha podido comprobar este acerto. En ese gremio predominan los naturales y mediante las resistencias de éstos, la huelga no sólo fue de menos trascendencia, sino que consiguieron dejarla sin efecto, disolviéndose los huelguistas en las primeras reuniones preparatorias.

Anarquismo. Por lo que respecta a esta clase de atentados contra el orden público su participación entre nosotros data de épocas pasadas, sin revestir, es cierto, en los anteriores los caracteres tan definidos de ahora.

Producto lógico del socialismo, recién se manifiesta por la organización todavía oculta por falta de arraigo suficiente, pero sus afiliados pretenden ya exhibirse públicamente por medio de varios periódicos y revistas, con reuniones en locales determinados y hasta por conferencias al aire libre.

Memoria del Ministerio del Interior, Memoria del Jefe de Policía de Buenos Aires, Manuel Campos, v. II, Buenos Aires, 1895.

vo se fue extendiendo de actividad en actividad, creando el clima de la huelga general.

Otro movimiento gremial, pero de características singulares, fue el protagonizado por el personal de Peuser, que rechazaba la obligación de llevar un número visible, como en el sistema carcelario.

En esas circunstancias no sorprendió el movimiento de los obreros de la Usina de Gas, que exigían el 30 por ciento de aumento en sus salarios. Este pedido coincidía con los de los empleados de la Compañía Sudamericana de Billetes de Banco, los estibadores del puerto, las modistas de Rosario, los albañiles y los herreros.

Estos reclamos adquirieron importancia y repercusión, de acuerdo con la actividad y la cantidad de mano de obra que se movilizaba. Se atendían preferentemente las solicitudes de las ramas directamente vinculadas con la producción, el comercio exterior y las de los albañiles, que sumaban algo más de 10.000 trabajadores.

Entre agosto y octubre, una huelga total paralizó a los obreros de la madera, con lo que se logró que sus reivindicaciones fueran satisfechas. Esto dio lugar a la creación de la Sociedad Internacional de Obreros Carpinteros, Lustradores, Tallistas y Torneros.

Los trabajadores del ferrocarril de la provincia de Buenos Aires (F.C.O.), al tener varios meses impagos, agravados con despidos arbitrarios e intimidatorios, se declararon en huelga. Nuevamente la policía intervino para tratar de normalizar la actividad.

Riachuelo y Mercado de Frutos (c. 1900).

En este sector convergió la producción frutera del Delta del Paraná.

En 1890, los panaderos de Buenos Aires nuevamente iniciaron una huelga, con el objeto de obtener mejoras salariales y de las condiciones laborales. La oposición patronal tuvo una actitud muy cerrada y, por ello, hubo escasez de pan. Entonces, el gremio se ofreció a producir el pan para las instituciones benéficas. Finalmente los obreros lograron mejoras.

Acompañaron a esta manifestación los reclamos de los obreros ferroviarios, carpinteros, cigarreros, faroleros, saladeros y barraqueros.

En ese clima de levantamientos obreros y crisis económica y política se intentó celebrar el 1º de Mayo, fecha internacional del trabajo y de los trabajadores. Este día se había establecido en 1889 por la Internacional Socialista, para conmemorar la huelga general de Chicago y los asesinatos de obreros ocurridos en la represión.

El Club Vorwärts concentró la tarea de celebrarlo en Buenos Aires. A tal fin, convocó a todas las agrupaciones obreras existentes, a los obreros y al público en general, para concentrarse en el Prado Español (Avenida Quintana entre Junín y Ayacucho). El apoyo fue mayoritario.

En esa reunión los oradores, franceses, italianos, españoles, alemanes y argentinos, coincidieron en la necesidad de defender el derecho a una vida mejor, con salarios dignos, que permitieran solventar los gastos imprescindibles de la familia.

También se reclamaba la prohibición del trabajo de los menores de 14 años, la abolición de las tareas nocturnas y otras mejoras, que demoraron años en alcanzarse. Esos reclamos fueron firmados por unas 7.000 personas y presentados al Congreso, que no los tuvo en cuenta.

Pic-nic de fogoneros.

La mayoría de las agrupaciones gremiales celebraban anualmente su día con pic-nics y bailes.

Al Prado Español concurrieron entre 1.800 y 2.200 personas. También se celebraron reuniones en las principales ciudades del interior, donde existían nucleamientos significativos de obreros. La mayoría de los actos fueron pacíficos y no tuvieron represión policial.

Prédica doctrinaria.

Los gremios fueron adoctrinados por la propaganda socialista, anarquista y luego comunista.

EN BÚSQUEDA DE LA UNIDAD

Durante muchos años el gremialismo argentino estuvo dividido entre las distintas ideologías de izquierda, como el socialismo y el anarquismo. Ese enfrentamiento no reconoció medidas intermedias, sino conceptos excluyentes.

Por ello, durante muchos años se prolongó una lucha inútil, en la cual se malgastaron energías y se desecharon buenas iniciativas provenientes del lado contrario. No faltaron los equilibrados que trataron de apaciguar los ánimos y de acercar los extremos. Sin embargo, una y otra vez fracasaron ante posiciones irreconciliables que en más de una oportunidad sólo representaban posiciones personales y no ideologías o intereses gremiales.

Además de esa lucha interna continua, los gremios debieron enfrentar la posición irreductible de las patronales, que muchas veces obtuvieron el apoyo o al menos la indiferencia cómplice del Estado.

AUMENTO DE SOCIEDADES Y HUELGAS

En el quinquenio de 1891 a 1896 se registraron, sólo en Buenos Aires, en una verdadera escalada, 66 huelgas de distintos gremios.

Para tener un panorama completo hay que agregar la existencia de unas 30 sociedades obreras, con un número de afiliados estimado en unos 20.000.

Ese aumento de sociedades, huelgas y obreros concuerda con la información suministrada por el Censo Nacional de 1896, que indica la existencia de 174.782 obreros, ocupados en 24.114 establecimientos manufactureros.

Industrias, en el concepto moderno de la designación, había muy pocas, pues la energía motriz originada por motores de vapor era de un promedio de 55 H. P. por cada uno de los 1.088 motores instalados. Ello daba un promedio de 2,5 H. P. por cada obrero empleado.

Estas cifras explican, en parte, las prolongadas jornadas de trabajo, superiores en muchos casos a las 14 horas, con promedios que oscilaban en las 12, y los bajos salarios a consecuencia de la baja productividad de cada obrero, por la falta de técnica en la producción.

Ante la ausencia de tecnología, la patronal aplicaba la vieja receta de acumular horas de trabajo para aumentar la cantidad de lo producido al cabo del día, pero no la productividad ni la calidad.

Se usaban herramientas manuales y, en muchos talleres, ante la escasez de la fuerza motriz de vapor, era necesario emplear la fuerza de los músculos humanos.

Muy pocos gremios lograron rebajas horarias importantes por la acción directa. Obtuvieron jornadas de 8 horas los yeseros, pintores y constructores de carruajes; los zingueros y relojeros lograron 9 horas; al tiempo que marmoleros, herradores y curtidores consiguieron 10 horas.

UNA MUJER ANARQUISTA

Interior de una fábrica textil.

Muchas de las obreras ocupadas en la producción de prendas de vestir militaron activamente en las filas políticas del anarquismo.

Un ejemplo de entrega total al anarquismo es la vida de Juana Rouco Buela (1889-1970). De nacionalidad española, llegó a Buenos Aires en 1900 y de inmediato se vinculó con anarquistas, adquiriendo notoriedad al crear grupos anarquistas de mujeres en Buenos Aires y Rosario a los que adoctrinaba a diario.

Sospechada de haber participado en un atentado contra Figueroa Alcorta, fue expulsada a su país de origen donde continuó su actividad política. Huyó a Francia y luego a Italia, donde la policía la expulsó de inmediato. Volvió al Plata y participó en la Huelga de Inquilinos de 1907; en 1909 debió fugar de Montevideo. Se radicó en La Plata, donde fue apresada por la policía. Tras una larga serie de peripecias en Argentina, Uruguay y Brasil, regresó a Buenos Aires en 1917, teniendo activa participación en la Semana Trágica de 1919.

A pesar de estar sindicada por la policía desde la clandestinidad continuó en la prédica de su ideario político.

En 1922 dirigió desde Necochea el quincenario feminista *Nuestra Tribuna*. Años después, con la salud quebrantada, publicó en Chile *Mis proclamas* y después *Historia de un ideal vivido por una mujer*.

Archivo periodístico del autor.

ANARQUISMO Y SOCIALISMO

Entre las personalidades anarquistas distinguidas hay que mencionar en primer lugar a Malatesta, seguido por José Prat, Gregorio Inglan Lafarga, Pietro Gori, Pascual Guaglianone, Félix Basterra y Alberto Ghiraldo.

De los socialistas es preciso señalar a Juan B. Justo, el fundador del partido, Nicolás Repetto, Alfredo Palacios, José Ingenieros, los hermanos Dickman y algunos otros intelectuales que se iniciaron dentro del partido y luego se alejaron como Leopoldo Lugones, que terminó recalando en la extrema derecha, o Roberto J. Payró, que se unió a la centro derecha.

Para simplificar estas dos corrientes ideológicas se debe decir que la primera pertenece a la extrema izquierda, irreconciliable con el poder del capitalismo; mientras que la segunda es de centro izquierda, siempre proclive a negociar con los centros de poder, así fueran de extrema derecha.

REACCIÓN ADVERSA

La clase dirigente mantuvo un comportamiento dual.
Por una parte, alentaba la llegada de mano de obra y, por otra, pretendía que la misma fuera sumisa, acorde a sus necesidades y apetencias, o sea, que se dedicara a acrecentar la riqueza, sin perturbar el ambiente social con reclamos insólitos como los incrementos salariales, el acotamiento de la jornada laboral o las mejoras en las condiciones de higiene y comodidad de los lugares de trabajo.

Caricatura de Alfredo L. Palacios,

de Alcides Gubellini, 1932.

(Museo de la Caricatura Severo Vaccaro.)

De acuerdo con su criterio, habían venido a trabajar, no a cambiar las condiciones que tenían en sus patrias de origen, donde hambrunas y guerras eran la amenaza constante.

Por ello, tanto la mano de obra nativa como la clase dirigente tuvieron una reacción adversa hacia la inmigración, pues lesionaba a ambos extremos del abanico social, aunque de distinta manera.

La personificación de esa reacción se halló en Miguel Cané, típico representante de la elite política e intelectual de la clase dirigente. Por el origen de su fortuna pertenecía a la llamada oligarquía terrateniente y vacuna y, por su cultura, al cerrado círculo universitario, político y diplomático.

Para contener los desmanes y los desbordes de esos agitadores presentó un proyecto de ley, cuya sanción logró en 1902, mediante la que

Ley de Residencia.

Su aplicación práctica resultó arbitraria y discriminatoria, pues a su amparo se cometieron muchos errores.

se expulsaba a los extranjeros considerados indeseables. A su vez, la conocida como Ley de Residencia era aplicada por el PEN a su libre arbitrio.

ANTES, DURANTE Y DESPUÉS DEL CENTENARIO

Durante los años finales del siglo XIX se produjo un recrudecimiento de las manifestaciones sindicales, tanto socialistas como anarquistas, que intentaban copar la calle y ganar la dirección de las distintas asociaciones.

Por eso, fomentaron numerosos actos que perturbaron el ambiente obrero y pusieron de manifiesto la cruda realidad de la cuestión obrera, especialmente en sus aspectos más sórdidos, como las condiciones de trabajo, los abusos del sistema de trabajo a destajo y la inclusión de mujeres y menores para desplazar a la mano de obra mayor.

Estos hechos crearon un clima de inquietud social cada día más tenso y grave, al que el gobierno intentó poner fin aplicando con dureza leyes penales y la Ley de Expulsión de Extranjeros (Nº 4144 de 1902).

Así, se sucedieron las detenciones de gremialistas, su reclusión en cárceles o su expulsión.

Al mismo tiempo, se desató una verdadera *razzia* contra toda imprenta o taller tipográfico sospechado de ser usado por esas agrupaciones gremiales para componer e imprimir panfletos, folletos o revistas considerados perturbadores.

Esto dio lugar a que muchas imprentas se transformaran en clandestinas y que sus operarios, de obreros normales, pasaran a ser delincuentes potenciales.

Ya para 1904, Juan Bialet Massé había hecho conocer su "Informe sobre el estado de la clase obrera", en el que descarnadamente describía el verdadero estado que aquejaba a las cuestiones sociales a lo largo de todo el territorio nacional.

La gravedad del tema social hizo que el gobierno, en un intento por conocerlo en profundidad y solucionarlo, creara por decreto del 14 de marzo de 1907 el Departamento Nacional del Trabajo.

En octubre del mismo año, el Congreso Nacional sancionó una ley que reglamentaba el trabajo de las mujeres y de los niños. Ambos —el informe y la ley— se pueden considerar como un paliativo al fracasado Có-

digo del Trabajo de Joaquín V. González, que no tuvo ni siquiera tratamiento serio en esa misma dependencia.

En 1909, el Departamento del Trabajo dio a conocer algunas condiciones del trabajo de mujeres y niños. Si bien la información no abarcaba todos los comercios, industrias, manufacturas, talleres y trabajos
domiciliarios, permitió comprender la gran proporción de mano de obra
femenina e infantil que se empleaba.

Así, se indicaba que en 512 establecimientos industriales se empleaban 5.461 hombres, 3.888 mujeres y 4.954 menores. Estas cifras justi-
ficaban con largueza los reclamos reiterados.

Los conflictos obreros de 1907, orienta-
dos y sostenidos por anarquistas, tuvieron
como reacción la represión coordinada por
el jefe de Policía Ramón L. Falcón. Contra
él, el anarquismo realizó un atentado que le
costó la vida junto a su secretario, Juan A.
Lartigau en la Recoleta (en septiembre de
1909). El autor material del mismo fue Simón Radowitsky.

**Mujeres y niños
trabajando.**

Casi la tercera parte del
personal empleado en las
fábricas estaba constituido por
la mano de obra femenina e
infantil.

FESTEJOS SANGRIENTOS

De los encuentros organizados por las agrupaciones sindicales, el
que tuvo un marco sangriento fue el festejo del 1º de Mayo de 1908. A
raíz de la indiscriminada acción policial hubo varios muertos y heridos.

Por muchos años, ésa fue la tónica que caracterizó las reuniones de
aquella fecha. Como reacción al accionar de la policía, la F.O.R.A. de-
claró la huelga general que afectó sensiblemente a la producción y a los
pobladores. Para que las fiestas del Primer Centenario de Mayo se desa-
rrollaran en paz, el gobierno procedió a encarcelar, remitir a cárceles del
interior y expulsar a muchos dirigentes.

Al año siguiente, como consecuencia de la celebración de un nuevo
1º de Mayo reprimido también de manera dura e indiscriminada, los
obreros declararon la huelga general.

La llamada "Semana Roja" duró nueve días, paralizó la ciudad de
Buenos Aires y tuvo repercusiones en varios lugares del interior.

Un tercer episodio de violencia tuvo lugar en junio de 1910 en pleno Teatro Colón. Poco antes de un espectáculo público, una bomba destrozó algunas butacas y perturbó a muchos espíritus, del público y del
gobierno.

Ante la dureza y persistencia de la acción del gobierno, muchas organizaciones obreras se nuclearon en la F.O.R.A. (Federación Obrera de la República Argentina), mientras otras, de distinta ideología, se unieron en la C.O.R.A. (Confederación Obrera Regional Argentina).

Ambas organizaciones coincidían en la oposición a la Ley de Cané y al continuo menoscabo de los derechos y conquistas obreras que hacían los patrones, amparados por la pasividad o intervención gubernamental. También estas entidades trataban de mantener y acrecentar los cuadros dirigentes, intimidados por palizas, cárcel, expulsiones y miserias cotidianas.

Así, en 1910 es posible anotar las huelgas de ebanistas, sombrereros, tabaqueros, electricistas, constructores de carruajes, fundidores, ga-

SEMANA ROJA DE TANDIL

Represión policial.

Muchas huelgas y manifestaciones políticas sindicales terminaron con detenidos heridos, golpeados y hasta muertos.

La huelga general de 1909 representa quizás el movimiento de más importancia en la época.

Surgió a raíz de los incidentes sangrientos del 1º de Mayo del mismo año y recibió el sostén de los socialistas y de las dos federaciones obreras.

Duró nueve días en total del 3 al 10 y llegó a paralizar a la ciudad de Buenos Aires, con repercusiones en muchas ciudades del interior. El gobierno procedió a clausurar locales y deportar militantes. El 7 estalló una bomba en la calle Corrientes que provocó la muerte de un menor, por lo que las autoridades aumentaron y endurecieron las medidas contra los huelguistas y sus comités y piquetes de activistas.

El 8 se ofrecieron conceder parte de las demandas, la liberación de los obreros presos a cambio de la apertura de locales comerciales y fábricas. Los huelguistas contestaron pidiendo la remoción del jefe policial Falcón. El gobierno accedió y los obreros pusieron fin a su movimiento de fuerza, pero el saldo fue muy lamentable por la cantidad de resentimientos y odios provocados a lo largo de esos días de huelga.

El episodio que cerró esta huelga fue la muerte de Ramón L. Falcón.

Revista Internacional Socialista, t. I., N 5, Buenos Aires, 1909.

sistas, mosaiquistas, carpinteros, canteristas, marmoleros, ferroviarios, conductores de carros, y ladrilleros de Buenos Aires, Tandil, Rosario, Tucumán, Deán Funes (Córdoba), Dolores, Balcarce, Junín, y muchos otros lugares.

Primero de Mayo de 1909.

La celebración del Día del Trabajador no siempre terminó en paz, pues la policía montada trató de impedir las manifestaciones obreras.

Estos reclamos y otros más continuaron en 1911, cuando los obreros del puerto pidieron menor peso en las bolsas hombreadas para carga y descarga de los buques, en planos inclinados que superaban con largueza los 45 grados. A ellos se agregaron los ebanistas del Mercado Central de Frutos, de las barracas del norte y del sur del Riachuelo, albañiles, herradores, gráficos, zapateros, cadeneros, herreros de obra, curtidores, gasistas, bolseros, ferroviarios, constructores de carruajes, obreros municipales y picapedreros de las canteras de Tandil.

Muchas de estas reivindicaciones fueron sofocadas con sangre, por la acción violenta de la policía, como en el caso de la paralización de actividades en las canteras de Tandil. Las fuerzas policiales encarcelaron y mataron a obreros con una dureza injustificada.

Otro episodio tan o más violento ocurrió en Mar del Plata, pocos meses después. En esta oportunidad la demanda de mejores salarios de los obreros de las aguas corrientes dio como resultado inicial de la represión setenta obreros presos y culminó, ante los reclamos por su liberación, con muertos, heridos y varias centenas de detenciones.

Al pedido original se plegaron otras actividades, lo originó una paralización que involucró a más de 3.000 obreros, duró una semana y media y tuvo 58 procesados.

La sucesión de reclamos no tuvo descanso, ya que a partir del 2 enero de 1912 pararon 40.000 obreros en la capital y diversos lugares del interior. Los que intervinieron en esta ocasión fueron los conductores de carros, que obtuvieron la solidaridad de los portuarios, marítimos, cargadores y changadores del Mercado Central de Frutos, barraqueros, estibadores y molineros.

Cuatro días después entraron en huelga el personal ferroviario, los obreros de la madera, los gráficos, los de los astilleros, los del calzado, los textiles, los de los aserraderos, los de obras sanitarias, los panaderos, los carboneros, los canteros de varios lugares del interior, los tranviarios, los obreros de la Aduana y los peones y obreros de la limpieza municipal. Más de cincuenta gremios se vieron involucrados en esta verdadera ola de peticiones.

El 12 de enero la mayor parte de los ferroviarios pararon sus actividades. Esto complicaba el comercio exterior y, por ello, se emplearon fuerzas del ejército para respaldar las negativas patronales. Sin embargo, la actitud firme y decidida de los obreros logró promesas a cambio de la reiniciación del trabajo.

La falta de cumplimiento de dichos compromisos produjo el entendimiento entre La Fraternidad y la Federación Obrera Ferrocarrilera. Los lazos se solidificaron, pues los hechos demostraban la necesidad de la unión de todo el gremio, por sobre las discrepancias sectoriales.

EL GRITO DE ALCORTA

También en 1912, y en un clima tenso, se produjo el alzamiento de los arrendatarios chacareros contra los patrones. Las razones fueron la expoliación y el alza continua de los arrendamientos de campos, en condiciones que no se diferenciaban demasiado de las de los siervos feudales.

Entre las especificaciones impuestas en los contratos leoninos figuraban la obligación de vender las cosechas al propietario de la tierra, de asegurar las cosechas y propiedades en compañías designadas por éstos, de usar máquinas agrícolas suministradas por la misma fuente y de no disponer de su parte hasta que el propietario lo dispusiera.

Entre otros abusos cometidos se pueden señalar los alquileres que representaban casi el 50 por ciento de la producción anual, la imposibilidad de tener propiedades, salvo expreso permiso del propietario, y, al terminar el contrato, la prohibición de retirar o destruir lo mejorado, construido o plantado.

Este movimiento agrario se conoció como Grito de Alcorta, por haberse iniciado en esa localidad santafesina, y llegó a abarcar un amplio sector de las provincias de Santa Fe, Córdoba y Buenos Aires. Esta resistencia fue el nacimiento de la Federación Agraria Argentina, creada en Rosario.

UNA NUEVA BÚSQUEDA DE LA UNIDAD

En 1812 también floreció el intento de lograr la unidad obrera. Como consecuencia de las represiones y de los excesos policiales en el marco del Centenario, C.O.R.A. y F.O.R.A. habían pasado a la clandestinidad.

Con el objetivo de alcanzar la unidad se formó un comité obrero neutro, que reunía a representantes de varias ideologías, con lo que se trataba de apaciguar las diferencias más graves, para poder luchar contra las leyes que legislaban en contra del movimiento obrero. Un principio de acuerdo se logró en Montevideo, con motivo de la reunión de la Confederación Sudamericana de Picapedreros, a la que asistieron delegados anarquistas y socialistas.

Como resultado del acuerdo se reunió en Buenos Aires, en noviembre de 1912, un congreso que consiguió juntar a un centenar de delegados que acudieron en nombre de 62 agrupaciones.

En él estuvieron presentes las principales personalidades del movimiento obrero como Carlos Balsan, Arturo Marinelli, Julio Barcos, Teodoro Antili, Eduardo Pereyra, Sebastián Marotta, Francisco Rosamora, Juan Loperena, Apolinario Barrera, Augusto Pellegrini, Luis Lotito, Arturo Montesano y Humberto Bianchetti.

Tras muchas discusiones y negociaciones se llegó a un principio de acuerdo. Éste consistía en la adopción de la declaración del IV Congreso de la F.O.R.A.

Más que estas bases iniciales, lo importante de este intento fue que se consiguió fortalecer el movimiento obrero y se le dio una dirección y una política única que superaba las anteriores separaciones y rivalidades.

Sin embargo, subsistió un sector contrario a la fusión que en diciembre de ese año rechazó la unión, con lo que quedaron dos organizaciones obreras a nivel nacional.

Tren cargado con maquinaria agrícola

importada por la firma Drysdale Hnos. junto a los muelles del Riachuelo, en la Vuelta de Rocha, c. 1901.

En 1913 el movimiento tuvo la oportunidad de reunirse con importantes dirigentes internacionales en ocasión del II Congreso de Río de Janeiro, donde concurrieron delegados de varias naciones americanas. Poco más tarde la F.O.R.A. se adhirió a la Conferencia Internacional celebrada en Londres, que fracasó en su intención de reconstruir la Internacional Obrera, en vísperas de la Primera Guerra Mundial.

MÁS MANIFESTACIONES REIVINDICATORIAS

De acuerdo con las incompletas informaciones suministradas por el Departamento Nacional del Trabajo, las huelgas de 1912, en Buenos Aires, llegaron a algo más de 200 y afectaron a casi 40.000 obreros.

Entre 1913 y 1914, las huelgas sumaron 159 y los huelguistas también llegaron a 40.000. Esto demuestra que el número de afiliados por gremio había aumentado sensiblemente.

En estas protestas no faltaron la acción represora de la policía, los palos, la cárcel y los heridos. Sin embargo, al cabo de varios meses la mayoría de los gremios lograron que se aceptaran sus reclamos.

El fracaso de una reunión pública y masiva de la F.O.R.A. por la acción de la policía desencadenó, el 24 y 25 de octubre de 1913, una nueva huelga general de 48 horas que obtuvo la adhesión de gremios del interior, como los de Mar del Plata y Rosario. Esta protesta demostró que la mayoría de los gremios estaban unidos, al menos anímicamente, ya que fue el primer paro general desde 1910.

Trabajadores en huelga.

Cuando los reclamos obreros no eran escuchados por las patronales, los obreros recurrían a la huelga, no siempre con buenos resultados.

En 1913 los movimientos obreros tuvieron clara manifestación en lugares distantes entre sí como los obreros de las canteras de Tandil, los tranviarios, municipales y faroleros de Rosario, los conductores de vehículos de Córdoba, los mosaiquistas de Santiago del Estero y los obreros de Punta Alta.

La ciudad de Rosario se paralizó ese año cuando varios gremios se declararon en huelga en solidaridad con los tranviarios. Las autoridades recurrieron al ejército nacional y a buques de la armada. Se prohibieron las reuniones, se allanaron locales sindicales y hubo encuentros callejeros que dejaron varios heridos, pero no se logró doblegar la huelga que duró una semana.

Pero lo que impactó al público y preocupó mucho a las autoridades fue la acción de los choferes de autos de alquiler, unidos en la Unión Chaufeurs de Buenos Aires, que coincidió con el paro ferroviario.

SIGUEN LAS HUELGAS

Al año siguiente –1914– los taxistas de Buenos Aires volvieron a la protesta, en disconformidad con las disposiciones que permitían a los agentes de policía cometer arbitrariedades abusivas. Tras siete días lograron su objetivo.

Pocos meses más tarde, el mismo gremio volvió a parar, esta vez en protesta contra los dueños de garages y de los automotores. Contra los primeros, por los precios excesivos y contra los segundos, para que asumieran los gastos de las reparaciones de las unidades.

Durante el mismo año, los ferroviarios de Maldonado tuvieron su primer conflicto por el despido de un obrero, que se había destacado por su labor sindical. Unos días después lograron su reincorporación.

Otros movimientos semejantes se produjeron en Villa Mercedes, Justo Darct, Beazley, San Luis, en varias localidades cordobesas y santafesinas y en la estación Retiro de Buenos Aires.

En esos años se produjo el fenómeno de que luchas locales y concretas, tratadas por la fuerza, repercutieran en las zonas vecinas y ampliaran las zonas de conflicto al plegarse nuevos gremios en solidaridad. Así ocurrió en Los Pinos, cuya problemática se extendió a Balcarce y luego a Puerto Quequén.

También en 1914, y ante la explosión de una bomba de origen incierto, patrones y obreros se echaron la culpa y se creó un ambiente de tiranteces y desinteligencias. La policía puso a varios obreros en prisión, aunque fueron liberados sin que se llegara a procesarlos.

Mientras las protestas, reclamos y huelgas se sucedían, las principales centrales obreras coincidían en la necesidad de seguir luchando para terminar con la vigencia de la legislación de excepción, que lesionaba los derechos de los trabajadores como tales y como personas.

El panorama laboral de 1914 no era óptimo, pues había grandes sectores afectados por la desocupación, que se agravó y extendió al estallar el conflicto internacional.

La guerra tuvo como consecuencia inmediata la paralización gradual del comercio exterior y, con ello, la disminución progresiva de la venta de cereales, oleaginosos, lanas, carnes y muchos otros productos que tenían como mercado consumidor a las naciones europeas, afectadas directa o indirectamente en la conflagración.

Así, siempre de acuerdo con las cifras defectuosas del Departamento Nacional del Trabajo, para fines de ese año la cantidad de desocupados a nivel nacional llegaba a los 100.000. Estimaciones privadas suponen que la verdadera tasa superaba en un 35 por ciento esa cifra.

Cualquiera de las dos cifras era grave, por la paralización que afectaba a toda la economía dependiente del comercio exterior. Esto sumía en la miseria irreversible a muchos sectores imposibilitados de superar la crisis.

Se intentaron varias soluciones para capear las dificultades, como la semana de 44 horas, la disminución de las horas diarias en turnos rotativos, etcétera. Junto a la falta de trabajo se produjo una sensible alza en el costo de la vida, por la gran cantidad de artículos de primera necesidad que se importaban para satisfacer hábitos alimentarios de las colectividades europeas.

Los signos masónicos de la escuadra y el compás se encuentran entre los símbolos de varias organizaciones obreras, demostrando la influencia de esta institución en la lucha sindical.

En rechazo a la escalada del costo de vida, la F.O.R.A. realizó, en junio de ese año, una masiva demostración de fuerza en Constitución. Allí logró reunir a varios miles de personas, cifra inusitada hasta el momento.

En un intento de retardar los reclamos de los obreros ferroviarios, el gobierno aparentó la propuesta de una ley de jubilación en 1913, que en uno de sus artículos consideraba como separados de servicio a los obreros que abandonaran sus trabajos, por plegarse a huelgas o reivindicaciones obreras.

En realidad se trataba de un proyecto con varios propósitos, ninguno de los cuales pretendía favorecer a los trabajadores y, por ello, el P.E.N. daba por descontado la no aprobación de esa iniciativa.

Huelga de panaderos.

Este gremio fue uno de los que más recurrió a esta práctica, por ser el pan un alimento imprescindible.

MÁS TRABAJOS PARA LA UNIDAD

Las desinteligencias entre la C.O.R.A. y la F.O.R.A. continuaban año tras año, pues ambas pretendían tener el control único del movimiento obrero. La primera había quedado en un papel secundario y la segunda sufría el raleamiento de sus cuadros directivos y una falta sensible de dirigentes de segunda línea, debido a la acción policial y a la aplicación de la Ley 4144. Por eso, muchos de sus hombres más importantes estaban encarcelados o habían sido expulsados.

Los años de guerra se caracterizaron por una sucesión casi ininterrumpida de huelgas, la mayoría situadas en los puertos del litoral marítimo y fluvial, pues la guerra afectó al comercio exterior de manera directa y muy grave.

OTRAS HUELGAS

Hasta 1907, año de la creación del Departamento Nacional del Trabajo, no hay cifras confiables respecto de la cantidad de huelgas, paros parciales, huelguistas o parados.

Las suministradas por dicho Departamento, aunque no siempre abarcan a todo el universo del trabajo, son las únicas confiables a disposición de la investigación.

Hecha esta salvedad, es posible señalar que las cifras de 1907 indican que hubo 231 huelgas involucrando a casi 170.000 obreros. De ellas triunfaron nada más que 39.

Esto da un indicio de la mala organización de los movimientos, de la poca representatividad numérica de los gremios y de la dureza de las patronales para tratar a sus obreros.

En la finalización del período es posible encontrar cifras confiables sobre el número de obreros en huelga y por ello se puede indicar que en 1912 hubo 8.992; en 1913, 23.692; en 1914, 14.137; en 1915, 12.077; en 1916, 24.321 y en 1917, 136.062.

También se observa en las informaciones suministradas que las huelgas eran de corto plazo. Esto puede indicar la carencia de recursos de los obreros huelguistas para soportar períodos prolongados sin cobrar quincenas y la incapacidad de los sindicatos para aportar los recursos mínimos para la subsistencia diaria.

Muy pocos gremios –como los ferroviarios, por ejemplo– estaban en condiciones de mantener muchos días de paro. Si el movimiento no triunfaba dentro de los cuatro días de iniciado, la experiencia enseñaba que se había fracasado. Entonces, los dirigentes estaban dispuestos a ceder en las peticiones para perder lo menos posible, mientras las patronales se predisponían a dialogar, para ganar todo lo que pudieran.

Entre 1907 y 1913, en Buenos Aires se registraron 1.081 huelgas. El año 1910 fue el período pico pues se contabilizaron 298, con algo más de 48.000 jornadas perdidas. Sin embargo, durante 1911 la resistencia obrera se extendió verdaderamente, ya que se registraron 1.431.457 jornadas perdidas, es decir tres veces más que en el año del Centenario.

Policía vigila huelguistas.

Una forma de intimidación pasiva fue la presencia de agentes de la policía montada, caracterizados por su brutalidad.

En esos siete años el promedio de huelgas fue de algo más de 154, lo que indica que, por mes, había casi 15, o sea una huelga día por medio. Esto movió a los pequeños comerciantes y fabricantes a unirse en asociaciones patronales por rama de actividad, para defender sus intereses.

Las grandes empresas contaban con mayores recursos económicos y con el respaldo tácito y a veces activo del gobierno nacional, que usaba la policía y el ejército para disolver las manifestaciones públicas e intimidar a la dirigencia.

OTROS MÉTODOS DE LUCHA

La huelga no fue el único medio de lucha de los obreros. Inicialmente recurrieron a las autoridades públicas, aunque nunca obtuvieron resultados.

Otro método medianamente efectivo, pero de trascendencia pública, fue el boicot contra los productos de una fábrica determinada o la no concurrencia a negocios con problemas salariales.

Ejemplo de este accionar fue el boicot declarado contra los cigarrillos "43", al que se agregó la huelga en protesta por un despido considerado arbitrario. Se suma a la lista el sabotaje, usado en los casos extremos y fomentado por la F.O.R.A.

Cuando los gremios que paraban carecían de recursos, se recurría a la colecta pública para aportar dinero y sostener a los huelguistas.

En bibliotecas y centros de adoctrinamiento, se realizaban rifas –el premio eran libros doctrinales– con valores muy bajos. Estas colectas, en muchas ocasiones, eran acompañadas por huelgas solidarias.

También los gremios trataron de extender la conciencia y la lucha de clases por medio de la prensa escrita, conferencias, charlas y disertaciones barriales.

Un ejemplo de esta prensa fue *La Protesta*, que llegó a tirar 7.000 ejemplares desafiando la acción policial contra las imprentas, los redactores y los lectores.

Al mismo tiempo, los anarquistas tuvieron escuelas en las cuales trataban de contrarrestar la educación oficial y religiosa que se impartía, y a las que convocaban al barrio mediante la organización de concursos de prosa y poesía.

La prédica anarquista conquistó a muchos escritores y periodistas, que tuvieron en Florencio Sánchez un exponente calificado. Sus piezas teatrales *El Desalojo* o *El Conventillo* son muestras de la temática anarquista en el teatro nacional. Otros ejemplos no menos valiosos fueron Alberto Ghiraldo, Rafael Barret y Pedro B. Palacios (Almafuerte).

Un intento del movimiento gremial, en general, pero acentuado en el anarquismo consistió en la colaboración y participación activa de la mujer en la lucha. Ése fue el objetivo de la Unión Gremial Femenina que llegó a ser muy popular.

De ellas hay dos nombres rescatables: Gabriela L. de Coni, destacada por sus investigaciones respecto de las condiciones laborales de mujeres y niños y Nana María Monino, teórica e ideóloga del papel de la mujer en el mundo del trabajo.

TRABAJO FEMENINO

Las mujeres y los niños, que han constituido siempre la parte débil de la sociedad en general y del trabajo asalariado en especial, estaban en peor situación que los hombres en cuanto a las condiciones materiales y a las retribuciones.

Recién en 1907 la ley Nº 5291 inicia la legislación referida a ellos. En su artículo 1º indica que el trabajo de los menores de diez años no puede ser objeto de contrato, siguiendo una serie de normas al respecto.

En el Capítulo III, artículo 9º, detalla en 8 puntos las condiciones en que deben regirse el trabajo de las mujeres y los niños. Esa ley se reglamentó por decreto el 20 de febrero de 1908.

Tanto la ley como el reglamento contienen disposiciones en beneficio de ambos, pero al mismo tiempo, permiten conocer de manera indirecta las condiciones imperantes, pues señalan la obligatoriedad patronal de mantener los locales sin emanaciones provenientes de albañales, excusados, sumideros y cualquier otra que fuera nociva.

De la misma manera, señala la obligatoriedad de evitar gases, vapores, polvos y demás impurezas que puedan ser perjudiciales para la salud. También establece la prohibición de ocupar mano de obra femenina e infantil en una serie de trabajos considerados como peligrosos e insalubres y enumera, a continuación, 37 de ellos.

Son para destacar los trabajos en fábricas de cerillas fosfóricas, cortadurías, charoles, caucho, guanos químicos, cerámicas, tintorerías, fábricas de productos químicos en general, etcétera.

Asimismo, delimita la carga que podrán transportar los niños y las mujeres: 10 kilos, los varones menores de 10 años y las mujeres de 16 a 20 años; 5 kilos, las mujeres menores de 16 años. Hay especificaciones pa-

Trabajo femenino.
Muchas de las tareas realizadas en los domicilios tuvieron la ayuda de los hijos menores que no recibían ninguna retribución.

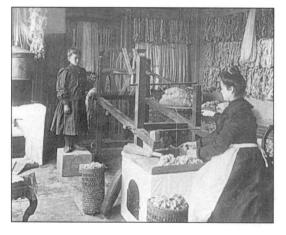

recidas para la carga arrastrada o empujada en vagonetas que circulaban sobre rieles, carretillas manuales y carros de tres y cuatro ruedas.

Todo ello demuestra la voluntad de evitar abusos y lo hace porque son cometidos. Corroboran esos abusos las denuncias aparecidas reiteradamente en *La Prensa, La Vanguardia* y *La Protesta*.

Esas denuncias se hacían ante la comprobación de que había máquinas que no tenían protección y causaban mutilaciones en las manos o los brazos. En las fábricas de bolsas faltaba ventilación, lo que provocaba afecciones y lesiones pulmonares por el polvillo desprendido de las arpilleras.

LAVANDERAS Y LAVADEROS

La profesión de lavandera, considerada en el pasado como honrosa, necesaria y hasta pintoresca, quedó registrada en los censos como la ocupación que reunía a un número muy considerable de mujeres.

Las lavanderas fregonas a orillas del río, rescatadas por la literatura y la pintura, progresivamente pasaron a trabajar en los piletones de los conventillos.

A consecuencia de la peste de cólera de 1886 y 1887, se promocionó la instalación de los lavaderos públicos. Antes de esa fecha funcionaban cinco de ellos, pero como empresas privadas.

A partir de 1887 quedó prohibido el lavado de ropas en el río y en los conventillos, con el fuerte argumento de que las aguas utilizadas no estaban purificadas.

En 1894, la Municipalidad compró cuatro lavaderos, ubicados en Córdoba 2222, Montevideo 1923, French 459 y Caseros 750. Tenían en conjunto una capacidad de 837 piletas.

Los lugares donde estaban instaladas tenían agua corriente fría y caliente, el piso impermeable y salida a las cloacas de las aguas servidas.

Al año siguiente se impuso la obligatoriedad de instalar en ellos una estufa de desinfección, pero de todos modos, las condiciones higiénicas dejaban mucho que desear, como quedó demostrado en la inspección del año 1899. Ese año había en funcionamiento 14 lavaderos habilitados por el municipio. En uno solo estaba instalada la estufa de desinfección.

Además, se sumaban las irregularidades de higiene elemental, pues en la misma pileta se mezclaba la ropa particular y la proveniente de hos-

Lavanderas a orillas del río.

Hasta que Buenos Aires no tuvo agua potable domiciliaria persistió la costumbre colonial de lavar la ropa a orillas del río.

(Dibujo de Fortuny.)

TUBERCULOSIS EN LA MUJER Y EL NIÑO

Informaciones basadas en serios estudios científicos demuestran que la tuberculosis causa más muertes que el cólera, las pestes, las guerras y las calamidades públicas.

Esas informaciones coinciden en que las causales más importantes son cinco: alcoholismo, habitación insalubre, mala o deficiente alimentación, excesos físicos, intelectuales o morales y falta de higiene.

Grandes fábricas de la Capital hacen trabajar de noche a sus obreras y hasta el mismo domingo. Otras les imponen la obligación de volver en este día tan sólo para limpiar las máquinas, especialmente en las fábricas de cigarros.

Bajo la designación de prenseras las obreras ocupadas en las fábricas de alpargatas deben alzar por lo menos tres veces en dos minutos, a pulso, moldes de hierro que compriman en el medio la alpargata y cuyo peso es de no menos de 4 a 5 kilos. Por consiguiente, en nueve horas de trabajo han levantado más de 4000 kilos.

Los movimientos necesarios para mover y parar su máquina, exigen una sacudida de todo el cuerpo, pues a veces, la fuerza de la mano no basta y en las maquinarias menos perfeccionadas, que abundan, deben ellas mismas ajustar la prensa realizando de este modo un esfuerzo muscular constante.

En cuanto a las moreras, que ayudan a las prenseras, si bien su trabajo no es tan pesado no deja de ser excesivo para niñas débiles de 14 a 16 años. Necesitan efectuar ejercicios continuos y acelerados. Estos trabajos especialmente musculares debieran reservarse a los hombres.

En las fábricas de clavos he visto muchachas levantar entre dos y a pulso, para alzarlos sobre sus mesas de trabajo, tachos llenos de puntas, cuyo peso no bajaba de 15 a 20 kilos.

Unas trescientas criaturas manejan en las fábricas de tejidos de punto unas máquinas para medias análogas a las de coser a mano, más suaves por su uso continuado, y por consiguiente más ligeras.

Durante nueve y diez horas diarias, esas niñas de 10 a 14 años accionan todo el día la ruedita, sirviendo ellas mismas de motor, saltando sobre el pie derecho y acompañando la mitad del cuerpo el movimiento cuando el brazo está cansado.

Otras accionan, de pie también, máquinas de tejer rectilíneas, en continuo balanceo que deforma la parte derecha del cuerpo, del mismo modo que el trabajo precedente.

Me consta que esas muchachas se quejan por la noche de dolores en los pulmones y la cintura. Vi a una niña de doce años cosiendo todo el día en máquina a pedal.

Los niños son los obreritos más desgraciados de las cristalerías. Empiezan su trabajo a las cinco de la mañana. Se habrán levantado a las cuatro, hora en que nosotros cobijamos a los nuestros por temor al frío de la mañana. Ellos lo desafían para acercarse a los hornos cuyo calor irradia los 70.

Allí trabajan, presentan moldes que otros llenan de líquido candente; soplan en tubos de hierro para formar recipientes después de haber tomado en ellos la materia en fusión, cuando es sabido que este trabajo ocasiona al obrero adulto una enfermedad especial del pecho que lo inutiliza temprano.

Cuando salen de esta hoguera tiemblan de frío bajo la lluvia o el helado pampero. Si éstos no son víctimas predestinadas de la tuberculosis ¿quién lo será?, y se oye decir que los niños menores de catorce años deben trabajar porque su salario es indispensable a la familia.

Es necesario reconocer que existen para los niños trabajos fáciles, suaves, como por ejemplo, la confección de cajas. Pero el sistema de pagar por pieza a estas criaturas los torna atentatorios contra la salud. La intensidad de su atención y ardor no puede tener sino tristes consecuencias.

Hay niñas de 10 años de edad que permanecen de pie diez horas en una cartonería, porque teniendo los brazos demasiado cortos para tomar los numerosos elementos necesarios a la fabricación: engrudo, papel dorado, de color, estrellitas, etiquetas, etc., prefieren quedar paradas para alcanzarlos más fácilmente.

Otros niños son empleados en tornerías, aserraderos, empleados en poner aserrín en bolsas. Tosemos, dicen los peinadores de cerda para cepillos, las criaturas que llenan de tierra y carbón los moldes en talleres de fundición. Tosemos, es la palabra fatídica que pronuncian todos los obreros de cuyo trabajo he hablado.

Por ello es necesario extremar los cuidados en las usinas, manufacturas, talleres donde se esparzan libremente en la atmósfera polvos de origen vegetal, mineral o animal resultantes de las manipulaciones industriales como ser en las fábricas de bolsas de arpillera, de sombreros, de tabaco, de estopa, de calzado donde se liman tacos, suelas, etc., usinas de productos químicos, de fundición, porque todos y cada uno son generadores de tuberculosis.

Conferencia de la señora Gabriela L. DE CONI, del 22 de julio de 1918, en *Boletín del Museo Social Argentino*, 1918. (Resumen)

pitales –eran clientes destacados los hoteles, colegios, particulares, sanatorios, clínicas y hospitales–, a lo que se debía agregar el mal uso del hipoclorito de calcio y del carbonato de sodio, que se empleaban para blanquear las prendas.

En buena parte, se seguían usando los métodos de las lavanderas del río, que apaleaban la ropa para sacarle el jabón, que con el fregado manual no terminaba de eliminarse.

Algo parecido se hacía para limpiar y blanquear los puños y los cuellos de las camisas, que se deterioraban o perdían después de muy pocos lavados.

En cuanto a los ambientes de trabajo, la mayoría de los lavaderos carecían de buena iluminación y de renovación de aire. Predominaban los ambientes malolientes y malsanos, sin extractores para la expulsión de vapores.

En esos lavaderos trabajaban en la primera década del siglo XX algo más de 3.000 lavanderas profesionales. De todos modos, esta cifra no significó la eliminación de las lavanderas y los lavaderos clandestinos en el río y los conventillos.

A pesar de las buenas intenciones que inspiraron la creación de los lavaderos –públicos y privados– por la desidia y la falta de control, se habían convertido en lugares de contaminación y de transmisión de enfermedades.

Una nueva inspección, realizada en 1902, demostró un mayor deterioro en los edificios y la falta de estufas de desinfección en el 98 por ciento de los casos.

Además, se comprobó que en esos sitios se daba trabajo a menores de edad y que algunos de los hijos de las lavanderas dormían en las pilas de ropa sucia o jugaban chapoteando entre las aguas servidas en la mayoría de los locales.

El panorama no era mejor en el interior del país, como lo revela el Informe sobre el estado de la clase obrera, de Juan Bialet Massé, de 1904.

El cartero,

con su uniforme blanco, fue una figura que rompió la monotonía gris de la ciudad.

DIFERENCIAS EN LA RETRIBUCIÓN

Ni la Ley ni el Reglamento antes citados se referían a las escalas de retribución igualitaria. Así, por ejemplo, existía una gran desproporción en las fábricas de fósforos (cerillas) donde los hombres representaban menos del 16 por ciento del personal ocupado y percibían el 100 por ciento del salario considerado normal para 1907.

Las mujeres, en cambio, conformaban casi el 70 por ciento de la mano de obra y cobraban salarios inferiores, entre un 35 y 40 por ciento del común. Por su parte, los niños eran casi el 15 por ciento y recibían entre el 50 y el 60 por ciento menos de lo pagado al obrero adulto.

Otro aspecto no contemplado era el trabajo a destajo, pues en él el salario promedio era un 20 por ciento menor al percibido por un obrero con horario diario.

Era norma patronal realizar la producción de cigarros y cigarrillos mediante el trabajo a destajo, pues se lograba mayor volumen de producción y menor gasto en retribuciones.

En el periódico *La Vanguardia* de setiembre de 1910, se denunciaba el abuso cometido con las obreras en los talleres de fotografía, que trabajaban más de doce horas diarias en una tarea insalubre. Los ácidos desprendían vapores que afectaban las fosas nasales, las pupilas, la garganta y la piel de las manos si no se usaban guantes o pinzas adecuadas.

Otro aspecto no contemplado por la legislación era el trabajo a domicilio, donde no había horarios, pero sí una cantidad de producción para entregar cotidianamente.

Un ejemplo de esto era el trabajo de una camisera en su casa. Al final del día debía terminar cuatro piezas por las que percibía 2 pesos. De esta suma tenía que descontar el hilo, las agujas y los botones que estaban a su cargo. Como consecuencia de esto no llegaba a ganar más de 1,80 pesos.

La señora de Coni indicaba en el diario *La Prensa,* en 1902, que la mujer que trabajaba en su casa debería percibir dos salarios. Uno, por las tareas domésticas y otro, por los trabajos a destajo.

Una manera de compensar los bajos ingresos de estas tareas, era, a su vez, tener operarias a las que se les pagaba todavía menos. Utilizando el lenguaje gremial de la época, eran explotadas que a su vez explotaban a obreras menos favorecidas. Este régimen de trabajo se aplicaba en varias actividades.

La mucama.

En las casas de la alta burguesía recibió la confianza de los patrones por tener acceso a la intimidad familiar.

LA FALTA DE HIGIENE

En 1910, los informes sobre la higiene que predominaba en los talleres, fábricas y otros lugares de trabajo, hacían notar que se había progresado mucho. Los locales de las fábricas eran edificios modernos, aunque subsistían los viejos e inadecuados. A su vez, todavía eran deficientes tanto la protección de las máquinas como las medidas de seguridad.

El cuidado de la salud del personal femenino parecía satisfactorio, si bien faltaban comodidades, como por ejemplo asientos con respaldos, lugares para cambiarse de ropa y agua filtrada.

En noviembre de 1912, la revista *Caras y Caretas* publicó una interesante nota sobre el trabajo de la mujer en el domicilio, ilustrada con fotografías donde predominaban las tareas realizadas con máquinas de coser o los bordados a mano.

No faltaba tampoco la que debía lavar sus ropas en el piletón del patio. Esto daba la razón a las palabras de la señora de Coni antes señaladas, sobre la necesidad de dar dos sueldos a la mujer que trabajaba en la casa.

RECLAMOS CONSTANTES POR UN MEJOR SALARIO

Las peticiones de los gremios por el aumento de los salarios encontraron más resistencias patronales a medida que aumentaba la tecnología, pues las máquinas no sólo reemplazaban mano de obra, sino que daban productos mejor terminados y en mayores cantidades.

En 1913, la máquina llegó a reemplazar entre 70 a 150 obreros. Los operarios, a su vez, se ponían prácticos en muy poco tiempo. Éstos recibían jornales que variaban entre los 7 y 9 pesos al día, mientras las mujeres, que hacían la misma tarea, percibían entre 4 y 5 pesos.

El sueldo de las telefonistas efectivas era de 40 pesos al mes y estaban obligadas a vestir correcta y decentemente. A su vez, antes de ser consideradas efectivas debían trabajar por largos períodos como practicantes, percibiendo sumas que no llegaban a cubrir los gastos del transporte.

Una de las ocupaciones más buscadas por las mujeres jóvenes era la de vendedora de tienda, pues a pesar de sus inconvenientes tenía un sueldo de 100 pesos por mes. El horario era de 9 y 10 horas diarias.

En casi todas las tiendas se violaban las disposiciones de la ley Nº 5291, pues se obligaba a las empleadas a quedarse después de la hora del cierre para arreglar las mercaderías y los estantes, tarea que insumía entre una hora y una hora y media.

Un tema mencionado muy ligeramente ha sido el de la situación de la mujer en las fábricas. Un informe de 1918 puede servir como resumen de este tema.

Allí se señala que, además de la rigidez existente en cuanto a las normas de trabajo y comportamiento, existían las multas como método para disminuir los jornales, para conservar la disciplina interna y mantener la calidad de la producción.

A ello se agregaban las jornadas de tres a cinco horas sin interrupción cumplidas de pie. Las multas empezaban en los diez centavos para la primera vez, y se duplicaban con cada nueva infracción. El importe descontado ingresaba en la caja patronal.

LA PELUSA

Un ejemplo clásico de la situación laboral femenina lo daban las fábricas de bolsas. Esa industria era altamente perjudicial para la salud por la cantidad de pelusa que se desprendía de la arpillera, que era la materia prima usada casi con exclusividad.

Dicha pelusa cubría el físico de las obreras desde la cabeza hasta el calzado.

Este polvo perjudicaba altamente al organismo, ya fuera por su ingestión o por su aspiración. Al penetrar en los pulmones la pelusa podía causar lesiones o secreciones en la mucosa provocando esfuerzos extraordinarios para su expulsión; las paredes bronquiales perdían elasticidad y los conductos se dilataban.

El resultado era una abundante mucosidad viscosa, frecuentes ataques de tos, anhelación y fatiga respiratoria. Estos trastornos llegaban a causar anemia y consunción. Otra afección causada por la pelusa era la coriza que irritaba los ojos de las obreras.

Sin contar a las obreras menores de 15 años, la cantidad de mujeres empleadas en nueve parroquias sumaban, en 1918, unas 2.275, que tenían hijos lactantes, a los que de acuerdo con la legislación mencionada, podían dar alimento cada dos horas. Esta cifra –parcial, pues no abarcaba a toda la ciudad de Buenos Aires– advertía la necesidad de establecer guarderías junto a las fábricas o talleres. Esto se logró con posterioridad.

ALGO MÁS SOBRE EL TRABAJO FEMENINO

Un informe de 1913, emanado del Departamento Nacional del Trabajo, se refiere al trabajo femenino con palabras muy duras.

Este informe se inicia con el trabajo de la mujer en las fábricas de zapatos. Desde el armado del calzado hasta la operación de quitarle la horma, todas las tareas estaban a cargo de las mujeres. Algunas realizaban el trabajo completo sin ayuda de ninguna índole. Percibían un jornal de 4 pesos, a diferencia del que se pagaba a los hombres que era de entre 7 y 9 pesos.

En el rubro zapatillas, las dobladilladoras eran todas menores de 15 años, en contra de las disposiciones de la ley Nº 5291.

Los horarios abarcaban entre 8 y 9 horas diarias, con excepciones de entre 10 y 11 (costureras de bolsas, lavanderas, planchadoras, tintoreras y empaquetadoras de caramelos).

En los casos de las aprendizas de talleres de vestidos y tapados, la patronal prolongaba oficialmente su categoría, mientras hacían trabajos de medio oficiales u oficiales, para pagar menos.

En los talleres de planchado, el informe citado incorpora el lucro patronal, que triplica lo pagado a la obrera. Así, por ejemplo, una obrera trabajando 11 horas producía de 22 a 25 camisas de hombre y cobraba al día entre 2,50 y 2,80 pesos, mientras la patronal ganaba de 7,20 a 7,50 pesos.

Esa proporción se mantenía cuando se trataba de ropas de mujer o de señora, producida por oficiales, medio oficiales o a destajo.

Las costureras tenían una jornada de 15 horas; las aparadoras, de 14; las lenceras trabajaban entre 12 y 14; las que confeccionaban ropa para hombre entre 11 y 13. En todas estas ocupaciones corrían por cuenta de las obreras los ganchos, ojalillos, botones e hilos, lo que significaban un descuento del salario cobrado.

También se indica el mal estado de salud de las telefonistas: entre ellas son legión las anémicas, las tuberculosas (sic).

Entre las malas condiciones de este trabajo de las vendedoras de tiendas se anotaban la brutalidad y prepotencia de los patrones, gerentes, inspectores, jefes, subjefes y primeras vendedoras, que se distinguían por mandar sin ahorrar groserías.

Por la escasez del sueldo, del que tenían que pagar el transporte, la ropa y los afeites, para estar bien presentables todo el día, muchas debían recurrir a buscar un suplemento en el vicio (sic).

Los domingos se dirigían a los matinés ofrecidos por las sociedades recreativas que, a juicio de la señora Carolina Muzzilli, eran antesalas del vicio y de la corrupción.

Las lavanderas.

Ganaron sus retribuciones trabajando individualmente o en los lavaderos instalados.

Respecto de las infracciones a la ley N° 5191, el Departamento Nacional del Trabajo constató en 1913, 266 casos, que no es una cifra muy elevada dada la cantidad de lugares donde trabajaban las mujeres.

Según las cifras del Censo de 1910, en la Capital Federal se ocupaban 205.851 mujeres. A nivel nacional 235.283. Esto significa que el 87,3 por ciento de la mano de obra femenina era ocupada en la ciudad.

TRABAJOS Y SALARIOS EN 1912

En 1912, en 2.525 establecimientos fabriles trabajaban 66.400 obreros que cumplían jornadas de entre 7 y 11 horas.

Así, los tranviarios, los guardias y motormanes trabajaban entre 9 y 10 horas; en esta actividad había 12.106 empleados.

En las casas de comercio, despachos de bebidas y almacenes, el horario era de 16 a 17 horas. Lo mismo regía en lecherías, despachos de pan, fondas, confiterías, restaurantes y otros lugares.

En las pinturerías, tiendas y mercerías el tiempo de trabajo variaba entre las 10 y las 15 horas, mientras las droguerías y farmacias cumplían de 16 a 19 horas.

El herrero reemplazó con su destreza al maquinismo elemental usado en las centrales fabriles.

En contraste, en las ciudades menos populosas, sin grandes fábricas, la industria y el comercio no tenían horario fijo, pues se trabaja de sol a sol.

El trabajo nocturno en la Capital Federal se cumplía en empresas de tranvías, panaderías, empresas de carnes congeladas, fábricas de cal, cristalerías, imprentas de diarios, fábricas químicas, fábricas con calderas a fuego continuo, la carga y descarga de las mercaderías de los buques, fábricas de cerveza, fábricas de dulces, fábricas de vidrios, fábricas de loza, así como también en los hornos de ladrillos.

A su vez, se trabajaba de noche en las grandes construcciones, como por ejemplo en los subterráneos o en la edificación de casas.

Durante una parte de la noche se desarrollaban actividades en fondas, restaurantes, hoteles, confiterías, almacenes, despachos de bebidas, teatros, cinematógrafos, etcétera.

En la zafra se trabajaba sin interrupción día y noche, lo mismo que en las bodegas de vinos en el tiempo de las vendimias y en las fábricas de tanino.

El trabajo a destajo lo realizaba la mujer en su domicilio, utilizando a sus familiares más directos y cercanos como ayudantes naturales.

Si bien lograban salarios ligeramente superiores a los abonados en los talleres de donde obtenían el trabajo, también es cierto que las ayudas no se pagaban.

Los motores de vapor y de combustión interna

fueron reemplazando progresivamente la fuerza muscular del obrero.

DETERIORO EN LAS RETRIBUCIONES

Desde 1910 en adelante se produjo la escasez de dinero y, con ello, de crédito bancario y comercial. Esto provocó un aumento en las quiebras, que, a su vez, causaron despidos y desocupación.

En la cadena de consecuencias negativas, hubo una amplia reducción de sueldos y jornales. Las primeras que pusieron en práctica estas rebajas fueron las empresas ferroviarias que rebajaron el jornal del peón de cuadrilla de 3 y 2,80 pesos a 1,60 pesos.

Por la suba consiguiente que se registró en los precios de los artículos imprescindibles, de ese salario rebajado, la mitad se necesitaba para comer.

A estas reducciones se plegaron los carpinteros, galponeros y otras actividades. Lo que en 1910 se pagaba 5 pesos como jornal, en 1913 se abonaba entre 2 y 2,50 pesos.

Los empleados de comercio y los que se desempeñaban en tareas administrativas, si bien tenían asignaciones mensuales, que los ponían a cubierto de contingencias desfavorables, percibían remuneraciones bajas. Esos salarios mensuales sufrieron una quita de alrededor del 20 por ciento.

La escasez de oportunidades de ocupación, las restricciones en los créditos en general, acompañados por la rebaja de los sueldos, movió a muchos gremios a pedir, mediante huelgas, mejoras en las condiciones. La situación imperante hizo fracasar a la mayoría de estos pedidos.

EL NIÑO EN LA INDUSTRIA

Un informe del Departamento Nacional del año 1918 sirve para sintetizar la situación de los menores en las actividades industriales.

En primer lugar, se destacaba que la incorporación del menor al mercado de trabajo se realizaba en una apreciable proporción.

Según el Censo de 1914, en los 47.779 establecimientos industriales se ocupaban como mano de obra 17.838 menores, de los que el 81 por ciento, o sea 14.747, eran argentinos y el resto extranjeros.

TRABAJO GRATUITO

Niño trabajando.

Los menores de edad fueron empleados para la venta callejera, desde diarios hasta frutas, verduras y leche.

Un caso particular de explotación de la mano de obra infantil fue el de los asilos, hospicios y otras instituciones en las cuales los menores trabajaban o aprendían sin remuneración.

En esos establecimientos los menores recibían comida y alojamiento pero no salario oficialmente establecido. Fue particularmente en la industria gráfica en la que esos establecimientos empleaban mano de obra infantil. En consecuencia, utilizando una fuerza de trabajo bien disciplinada y con muy bajo costo, esas instituciones hacían competencia ruinosa para muchos de los pequeños o medianos talleres gráficos que se quejaban constantemente de este hecho.

Rara vez los menores organizaban movimientos colectivos de protestas. Participaban a veces activamente en las huelgas, pero en general no hacían más que seguir a los adultos.

La autoridad de los capataces, la de los padres y la de los obreros adultos, y la presión que ejercían sobre los menores, actuaban como un poderoso factor de disuasión.

Esta situación era aún más evidente en el caso de las obreras jóvenes. Los periódicos obreros de la época aportan más de un ejemplo en el cual tentativas de huelgas de obreras jóvenes y menores fueron rápidamente disueltas ante la amenaza del capataz de informar a los padres. Además de los temores a los castigos corporales, frecuentes en los medios obreros, esos niños y jóvenes, estaban muchas veces sometidos a la presión de ser uno de los principales sostenes, o hasta el único de la familia.

No obstante, en general los menores y las mujeres jóvenes preferían el trabajo en el taller o en la fábrica, con todos sus inconveniente, al trabajo a domicilio, que ofrecía peores condiciones de trabajo, jornadas más largas, menos salarios y donde no existía la presión de los sindicatos.

FALCÓN, Ricardo, *El mundo del trabajo urbano (1890-1914)*. C.E.A.L., Buenos Aires, 1986.

De ese total empleado, el 30 por ciento trabajaba en Capital Federal.

De las actividades que incorporaban mano de obra de menores de edad, el 31 por ciento lo absorbían las industrias alimenticias; la construcción, el 16 por ciento; la textil, el 11 por ciento, y la metalurgia, el 9 por ciento.

Las razones de la incorporación del menor al mercado laboral eran variadas y respondían a distintas motivaciones.

En primer lugar, primaba el bajo ingreso del jefe de la familia, que no bastaba para cubrir las necesidades familiares en general y menos durante los períodos de carestía o poco trabajo. A ello había que agregar la característica prolífica de la familia obrera.

Todo esto impulsaba a ocupar al menor en trabajos muy diversos, para ayudar con su ingreso magro a la economía de todo el grupo. Ésta es también la razón de los altos índices de deserción escolar.

La industria y el comercio empleaban mano de obra infantil porque los salarios eran muy bajos y los podían mantener mucho tiempo en la categoría de aprendices o peones.

Son muchos los informes de los inspectores del Departamento que detectaron a menores de edad mantenidos como aprendices. De acuerdo con las anotaciones de la fecha de ingreso, habían rebasado con largueza el período considerado de aprendizaje y la observación in situ demostraba que eran operarios duchos, que ya habían acumulado experiencia desde varios meses atrás.

Entre 1914 –año del censo– y 1918 –año del informe–, la cantidad de menores ocupados en la industria creció el 12 por ciento, con la variante de una ligera disminución en la mano de obra infantil femenina

Abandono infantil.

Muchos niños carentes de padres y de hogares encontraron precarios refugios en caños.

que decreció en 0,10 por ciento, compensada por la mano de obra infantil masculina que aumentó un 14 por ciento.

Casi la misma proporción de aumento se registró en la mano de obra nacional sobre la extranjera, pese a la cantidad de inmigrantes llegados.

A nivel nacional el 72,4 por ciento de la mano de obra infantil era nacional y 27,6 por ciento extranjero.

En cuanto a la edad, el ingreso se iniciaba a los 10 años, aunque el grueso correspondía a los 12 años tanto para varones y mujeres.

En lo referente a la educación primaria se indicaba que el 96 por ciento sabía leer; aunque ésta era una información engañosa, pues un estudio detallado de esa educación primaria recibida indicaba que habían aprobado primero y segundo grado el 54 por ciento de los menores empleados en la industria. Sólo el 20 por ciento cumplía el ciclo primario completo.

SALARIOS DE MENORES

Los salarios mensuales de los varones menores variaban mucho y estaban determinados por la actividad a la que se incorporaban. Sin embargo, en 1914 el promedio era de 27 pesos por mes, con algunas monedas más en 1918.

En el trabajo a destajo, el ingreso diario era de 1,10 pesos diarios para el año censal, y de 0,85 centavos para 1918.

En lo que corresponde a la mujeres, en 1914 recibían por mes 19 pesos en promedio. En 1918, 23 pesos. Si trabajaban a destajo percibían 1,10 pesos y 0,84 centavos, respectivamente.

Hay que destacar en las cifras anteriores dos constantes a lo largo de los años de este período: una diferencia en menos muy notable, entre los salarios de los mayores y los menores, y otra diferencia también en menos entre lo percibido por los varones menores y las mujeres menores.

El aprendizaje en las ramas industriales era una teoría raramente puesta en práctica por las patronales. En la fábrica el menor ingresado realizaba tareas que no requerían educación.

En realidad, el aprendizaje se practicaba en los pequeños talleres y en los trabajos a domicilio.

Los horarios de trabajo también registraban muchas variantes, pues había menores que trabajaban 4 horas y otros 8. Estos últimos eran el 90 por ciento.

El 4 por ciento de los menores que trabajaban no estaba en condiciones físicas de hacerlo. Mediante exámenes médicos se comprobó que padecían viruela, coqueluche, sarampión, escarlatina y fiebre tifoidea.

La participación de los menores en las huelgas no superó nunca el 12 por ciento.

El tema de los salarios pagados a los menores dio lugar a muchas ponencias legislativas. En 1919 se esperaba la sanción de una ley que fijara en 1 peso el salario mínimo de los menores. La misma expectativa existía con relación al trabajo a destajo.

EL TRABAJO CALLEJERO

El trabajo de los niños en las calles fue objeto de muchos proyectos de protección y amparo, pues estaban inermes ante los vaivenes del mercado. Esa situación quedó demostrada al registrarse en 1917 casi 3.000 accidentes de menores en la vía pública.

La ebriedad entre ellos era cotidiana, lo mismo que la práctica de juegos de azar y delitos contra la autoridad y la propiedad. Un informe al respecto indicaba que en la calle se mezclaba el niño obrero con el vago, el mendigo profesional y el que simulaba tener ocupación.

Para el Departamento Nacional del Trabajo la ocupación de los niños y las niñas en las calles de Buenos Aires, en edad temprana, a deshoras de la noche y en sitios de dudosa moralidad, era un cáncer.

Salón de lustrar.

En ellos eran ocupados menores de edad.

EL TRABAJO DOMÉSTICO

En la designación genérica de trabajo doméstico se incluía a amas de leche, amas de llaves, damas de compañía, cocineros, camareros, lavanderas, lustrabotas, ayudantes de todo tipo, niñeras, ordenanzas, mayordomos, planchadoras, peinadoras, serenos, mucamos, mensajeros, etcétera.

La ocupación constante con casa y comida, por un período más o menos largo, si bien no desapareció de manera drástica, se fue reemplazando por el contrato de personal por horas y con retiro.

En una comparación entre los avisos publicados entre 1868 y 1918, es posible comprobar cómo en cada quinquenio la cantidad de solicitudes con retiro van aumentando progresivamente.

En el primer año indicado las solicitudes de personal con retiro llegaba al 17 por ciento, en 1918, al 57 por ciento.

Junto con esa declinación también se comprueba una disminución en las ofertas de personal de servicio, en una proporción ligeramente superior. La mujer tenía otros rubros para ganar salarios, con mayor libertad personal, sin sujetarse obligadamente a las normas de los patrones.

Higiene casera.

La extensión de la red cloacal permitió la difusión de la higiene y la utilización de inodoros.

LAS CATEGORÍAS

Hasta fines del siglo XIX, existía la tendencia de solicitar institutrices, gobernantas, niñeras y damas de compañía de nacionalidad inglesa, francesa y en menor proporción alemana, solteras y de ser posible sin familia en la Argentina.

En los primeros años del siglo XX se nota una aceptación paulatina de mujeres nativas, con las mismas condiciones culturales que las anteriores.

En todas las especializaciones mencionadas existía una constante: se requerían recomendaciones y certificados de trabajo que confirmaran idoneidad y ausencia de vicios.

Las mucamas, si bien estaban en un nivel inferior que las anteriores, tenían una mayor intimidad con la dueña de casa y las hijas pues ingresaban en los dormitorios, las salas y los cuartos de vestir, y en muchas ocasiones eran las confidentes de las mujeres de la familia. Algo similar sucedía en el caso de los mucamos.

LAS RETRIBUCIONES

En 1918 el Departamento Nacional del Trabajo informó que la retribución del personal doméstico iba desde los 100 pesos, como cifra superior para los mucamos de primera, hasta 30 pesos para las sirvientas en general. Las niñeras, los valets y los peones de patio cobraban entre 50 y 80 pesos.

Los privilegiados eran los cocineros que recibían 120 pesos al mes. Algunos ingresos superiores se registraban en hoteles y casas de comidas de categoría, por las propinas que engrosaban el sueldo pactado.

La niñera

remplazó muchas veces a la madre en el cuidado y educación de los niños.

EL CRIADO

En la extensa gama de personal subordinado a la autoridad patronal –con o sin salario– el criado ocupó un lugar muy distintivo. Se lo ha definido como la persona que estaba bajo protección del patrón, por haber recibido de éste la primera crianza, alimento y educación.

Para el período considerado –1864-1918– el criado era una persona libre, que se ocupaba de tareas domésticas.

Por ello era ajeno a la familia con la que compartía techo y comida, no siempre a la misma hora ni en el mismo lugar. Esa condición de ser extraño al grupo familiar lo despersonalizaba, pero también lo integraba a los problemas familiares.

La antigua costumbre de velar por la salud física y la cristiandad de los criados africanos o de las castas se fue perdiendo de manera paulatina, hasta llegar al trato distante entre patrón y empleado. Sin embargo es preciso señalar que en la clase alta subsistía el paternalismo larvado, como resabio feudal en una sociedad semicapitalista.

Era condición fundamental para convertirse en criado ser sano, robusto, obediente, fiel, limpio de espíritu y sin ambiciones desmedidas de riqueza o escalamiento social.

Para ello, era necesario nacer criado y aspirar a morir siéndolo, sin romper la escala de los estamentos sociales. Los que intentaban quebrar esta ley no escrita, muy pronto se quedaban sin ocupación y sin posibilidades de conseguir otra similar, pues las referencias eran negativas, al calificársele como trepador social.

EL MUCAMO

Aun cuando en ningún sitio se han definido con precisión las funciones del mucamo, éste ocupaba en el servicio doméstico un lugar especial, que no llegaba a la categoría de mayordomo, pero que se asimilaba al concepto europeo del *valet de chambre*.

SERVICIO DOMÉSTICO

Venta callejera.

Muchas mujeres dejaban
esta incierta actividad no bien obtenían empleo
como personal doméstico.

En el servicio doméstico, la nodriza aspira a concretar su pertenencia al sistema normativo laboral, pero su marginalidad quedó especificada en la exclusión de la ley.

El tratamiento diferenciado no sólo se vio plasmado por la ley, sino también en los estudios conceptuales referentes al descanso: "El servicio doméstico es familiar; la cocinera hace la comida para los demás y para ella; la sirvienta que limpia, limpia su misma casa, y todos, si en su casa estuvieran, tendrían que desempeñar su oficio para sí y los suyos. Es, pues, equitativo que tengan medio descanso los domingos, y en la casa que hubiere varios sirvientes o sirvientas, se dé a la mitad de ellos tres horas por la tarde los jueves.

Hay un servicio doméstico, en el que el descanso dominical es especialísimo. El de las amas de cría. Él no puede consistir sino en la salida de la casa en horas en que el niño no precise su cuidado o llevándolo consigo.

Si bien es cierto que hay amas, la inmensa mayoría de ellas, que no ven en el niño que cría otra cosa que el de vender leche lo más caro que pueden y de hacer soportar a los padres las impertinencias posibles, y no son pocas las que dan a las criaturas malos tratamientos, también lo es que hay patrones muy mezquinos, muy impertinentes y hasta perversos.

De ahí que considero que es necesario que la ley vele por el cumplimiento de contratos tan importantes y que en interés del niño se haga una excepción al descanso dominical, pero que también en interés del ama y del niño, asimismo asegure a éste una salida al aire libre compensador en lo posible, a lo menos cuatro veces a la semana, que el tiempo y la salud del niño permitieren.

Pero como demás el ama puede tener hijos, preciso es que se le permita visitarlos, para atenderlos a lo menos dos veces por semana y por dos horas cada vez".

De aquí en más la evaluación de la legislación no registró datos importantes y puntuales referentes a las condiciones de beneficios de las nodrizas. Sí del servicio doméstico. Las referencias normativas estuvieron vinculadas a la colocación.

PAGANI, Estela y ALCARAZ, Maria V., *Las nodrizas de Buenos Aires (Un estudio histórico 1880-1940)*, C.E.A.L., Buenos Aires, 1988.

Era el hombre de confianza y, muchas veces, el confidente del señorito. Por ejemplo, le aconsejaba la ropa que debía vestir para adecuarse a las diversas situaciones y circunstancias establecidas por el protocolo infuso de la vida social.

Era también la mano derecha que lo introducía tanto en los insondables vericuetos sociales como en las rudezas de la vida cotidiana.

Aunque carecía de contactos y conocimientos con los factores de poder, sabía cómo emplearlos con beneficio, sin romper las reglas de los favores compensados. A esto, entre otras cosas, debía el importante papel que desempeñaba en muchas familias.

EL AMA DE LECHE

Los orígenes de la lactancia sustituta se remontan a la leyenda de Rómulo y Remo, que fueron alimentados por la loba.

En Buenos Aires, a partir de 1856, al constituirse la Municipalidad, se sancionaron ordenanzas al respecto, pero en la época española y en los años posteriores a 1810, las amas de leche fueron un tema frecuente en muchos hogares porteños. Entonces, el acento estaba puesto en las negras esclavas o las mulatas, a quienes se encargaba no sólo la alimentación, sino también la crianza de los niños.

La preferencia por las negras y mulatas era intuitiva, por el desarrollo de sus pechos y la cantidad de leche que alcanzaba para sus hijos y para los de la dueña de casa.

En la época hispana era prácticamente normal encontrar bajo las arcadas del Cabildo a mujeres de color, ofreciendo la leche que les sobraba para los niños de la clase alta.

En todas las épocas predominó el concepto de que las amas de leche pertenecían a los sectores más marginados de la sociedad, por lo que antes de aceptar sus servicios se realizaba un informe médico.

Por falta de tecnología, hasta fines del siglo XIX no se hacían análisis del contenido de la leche, pero el criterio que predominaba era que por tratarse de leche materna, debía ser de mejor calidad que la de vaca.

Recién en 1875 se sancionaron ordenanzas que intentaban establecer conceptos de higiene, evitar los contagios a los lactantes y preservar la salud en todos los medios sociales, por intermedio de la Oficina del Servicio Doméstico. Allí se otorgaban libretas de conchabo por intermedio de las cuales se llevaba un registro de los ingresos y egresos de cada persona de los empleos u ocupaciones denunciadas.

Para ser considerada como Ama de Cría, la mujer debía presentarse en la mencionada oficina para ser sometida a un estricto control de salud, que debía repetir cada vez que cambiaba de empleador.

DERECHOS Y OBLIGACIONES

Las amas de cría no podían abandonar la lactancia por otras razones que no fueran su propia salud, que ponía en peligro la vida del lactante, el mal trato del contratante y la falta de pago de sus servicios. A su vez se comprometía a no dar alimento a más de un niño contratado por vez, bajo pena de multa o prisión.

A su vez se establecían las obligaciones del contratante y se determinaban con claridad las cinco causales de despido que iban desde la muerte de la criatura, al robo o hurto cometido en la casa. En cualquier caso se le debían abonar los sueldos convenidos.

La Oficina cumplía las funciones de contralor sanitario y regulador de empleo, pese a lo reducido del mercado, ya que en los años en que se registraron mayores demandas de colocación las ofertas no llegaron a los mil casos. Pese a esto había agencias privadas que se dedicaban a ofrecer amas de leche.

De acuerdo con los diarios de fin del siglo XIX y principios del XX, las amas de leche tenían nacionalidad muy diversas, pues las negras fueron progresivamente reemplazadas por europeas, sajonas, latinas y criollas.

En 1903 se inscribieron 213 amas y se rechazaron 302 cuyas condiciones representaban un peligro para la salud de los niños. Estudios sobre la mortalidad infantil de 0 a 1 año, muestran que en 1889 la tasa era de 193 por 1000 entre los nacidos vivos. En 1903 bajó al 80/00.

En 1910 se rechazaron 947 amas y se aceptaron 432. En 1911 se reconocieron 417 amas de leche, de las que se rechazaron 184.

Las deficiencias que determinaban el rechazo a lo largo de los años fueron: falta de peso, tuberculosis, edad superior a 35 años, falta de niño y fraudes en las declaraciones.

CONTROLES SANITARIOS

Las características del ama de cría ideal eran las siguientes: aseo, educación mínima, buenos modales, menos de 25 años, con su propio hijo, preferentemente de reciente llegada a la Argentina.

En cuanto a la leche, se prefería la abundante, de buena calidad y analizada por las autoridades competentes. Se solicitaban amas de cría para prestar servicios en Mar del Plata, en las épocas de veraneo, sin retiro.

Cuando se solicitaban para la ciudad, podían ser contratadas por horas, con o sin retiro.

El servicio de crianza, como el prestado por el resto del servicio doméstico, quedaba al margen del descanso dominical, lo que dio lugar a protestas, paros y a la formación de la Unión Domésticos, en 1909.

A medida que avanzó el siglo, disminuyó la oferta y la demanda de las amas de cría, lo que provocó el cierre de la agencias de conchabo y la merma en la publicación de avisos de oferta o demanda.

RELACIÓN PESOS PAPEL Y PESOS ORO

En 1868 el equivalente del peso oro o peso fuerte era igual a 25 pesos papel o pesos moneda nacional. Este monto permitía comprar un kilo y medio de plumas de avestruz; algo menos de un cuero de ciervo; cuatro cueros de venado; un kilo y medio de cerda de yeguarizos y un tercio de cuero seco de ganado vacuno.

En artículos de consumo, con la venta de un cuero de nutria (66,50 pesos) se podían comprar 9 porrones de ginebra, 11 litros de aguardiente, 7 kilos de azúcar, 9 de yerba mate, 13 de harina, 22 de arroz, 11 de fideos, 33 de porotos, 12 alpargatas, 2 sombreros y 7 metros de bayeta.

El promedio de las exportaciones entre 1871 y 1874 fue de 146.000 pieles silvestres (nutrias) y 58.000 kilos de plumas de avestruz, con un valor anual de 6.500.000 pesos moneda nacional.

El hombre de campo que no estaba conchabado y vivía de la caza y la pesca tenía la posibilidad de totalizar el sueldo de un vigilante de la provincia.

Por eso, en esos años ser matrero era igual que ser decente, en materia de retribución y nivel de vida, lo que sirve para explicar tanta deserción en las filas de las fuerzas armadas.

Esto también explica la cantidad casi ilimitada de malevos, compadres, cuchilleros que trabajaban en los márgenes de la política, con nombres que han trascendido, como el gaucho Pajarito, el tigre Rodríguez, el pardo Flores, el negro Villarino y el arquetipo del gaucho alzado y bravío, Juan Moreira.

En esos años se faenaban 3.000.000 de vacunos para obtener algo más de 140.000 toneladas de carne salada y 300 de cecina o charqui seco. El precio de esos productos no superaba los 4 centavos por kilo y estaban destinados a las poblaciones esclavas de Brasil, Centroamérica y parte de los Estados Unidos.

Los cueros secos vendidos al exterior tenían un precio unitario de 3 pesos oro, mientras los salados se cotizaban a 4,60 pesos oro. Sólo este rubro del comercio exterior concentraba la actividad de una docena y media de barracas con un capital unitario de casi 30.000 pesos oro.

En esos momentos, en la ciudad de Buenos Aires, el precio de la carne y del vino nuevo o carlón era de 0,10 centavos y el del pan, hecho con harina de Francia o Estados Unidos, era de 0,15 centavos.

Para los viajeros que visitaban la ciudad, el dinero papel estaba muy depreciado. Un peso moneda nacional equivalía a dos peniques y medio. Había que tener mucho cuidado con la moneda que se recibía, pues la cantidad de moneda falsa en circulación era mucho mayor que la legal.

Esta anarquía de monedas, con sus consiguientes valores fluctuantes, se mantuvo hasta que en la primera presidencia de Roca —1881— se unificó con el patacón, a un valor de 96 centavos oro o fuertes.

Desde entonces, es posible hacer comparaciones más o menos constantes de valores entre la moneda argentina y las extranjeras, teniendo siempre en cuenta las oscilaciones muy propias de las épocas de crisis.

Para 1886, año en que terminó el primer período presidencial de Roca, el precio del oro era de 139 pesos o sea casi 10 veces lo ganado

Verdulero a domicilio.

La venta al menudeo permitió que muchas familias con poco dinero pudieran alimentarse con lo imprescindible.

por un obrero calificado que recibía 1,50 pesos oro; en 1895 ganaba 3,50 peso oro, cuando el valor del oro era de 296, o sea algo más de 84 veces menos.

En 1886, el peso papel equivalía a 0,71 centavos oro y en 1895, 0,34 centavos oro. Si bien el jornal había aumentado el 233 por ciento, el poder adquisitivo había caído el 210 por ciento. La diferencia a favor del obrero era mínima.

¿CUÁNTO COSTABA VIVIR?

El Censo de 1887 indica que entre vacas, terneros, carneros y corderos, se consumían en la ciudad de Buenos Aires 55.451.322 kilos de carnes rojas al año. Esto daba un promedio de 137 kilos por persona al año.

En 1918 habían variado todas las cifras, pero en este rubro hay que destacar que había aumentado ligeramente la cantidad de carne roja consumida ya que el promedio era de 143 kilos. A ello hay que agregar las carnes blancas, con lo que el promedio se elevaba a 146.

En cuanto al costo de vida, el primer indicio serio es de 1907 y ha sido suministrado por el Departamento Nacional del Trabajo. Por su intermedio es posible conocer el costo de vida de la familia tipo de esa época, que estaba formada por padre, madre y dos hijos.

El grupo necesitaba como mínimo un ingreso de 131 pesos. El padre jornalero tenía un ingreso promedio de 5 pesos al día. Si trabajaba 22 días, llegaba a reunir 110 pesos. En peor situación estaba el matrimonio con 5 hijos, pues necesitaba 147 pesos y el ingreso era de 130 pesos, agregando los 20 pesos que ganaba un hijo trabajando como mensajero.

No estaba en mejor situación el capataz de una barraca ayudado con el trabajo de dos hijas que reunían 50 pesos. Les faltaban 22 pesos.

El único presupuesto que cubría los gastos era el de un matrimonio solo. Él ganaba como chofer 150 pesos al mes y la mujer como oficiala modista aportaba 70 pesos. Con eso se totalizaban 220 pesos y los gastos insumían 140, distribuidos en: habitación, 30 pesos; mercado, 30 pesos; almacén, 40 pesos; panadería, 8 pesos; lechería, 6 pesos; carbonería, 6 pesos, y varios, 20 pesos.

En un resumen de los presupuestos, es posible decir que el alquiler insumía entre el 20 y el 25 por ciento, la alimentación entre el 65 y el 70 por ciento, quedando muy pequeños márgenes para otros gastos imprescindibles.

Demás está decir que para el sector obrero estaban vedados los gastos de lecturas, paseos, cosmética, ropa y calzado.

En 1897, según cálculos de dirigentes sindicales, el promedio del salario obrero era de 3 pesos, pero considerando que no todos los días del año trabajaba, el jornal real llegaba sólo a 2,72 pesos. Esto explica las diferencias entre las necesidades presupuestarias y los ingresos mensuales antes indicados.

A ello había que agregar los alquileres siempre en alza, lo mismo que los artículos de primera necesidad. Las cifras anteriores sirven como ejemplos de los continuos subconsumos de la clase obrera en el período considerado.

RELACIÓN ENTRE SALARIOS, PAN Y ALQUILER

El aumento de salarios entre 1904 y 1911 no estuvo en relación con el alza de los alquileres. Así, de 4 pesos para el salario promedio de 1904 se pasó a 5,50 pesos, que significaba un aumento del 37,5 por ciento.

El alquiler de la habitación que en el primer año estaba en 20 pesos, para el segundo rondaba los 40, o sea que se había encarecido un 100 por ciento.

El pan de primera calidad, por su parte, de 0,20 centavos el kilo en 1904, en 1911 estaba a 0,28 centavos, lo que significaba un aumento del 40 por ciento. El de segunda calidad había aumentado el 57 por ciento.

La carne vacuna, que en promedio estaba en 0,28 centavos el kilo, había pasado a costar también en promedio 0,80 centavos; las papas de 0,07 centavos habían llegado a 0,21 centavos; los porotos de 0,20 centavos llegaron a 0,30; el arroz de 0,27 centavos pasó a 0,45 centavos; la leche de 0,12 centavos el litro se fue a 0,16 centavos.

El costo de vida fue aumentando de manera paulatina, con algunos saltos notables, como el registrado en 1902, de 154 por ciento.

Desde entonces hasta 1905 se mantuvo constante, para aumentar, en 1906, un 185 por ciento. Desde allí, hasta 1911 aumentó aceleradamente hasta llegar al 215 por ciento.

Los alquileres de las habitaciones en conventillos no estuvieron alejados de estos aumentos. El alquiler de una habitación en casa particular, en el barrio de San Telmo, pasó de 22 a 40 pesos. Una pieza en inquilinato, en San Juan Evangelista trepó de 15 a 28 pesos; una pieza de inquilinato en Santa Lucía se fue de 13 a 26 pesos; y en Monserrat, una habitación de inquilinato aumentó de 18 a 32 pesos.

En 1912 es posible hacer otra comparación y cotejarla con la de 1907. La familia tipo ganaba ahora 120 pesos, o sea, había logrado un aumento de 20 pesos, pero sus gastos, siempre en los mismos rubros que en 1907, habían llegado a 131 pesos.

La misma situación se repetía para el matrimonio con la ayuda de un hijo o para el que tenía la colaboración de dos hijas. Asimismo, se mantuvo la situación de holgura para el matrimonio solo donde trabajaban los dos.

Todo esto indica que pese a los aumentos salariales y las distintas cotizaciones del peso oro, la situación del obrero en general siguió siendo mala.

Vendedores de pan y de verduras.

Ambos alimentos fueron la comida cotidiana complementada con el mate, mientras la carne se comía sólo una vez por semana.

ENTRE 1914 Y 1818

El progreso económico puede ser cuantificado en las cifras que aportan los censos. Así, los 24.114 establecimientos industriales existentes en 1914 se habían duplicado.

En esta última fecha, la Capital Federal concentraba 10.275 y el entonces cinturón industrial, 14.848.

Pero el verdadero salto industrial lo dieron los 11 frigoríficos de mayor importancia, no sólo por la injerencia en el comercio internacional, sino porque concentraban el 13 por ciento del capital invertido en la industria.

Tres factores se combinaron para el desarrollo económico, orgullo de la clase gobernante de esa época: las inversiones millonarias, el aporte de mano de obra llegada con la inmigración, especialmente entre 1905-1913, y finalmente la decisión política de construir una nación moderna teniendo como modelo a las naciones más desarrolladas del mundo.

Los años de guerra mundial pusieron freno a los dos primeros factores y atemperaron el tercero, pues las urgencias de ese momento desviaron los impulsos. Lo prioritario era corregir falencias para más adelante volver a retomar el ritmo del crecimiento sostenido. Por eso se suspendieron muchas obras públicas que dejaron sin ocupación a obreros que se volcaron a otras actividades en búsqueda de ocupación. Esa afluencia de mano de obra extra consolidó la política patronal de bajar las retribuciones.

A raíz de la paralización impuesta por la guerra, especialmente en las ramas relacionadas con el comercio de importación y exportación, con la consiguiente cuota de desocupación, los salarios sufrieron quitas. De 3,81 pesos que era el salario masculino promedio en 1914 se pasó a 3, 70 pesos en 1918, lo que significó una merma del 5 por ciento. Los salarios femeninos, en el mismo período, rebajaron de 2,38 a 2,26 pesos, con el mismo porcentaje de pérdida que los hombres.

Dentro de estos parámetros hubo aumentos que iban desde el 1 al 22 por ciento en las industrias de alimentos, libros, construcciones, vestidos y otras menos significativas, mientras el transporte, la metalurgia, madera y cuero sufrieron disminuciones que variaron desde el 5 al 15 por ciento.

En el trabajo a destajo los varones adultos cobraban 2,50 pesos; los hombres entre 16 y 18 años, 1,78 pesos; entre 14 y 16, 0,80 centavos; las mujeres mayores de 16, 1,90 pesos; las que tenían entre 14 y 16, 1,20 pesos.

La reducción de trabajo impuesta por la guerra hizo que la demanda de mano de obra se orientara a dar cabida a los menores de edad, pues sus retribuciones mensuales eran inferiores. Su salario era en promedio de 23 pesos y el jornal, cercano a los 90 centavos horarios. Para las mujeres menores el primero rondaba los 22 pesos y el segundo los 85 centavos.

En el cuatrienio 1914-1917, el jornal de los varones menores de edad sufrió un deterioro del 16 por ciento en promedio, mientras los femeninos se deterioraron en el 23 por ciento.

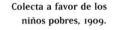

Colecta a favor de los niños pobres, 1909.

La pobreza imperante en algunos sectores sociales llevó al Patronato Nacional de la Infancia a realizar colectas para beneficiarlos.

(Archivo General de la Nación.)

Paralelo a ello se comprueba un aumento en los artículos de consumo tanto en los importados como en los de producción nacional –quesos, panceta, tocinos, carne y otros de origen animal–. Este incremento se debió al perfeccionamiento en la elaboración y a la demanda que de ellos hacían las naciones en guerra que tenían casi paralizadas las industrias alimenticias.

En el trienio 1916-1918, de 115 artículos considerados como comunes en la alimentación, nada más que 7 permanecieron en el mismo precio; los demás aumentaron entre el 0,5 y el 210 por ciento. En las bebidas el aumento osciló entre el 10 y el 33 por ciento. Algo parecido se registró en la ropa, el calzado y los útiles de trabajo, especialmente los usados por los artesanos o las obreras a destajo.

Ejemplos de esos aumentos son los de los ovillos de hilo que se duplicaron por ser importados de las naciones en guerra (Francia, Bélgica, Gran Bretaña y Alemania); la misma suerte corrieron las bobinas de algodón y asedadas, el almidón, los ojalillos y los botones, con aumentos que variaban entre el 150 y el 400 por ciento.

También sufrieron incrementos notables el carbón (inglés), con el 300 por ciento; el querosene (usado en los calentadores Primus), que de 22 centavos el litro al iniciarse la guerra llegó a costar, al finalizar la misma, 40 centavos; los clavos de hierro y bronce de varios orígenes que se elevaron entre el 200 y el 300 por ciento.

Como consecuencia de los aumentos en los precios de las carnes las variaciones en el consumo fueron: carne vacuna, de 125 kilos anuales en 1911, se bajó a 76; carne ovina de 34 se llegó a 17, manteniéndose estable el consumo de la porcina, con tendencia al crecimiento. El promedio de consumo cárnico entre 1911 y 1917 varió de 156 a 101.

El otro artículo de consumo masivo e imprescindible en la canasta familiar fue el pan, que registró estas variaciones entre 1913 y 1918: para 1913 se comía un promedio de 140 kilos anuales de pan de primera calidad y 147 kilos del de segunda. En 1918 había ascendido el consumo a 165 en la primera calidad y a 187 en la segunda.

Para algunos observadores y analistas de la época, ese aumento en el consumo de pan era para compensar las reducciones de otros alimentos.

Acompañando estas reducciones en el alimento preferido por la población y acentuando la carestía de vida, los alquileres sufrieron en promedio, entre 1914 y 1918, una aumento del 6,6 por ciento, que se puede considerar moderado y absorbible si se lo compara con las cifras de años anteriores.

CRONOLOGÍA

1864-1918

1864

12 de noviembre:
Virtual estado de guerra entre Paraguay y Brasil.

28 de noviembre:
Salto Oriental es ocupado por tropas brasileras y
uruguayas.

2 de diciembre:
Se inicia el sitio a Paysandú.

1865

2 de enero:
Paysandú se rinde a las fuerzas uruguayas y brasileras.

2 de febrero:
Se inicia el bloqueo a Montevideo por la flota de
Brasil.

6 de febrero:
El gobierno argentino recibe la nota paraguaya para
atravesar territorio argentino con tropas.

5 de marzo:
Paraguay declara la guerra a la Argentina.

13 de abril:
Se produce el ataque paraguayo a Corrientes.

1 de mayo:
Se firma el Tratado de la Triple Alianza.

14 de agosto:
Se inaugura el primer tramo del Ferrocarril Sud.

1866

4 de mayo:
Se inaugura el primer tramo del Ferrocarril Central Argentino.

9 de noviembre:
Se inicia en Mendoza la Revolución de los Colorados, contra el gobierno de Mitre.

1867

2 de febrero:
Comienza el alzamiento montonero en los llanos de La Rioja.

28 de noviembre:
Mitre da a conocer su carta de Tuyú Cué, conocida como su testamento político.

1868

2 de enero:
Fallece Marcos Paz, víctima de la fiebre amarilla, cuando desempeñaba la presidencia por ausencia de Mitre.

12 de octubre:
Asume el gobierno nacional la fórmula Domingo F. Sarmiento - Adolfo Alsina.

1869

21 de mayo:
Es fusilado el montonero Zacarías Segura.

24 de julio:
Se aprueba la ley para levantar el primer censo nacional.

6 de setiembre:
El gobierno nacional adquiere la casa donde funcionó el Congreso de 1816 para preservarla.

25 de setiembre:
Se aprueba el Código Civil, que con reformas rige en la actualidad.

8 de octubre:
Es aprobada la ley que establece el *jus soli*, para determinar la ciudadanía.

1870

1 de enero:
Aparece *La Nación*, dirigida por Bartolomé Mitre.

3 de febrero:
Entrevista de Urquiza y Sarmiento.

1 de marzo:
Los brasileros matan a Francisco Solano López en Cerro Corá.

11 de abril:
Muere asesinado en San José, Justo José de Urquiza.

14 de junio:
Se produce una gran invasión de indios en la campaña bonaerense, que causa inmensas pérdidas materiales, varias decenas de muertos y muchos cautivos.

21 de setiembre:
Se subvencionan las Bibliotecas Populares.

3 de diciembre:
Calfucurá realiza otra invasión arrasadora.

1871

18 de febrero:
Las autoridades abandonan Buenos Aires por causa de la fiebre amarilla.

18 de mayo:
Córdoba y Buenos Aires se unen por medio del telégrafo.

4 de agosto:
Se autorizan los estudios para dotar a la ciudad de Buenos Aires de obras de cloacas y agua corriente.

6 de setiembre:
Se procede a erradicar las graserías del Riachuelo. El traslado masivo da lugar al nacimiento de la industria frigorífica desde el Riachuelo hacia el sur.

17 de octubre:
Queda inaugurada en Córdoba la Primera Exposición Nacional.

24 de octubre:
Sarmiento inaugura el Observatorio Astronómico, el primero en su género.

1872

5 de junio:
Es suprimida la prisión por deudas.

30 de setiembre:
Al conocerse las cifras del Primer Censo Nacional, se procede a ajustar la representación nacional de diputados.

11 de noviembre:
Se publica la primera edición de *Martín Fierro* de José Hernández.

31 de diciembre:
El saldo en materia de frontera interior es negativo, pues se reconoce oficialmente la realización de 35 invasiones de indios muy importantes.

1873

23 de agosto:
Se frustra el atentado contra la vida del presidente Sarmiento.

9 de diciembre:
Ricardo López Jordán es derrotado definitivamente en Don Gonzalo.

1874

14 de julio:
Se dispone la construcción del Parque Tres de Febrero, lo que significa la demolición de la casa de Rosas.

24 de setiembre:
Arredondo se subleva en Cuyo, plegándose a la revolución mitrista del litoral.

12 de octubre:
Nicolás Avellaneda asume la presidencia.

26 de noviembre:
Se produce la derrota mitrista en La Verde.

2 de diciembre:
Mitre se ve obligado a rendirse en Junín.

7 de diciembre:
Derrota definitiva de Arredondo en la batalla de Santa Rosa, con lo que termina la revolución mitrista.

1875

1 de marzo:
Mitre reasume la dirección de *La Nación* e inicia la publicación de su *Historia de San Martín*.

6 de junio:
En medio de una crisis ministerial, se conoce la realización de nuevas invasiones indias.

1876

18 de marzo:
En una acción represora de invasiones indias se desarrolla el combate de Paragüil.

19 de octubre:
Es sancionada la ley de inmigración y colonización.

1877

14 de marzo:
Fallece en Southampton, Juan Manuel de Rosas.

12 de julio:
Se inicia un largo período de crisis ministerial.

29 de diciembre:
Muere, tras una corta enfermedad, Adolfo Alsina.

318

1878

4 de enero:
Se designó a Julio A. Roca como nuevo Ministro de Guerra y Marina.

19 de febrero:
Se produce una revolución contra autoridades locales en Corrientes.

17 de agosto:
La Argentina interviene en la Exposición Internacional de París.

8 de octubre:
Se aprueban los planes de Roca para realizar la expedición al desierto y la creación del gobierno de la Patagonia.

1879

8 de abril:
El gobierno argentino toma conocimiento oficial de la guerra entre Chile y la Alianza peruano-boliviana.

23 de abril:
Se proclama la fórmula presidencial Tejedor-Laspiur.

29 de abril:
Roca inicia la marcha desde Carhué, para avanzar hasta el Río Negro.

25 de mayo:
Se realiza la confluencia de las tropas nacionales en la isla de Choele-Choel, poniendo fin a la campaña contra los indios.

27 de julio:
Roca es proclamado candidato a la presidencia.

1880

11 de abril:
Se realiza la elección presidencial con neto triunfo roquista, menos en Buenos Aires.

3 de junio:
Se produce el alzamiento armado de Tejedor contra la autoridad presidencial de Avellaneda. Por eso éste y la mayoría del gabinete se traslada a Belgrano, declarándolo sede provisoria del gobierno nacional.

17 de junio:
Se inician los combates entre las fuerzas nacionales y las de Tejedor, hasta la derrota de estas últimas.

1 de julio:
Tejedor, derrotado militarmente, se ve obligado a renunciar a la gobernación y a la candidatura presidencial.

2 de julio:
Se inician los debates para federalizar Buenos Aires.

21 de setiembre:
El Congreso aprueba la ley 1029, que establece la federalización de Buenos Aires.

12 de octubre:
Asume la fórmula Julio A. Roca-Eduardo Madero, como autoridades nacionales.

1881

31 de enero:
Se crea la Asistencia Pública, dependiente de la Municipalidad de Buenos Aires.

9 de abril:
El general Conrado Villegas llega al Nahuel Huapi, sometiendo a la indiada de Sayhueque.

26 de noviembre:
Se funda el Jockey Club por iniciativa de Carlos Pellegrini.

6 de diciembre:
Se procede a crear el Registro Nacional de la Propiedad.

1882

1 de enero:
Se crea la Cruz Roja Argentina por iniciativa de varios masones.

15 de marzo:
Queda inaugurada en Buenos Aires la Exposición Continental.

27 de octubre:
Se sanciona la ley nacional para la construcción del puerto de Buenos Aires.

19 de noviembre:
Fundación de La Plata, nueva capital de la provincia de Buenos Aires.

1883

5 de mayo:
Se inicia la demolición de la Recova Vieja en el plan de modernización del intendente Alvear.

15 de agosto:
Queda inaugurada la línea telefónica entre Buenos Aires y Rosario.

19 de agosto:
Se inaugura el Hipódromo de Palermo.

1884

15 de abril:
Las autoridades bonaerenses se trasladan a la nueva capital.

17 de abril:
La corbeta *Uruguay* llega a la Isla de los Estados, en misión de salvataje.

23 de abril:
Asunción del Paraguay y Buenos Aires se unen telegráficamente.

20 de mayo:
Mendoza recibe a la primera máquina de ferrocarril, en viaje de prueba.

2 de junio:
Se crea el cuerpo de Bomberos Voluntarios de la Boca.

17 de setiembre:
Se inaugura oficialmente el Museo de Ciencias Naturales de La Plata, creado con donaciones de Francisco P. Moreno.

12 de octubre:
Se declara capital de Tierra del Fuego a Ushuaia.

14 de noviembre:
Se procede a la expulsión de monseñor Mattera, provocando la ruptura diplomática con el Vaticano.

1885

7 de marzo:
Queda inaugurada la vía férrea transcordillerana.

8 de julio:
Se sanciona la ley de educación común.

1886

1 de marzo:
La Plata y Buenos Aires se unen por el teléfono.

2 de marzo:
Quedó inaugurada la Primera Exposición Internacional de Palermo.

10 de agosto:
Empiezan a funcionar las primeras oficinas del Registro Civil en Buenos Aires.

12 de octubre:
Se produce un atentado contra la vida de Roca, en la transmisión presidencial a Juárez Celman.

21 de octubre:
Fallece José Hernández.

7 de diciembre:
Se sanciona el Código Penal.

8 de diciembre:
Se sanciona el Código de Minería.

1887

30 de setiembre:
Se realiza el Censo Municipal.

9 de abril:
En Córdoba un globo se eleva a seiscientos metros de altura, conducido por el capitán Sanz.

17 de julio:
Se inicia la construcción del puerto nuevo de Buenos Aires.

29 de setiembre:
Se incorporan al ejido de la Capital Federal los pueblos de Flores y Belgrano.

1888

22 de enero:
Huelga de cocheros.

11 de setiembre:
Muere Sarmiento en Asunción del Paraguay.

11 de noviembre:
Se sanciona la ley del matrimonio civil.

19 de noviembre:
Se permite el acceso al público en el Museo de La Plata.

1889

28 de enero:
Queda inaugurada la primera sección del Puerto Madero.

3 de junio:
Se prohíben el tiro a la paloma y las riñas de gallos.

23 de junio:
Se produce en plena calle el asesinato de Ricardo López Jordán.

1890

13 de abril:
Se realiza el Mitin del Frontón.

18 de abril:
Se acentúa la crisis interna del gobierno al renunciar todo el gabinete.

1 de mayo:
Por primera vez se celebra el Día del Trabajo, en el Prado Español.

9 de junio:
Nueva crisis de gabinete ante la denuncia de emisiones clandestinas.

26 de julio:
Se inicia el movimiento revolucionario, mal coordinado.

29 de julio:
Los revolucionarios capitulan.

6 de agosto:
Se acepta la renuncia del presidente Miguel Juárez Celman. Asume Carlos Pellegrini.

1891

15 de abril:
Se funda el Banco de la Nación Argentina.

14 de junio:
División de la Unión Cívica en Unión Cívica Nacional y Unión Cívica Radical.

17 de diciembre:
Roque Sáenz Peña es proclamado candidato a presidente por el Partido Modernista. Luego renuncia.

1892

12 de octubre:
Luis Sáenz Peña asume la presidencia.

1893

7 de junio:
Se inicia la primera crisis ministerial.

27 de junio:
Se produce la segunda crisis ministerial.

2 de julio:
Tercera crisis ministerial.

29 de julio:
Estalla la revolución radical en Buenos Aires.

12 de agosto:
Se desata la cuarta crisis ministerial. Estallan revoluciones en varias provincias en un clima de gran inestabilidad.

1894

7 de noviembre:
Quinta crisis ministerial.

1895

22 de enero:
Se produce la sexta crisis ministerial. A consecuencia de ella, renuncia el presidente y asume el vice, José Evaristo Uriburu.

9 de abril:
Se hace público el manifiesto socialista.

10 de mayo:
Se realiza el Segundo Censo Nacional.

1896

29 de enero:
Fallece Aristóbulo del Valle.

1 de julio:
Se suicida Leandro N. Alem.

1897

29 de setiembre:
Siguiendo directivas de H. Yrigoyen el radicalismo se autodisuelve.

1898

15 de febrero:
Es provocado un incidente en el puerto de La Habana, para que Estados Unidos pueda declarar la guerra a España.

12 de octubre:
Asume su segundo período presidencial el general Roca.

1899

A pesar del optimismo presidencial, la especulación se ha hecho costumbre, hasta en los sectores más pobres de la sociedad.

1900

1 de enero:
Se inicia en El Tigre la época de veraneo para las familias de la clase media media.

1901

7 de marzo:
En el Hansen, también conocido como Tarana, se presentan conjuntos musicales que luego serían las orquestas de tango.

1902

17 de noviembre:
Se sanciona la Ley de Residencia o Ley Cané, para expulsar a extranjeros indeseables.

1903

25 de mayo:
Se coloca la piedra fundamental del Hospital de Caridad.

1904

12 de octubre:
Asume la presidencia Manuel Quintana.

21 de octubre:
Se inicia una huelga en Rosario, que luego se extiende a todo el país.

1905

4 de febrero:
Comienza otra revolución radical.

21 de mayo:
Acto de las centrales obreras, brutalmente reprimido.

1906

19 de enero:
Muere Bartolomé Mitre.

12 de marzo:
Fallece el presidente Manuel Quintana y asume el vice, Figueroa Alcorta.

17 de julio:
Fallece Carlos Pellegrini.

23 de setiembre:
Se inicia una crisis ministerial.

1907

15 de enero:
Estalla la huelga en Rosario, que se extiende a todo el país.

13 de agosto.
Se inicia la huelga de inquilinos.

30 de setiembre:
Se crea el Departamento Nacional del Trabajo.

10 de diciembre:
Es descubierto petróleo en Comodoro Rivadavia.

1908

13 de enero:
La F.O.R.A. declara la huelga.

1909

2 de mayo:
Semana Roja en Tandil. Huelga general en repudio.

14 de noviembre:
Asesinato del jefe de policía Ramón L. Falcón y de su secretario.

1 de diciembre:
Se define la fórmula presidencial Roque Sáenz Peña-Victorino de la Plaza.

1910

13 de marzo:
Se celebran las elecciones presidenciales. Gana la fórmula oficialista.

8 de mayo:
Se producen serios disturbios ocasionados por obreros.

19 de mayo:
Aparece en el cielo porteño el cometa Halley.

25 de mayo:
Se celebra en todo el país el primer Centenario de Mayo.

27 de mayo:
Se realiza en la Rural la Exposición Internacional de Ganadería.

26 de junio:
Estalla una bomba en el Teatro Colón.

12 de julio:
Se realiza en Buenos Aires la Cuarta Conferencia Panamericana.

12 de octubre:
Asumen Sáenz Peña-De la Plaza.

1911

19 de febrero:
Se producen disturbios en las canteras de Tandil.

23 de mayo:
Se funda el Museo Social Argentino.

4 de junio:
Bartolomé Cattáneo une Buenos Aires y Rosario en un vuelo sin escalas.

2 de agosto:
El Presidente envía al Congreso su ley sobre el voto secreto y obligatorio.

8 de setiembre:
Es coronada como Generala del Ejército Argentino, por decreto de Pío X, la virgen del Carmen de Cuyo.

9 de setiembre:
Se inician una serie de huelgas en Mar del Plata y Buenos Aires.

1912

4 de enero:
Queda inaugurada la Diagonal Sur.

12 de enero:
Huelga de ferroviarios.

13 de febrero:
Se promulga la Ley Sáenz Peña.

29 de febrero:
Se cae la piedra movediza de Tandil.

7 de abril:
Se realizan las primeras elecciones con la nueva ley electoral.

25 de junio:
El grito de Alcorta.

1913

14 de agosto:
Se sanciona la ley que prohíbe el trabajo dominical en Buenos Aires y en los territorios nacionales.

8 de setiembre:
Se crea la Facultad de Ciencias Económicas.

15 de setiembre:
Aparece el diario *Crítica*.

18 de noviembre:
Se realiza el primer cruce del Canal de Panamá.

1 de diciembre:
Se inaugura el tramo del subterráneo Plaza de Mayo-Once.

1914

27 de enero:
Fallece el cura Brochero.

31 de mayo:
Quedan inauguradas las instalaciones de las tiendas Harrods.

1 de junio:
Se realiza el Tercer Censo Nacional.

28 de junio:
Se produce el asesinato en Sarajevo, que provoca la Primera Guerra Mundial.

3 de julio:
El Canal de Panamá queda abierto a la navegación internacional.

1 de agosto:
Alemania declara la guerra a Francia y a Rusia.

5 de agosto:
Se declara la neutralidad argentina ante el conflicto bélico.

9 de agosto:
Muere el presidente y asume el vicepresidente.

20 de agosto:
Fallece Pío X. Le sucede Benedicto XV.

11 de octubre:
Protesta pública por la carestía de vida.

14 de noviembre:
Se realiza con éxito la primer transfusión de sangre, gracias a un invento del doctor Luis Agote.

1915

5 de setiembre:
Alfredo Palacios funda el Partido Socialista Argentino.

6 de octubre:
Se crea la Caja Nacional de Ahorro Postal.

1916

2 de abril:
En las elecciones nacionales triunfa la fórmula Hipólito Yrigoyen-Pelagio Luna.

24 de junio:
Eduardo Bradley y Ángel M. Zuloaga atraviesan los Andes a bordo del globo *Jorge Newbery.*

9 de julio:
En Tucumán se celebra el Centenario de la Independencia.

12 de octubre:
Asumen el poder político Yrigoyen-Luna.

29 de octubre:
Es colocada la piedra fundamental del Hospital Israelita.

1917

15 de agosto:
Se produce una nueva escisión en el socialismo que dará nacimiento al Partido Comunista.

4 de octubre:
Es instaurado el Día de la Raza, para ser celebrado todos los años el 12 de octubre.

1918

10 de marzo:
Queda inaugurado el Primer Salón del Automóvil.

21 de junio:
Se da a conocer el manifiesto de la Reforma Universitaria en Córdoba.

22 de junio:
Nieva en Buenos Aires.

11 de noviembre:
Termina la Primera Guerra Mundial.

BIBLIOGRAFÍA

Academia Nacional de Bellas Artes,
Art Nouveau en Buenos Aires, Guillermo Kraft, Buenos
Aires, 1965.

Academia Nacional de la Historia,
Historia Argentina Contemporánea, El Ateneo, Buenos
Aires, 1963.

Aldao de Díaz, Elvira,
Recuerdos de antaño, Peuser, Buenos Aires, 1931.

Alsina, Juan,
La inmigración europea en la República Argentina, Félix
Lajouane, Buenos Aires, 1898.

Alposta, Luis,
Villa Urquiza, Fundación Banco de Boston, Buenos
Aires, 1989.

Anuario Kraft,
Guía general de la República Argentina, Guillermo
Kraft, Buenos Aires, 1886-1908.

Anuario Nacional,
Guía general del comercio y de la producción, Buenos
Aires, 1909.

**Archivo Histórico del Banco de la Provincia
de Buenos Aires,**
Varios legajos, varios años.

Archivo Histórico Municipal de Bragado,
Varios legajos.

Arizaga, Rodolfo,
Enciclopedia de la música argentina, Fondo Nacional
de las Artes, Buenos Aires, 1971.

Arlas, Gabriel,
Guía Arlas, edición del autor, Buenos Aires, 1913.

Arrieta, Rafael,
Historia de la Literatura Argentina, 6 tomos, Peuser, Buenos Aires, 1959.

Aspel, Marcela,
"Los precedentes legislativos del primer proyecto nacional de la ley de trabajo (1880-1904)", en *Revista de Historia del Derecho 8*, Buenos Aires, 1980.

Babini, José,
Historia de la Ciencia Argentina, Fondo de Cultura Económica, México, 1949.

Balestra, Juan,
El 90, La Facultad, Buenos Aires, 1935.

Banco de la Nación Argentina,
El Banco de la Nación Argentina en su Cincuentenario (1891-1941), Guillermo Kraft, 1941.

Batiz, Adolfo,
Buenos Aires, la ribera y los prostíbulos en 1880, Aga-Taura, Buenos Aires, 1905.

Batolla, Octavio C.,
Anuario aristocrático de 1900, Buenos Aires, 1900.

Belgrano Rawson, Eduardo,
Noticias Secretas de América, Planeta, Buenos Aires, 1998.

Bialet Massé, Juan,
Informe sobre el estado de las clases obreras argentinas, 2 ts., Hyspamérica, Buenos Aires, 1986.

Bigg, Ada H.,
"¿Qué es la moda?", en *Revista Nacional*, Buenos Aires, 1-3-1894.

Birnie, Arthur,
Historia económica de Europa, 1760-1933, Fondo de Cultura Económica, México, 1938.

Bioy, Adolfo,
Antes del 900, Emecé, 1997.

Bosch, Mariano G.,
Historia de los orígenes del teatro nacional argentino, Solar/Hachette, Buenos Aires, 1969.

Botana, Elvio,
El orden conservador, Sudamericana, Buenos Aires, 1977.

Botella, Octavio,
La ciudad de antaño, Moloney y De Martino, Buenos Aires, 1908.

Brughetti, Romualdo,
Historia del Arte en la Argentina, Pormaca, México, 1965.

Buchanan, W. I.,
"La moneda y la vida en la Argentina", en *Revista de Derecho, Historia y Letras*, t. II, Buenos Aires, 1898.

Bunge, Julia V.,
Vida, época maravillosa 1903-1911, Emecé, Buenos Aires, 1965.

Bunge de Gálvez, Delfina,
Viaje alrededor de mi infancia, Guadalupe, Buenos Aires, 1941.

Buonocore, Domingo,
Libreros, Editores e Impresores de Buenos Aires, Buenos Aires, 1974.

Cambaceres, Eugenio,
Música sentimental, Buenos Aires, 1887.

Cané, Miguel,
Prosa ligera, A. Moen, Buenos Aires, 1919.

Cané, Miguel,
"El adversario del maestro, el niño sin disciplina", en *La Nación*, 27-11-1902.

Cantón, Darío,
El Parlamento argentino en épocas de cambio 1890, 1916 y 1946, Editorial del Instituto Buenos Aires, 1966.

Cárcano, Miguel A.,
Sáenz Peña, la revolución por los comicios, e/a., Buenos Aires, 1963.

Cárcano, Miguel A.,
El régimen de la tierra pública, S. Bendesky, Buenos Aires, 1916.

Cárcano, Ramón J.,
Mis primeros ochenta años, Pampa y Cielo, Buenos Aires, 1965.

Cárdenas, E. J. y Payá, C. M.,
La familia de Octavio Bunge, Sudamericana, Buenos Aires, 1995.
La Argentina de los hermanos Bunge, Sudamericana, Buenos Aires, 1997.

Carrasco, Gabriel,
"Los progresos de Buenos Aires en el año 1906", en
Caras y Caretas, 29-12-1906.

Carretero, Andrés M.,
Prostitución en Buenos Aires, Corregidor, Buenos Aires,
1998.
Tango, testigo social, Peña Lillo-Continente, Buenos
Aires, 1999.

Castagnino, Raúl H.,
El circo criollo, Plus Ultra, Buenos Aires, 1969.

Ciafardo, Eduardo,
*Caridad y control social. Las Sociedades de Beneficencia
en la ciudad de Buenos Aires 1880-1930*, Tesis,
FLACSO, 1990.

Clemanceau, Georges,
Notas de viaje por la América del Sur, Cabaut, Buenos
Aires, 1911.

Coni, Emilio,
Higiene social, Imprenta Ipinelli, Buenos Aires, 1918.
—*Memorias de un médico higienista*, Flaiban, Buenos
Aires, 1918.

Coni, Gabriela,
"El barrio de las ranas", en *Alianza de la Higiene
Social*, Año VII, nº 2, Buenos Aires, 1907.

Córdoba, Alberto O.,
Belgrano, Eudeba, Buenos Aires, 1987.

Córdoba Iturburu, Cayetano,
La pintura argentina en el siglo XX, Atlántida, Buenos
Aires, 1958.

Cortés Conde, Roberto,
El Congreso argentino, Sudamericana, Buenos Aires,
1979.

Cortés Conde, R. y Gallo, E.,
La formación de la Argentina moderna, Paidós, Buenos
Aires, 1967.

Cunietti-Ferrando, Arnaldo J.,
San José de Flores, Fundación Banco de Boston,
Buenos Aires, 1991.

Cutolo, Vicente O.,
Nuevo Diccionario Histórico Argentino, 6 tomos, Elche,
Buenos Aires, varios años.

Daireaux, Emilio,
Vida y costumbres en el Plata, Félix Lajouane, Buenos
Aires, 1888.

D'Amico, Carlos,
Buenos Aires, sus hombres, su política, 1860-1890,
Americana, Buenos Aires, 1967.

Del Pino, Diego A.,
Villa Urquiza, Marymar, Buenos Aires, 1987.
La Chacarita de los Colegiales, Cuadernos de Buenos
Aires, 1971.
Chacarita y Colegiales, Fundación Banco de Boston,
Buenos Aires, 1994.
Ayer y hoy de Boedo, Ediciones del Docente, Buenos
Aires, 1986.

Departamento Nacional del Trabajo,
Boletín del 1907-1910, Buenos Aires, 1907-10.

Di Chiara, Roberto,
El cine mudo argentino, edición del autor, Florencio
Varela, 1996.

Di Tella, G. y Zymelman, M.,
Las etapas del desarrollo económico argentino,
Amorrortu, Buenos Aires, 1963.

Dorfman, Adolfo,
Historia de la Industria Argentina, Solar/Hachette,
Buenos Aires, 1970.

Ebelot, Alfredo,
La pampa, Pampa y Cielo, Buenos Aires, 1960.

Ego Ducrot, Víctor,
Los sabores de la Patria, Norma, Buenos Aires, 1998.

Favier-Dubois, Eduardo M.,
Villa del Parque, Fundación Banco de Boston, Buenos
Aires, 1989.

Fernández Lalanne, Pedro,
Justo-Roca-Cárcano, Sinopsis, Buenos Aires, 1996.

Fernández Lalanne, Pedro,
Los Uriburu, Emecé, Buenos Aires, 1989.

Ferrari, G y Gallo, E.,
La Argentina del 80 al Centenario, Sudamericana,
Buenos Aires, 1980.

Floria, C. A. y García Belsunce, C. A.,
*Historia política de la Argentina Contemporánea, 1880-
1993*, Alianza Universidad, Buenos Aires, 1992.

Ford, A. G.,
El patrón oro, Emecé, Buenos Aires, 1966.

Francavilla, C., Lafuente, M. C.,
Villa Crespo, Fundación Banco de Boston, Buenos
Aires, 1992.

Gache, Samuel,
"El pauperismo y la caridad en Buenos Aires", en
Revista de Derecho, Historia y Letras, t. 6, p. 518 y sgts.
Buenos Aires, 1900.

Galtier, Lysandro Z. D.,
Carlos de Soussens y la bohemia porteña, Ediciones
Culturales Argentinas, Buenos Aires, 1973.

Gálvez, Manuel,
El mundo de los seres reales, Hachette, Buenos Aires,
1965.
El mundo de los seres ficticios, Hachette, Buenos Aires,
1961.

Gallo, Blas R.,
Historia del sainete nacional, Buenos Aires Leyendo,
Buenos Aires, 1970.

Garrigós, Zelmira,
Memorias de mi lejana infancia, edición de la autora,
Buenos Aires, 1964.

Giberti, Horacio,
Historia económica de la ganadería argentina,
Solar/Hachette, Buenos Aires, 1984.

Giusti, Roberto,
Visto y oído, Losada, Buenos Aires, 1965.

Gómez, Indalecio,
"Protección a las jóvenes", en *Estudios*, año II, t. IV,
Buenos Aires, 1902.

González Gale, José,
¡Hace ya tanto tiempo!, El Ateneo, Buenos Aires, 1955.

Grandmontagne, F.,
"El conventillo", en *Buenos Aires*, Año II, Nº 121,
Buenos Aires, 1897.

Gori, Gastón,
Vagos y mal entretenidos, Colmegna, Santa Fe, 1951.

Guía Social de Buenos Aires,
Buenos Aires, 1928.

Gutiérrez, R., Berman S.,
La Plaza de Mayo, Fundación del Banco de Boston,
Buenos Aires, 1995.

Hardoy, Emilio J.,
No he vivido en vano, Marymar, Buenos Aires, 1993.

Hernández, Isabel,
Los indios de Argentina, Mapfre, Madrid, 1992.

Herz, Enrique G.,
Villa Devoto, Cuadernos de Buenos Aires, Imprenta

del Congreso de la Nación, Buenos Aires, 1978.
Historia del agua en Buenos Aires, Cuadernos de
Buenos Aires, Imprenta del Congreso de la Nación,
Buenos Aires, 1979.
Historia de la Plaza Lavalle, Cuadernos de Buenos
Aires, Imprenta del Congreso de la Nación, Buenos
Aires, 1980.

Hunt, Patricio J.,
Historia de los subtes de Buenos Aires, Mompracem
Editores, Buenos Aires, 1998.

Huret, Jules,
De Buenos Aires al Gran Chaco, Hyspamérica, Buenos
Aires, 1986.

Ibarguren, Carlos,
La historia que he vivido, Dictio, Buenos Aires, 1977.

Ingenieros, José,
"Los niños vendedores de diarios es nuestra
delincuencia precoz", en *Anales del Patronato de la
Infancia*, Año XII, Nº 4-5, Buenos Aires, 1905.

Jewel, Carlos,
Mensajerías Argentinas, Emecé, Buenos Aires, 1966.

Lagorio, Arturo,
Cronicón de un Almacén Literario, Ediciones
Culturales Argentinas, Buenos Aires, 1962.

Lamas, H., y Binda, E.,
El tango en la sociedad porteña, H. L. Lucci, Buenos
Aires, 1998.

Lange, Norah,
Cuadernos de infancia, Losada, Buenos Aires, 1942.

Lapas, Alcibíades,
La masonería argentina a través de sus hombres, edición
del autor, Buenos Aires, 1969.

Larreriere de Coni, Gabriela,
"La higiene en los lavaderos de Buenos Aires", en *La
lucha antituberculosa*, t. 2, Buenos Aires, 1902.

Latino, Aníbal,
Tipos y costumbres bonaerenses, Hyspamérica, Buenos
Aires, 1984.

Louro de Ortiz, Amalia A.,
La inmigración española y la mala vida (1890-1920),
inédito.

Llanes, Ricardo M.,
Historia de la Calle Florida, 3 tomos, Edición de la
Honorable Sala de representantes de la Ciudad de
Buenos Aires, Buenos Aires, 1976.

Llanes, Ricardo M.,
Canchas de pelotas y reñideros de antaño, Cuadernos de Buenos Aires, Buenos Aires, 1981.

Luqui Lagleyze, Julio A.,
La Recoleta, Fundación Banco Boston, Buenos Aires, 1990.

Lusarreta, Pilar de,
Cinco dandys porteños, Peña Lillo-Continente, Buenos Aires, 1999.

Mac Gann, Thomas F.,
Argentina, Estados Unidos y el sistema interamericano, Eudeba, Buenos Aires, 1954.

Maroni, Juan J.,
El barrio de Constitución, Cuadernos de Buenos Aires, 1979.

Marotta, Sebastián,
El movimiento sindical argentino, 2 tomos, Libera, Buenos Aires, 1975.

Martel, Julián,
La Bolsa, Estrada, Buenos Aires, 1946.

Martínez Cuitiño, Vicente,
El Café de los Inmortales, Guillermo Kraft, Buenos Aires, s/f.

Mazzei, Ángel,
Caballito, Fundación Banco de Boston, Buenos Aires, 1990.

Mercante, Víctor,
"Estudios sobre la criminalidad infantil", en *Archivo de psiquiatría, criminología y ciencias afines*, año IV, t. IV, Buenos Aires, 1905.

Mercanti, Ferrucio,
La higiene y la miseria, s.e., La Plata, 1899.

Meyer Arana, Alberto,
La caridad en Buenos Aires, Buenos Aires, 1911.
Apuntes sobre beneficencia, Tesis, Buenos Aires, 1898.

Moreno, Rodolfo,
Enfermedades de la política argentina, Buenos Aires, 1905.

Mulhall, M. G. y Mulhall, E. T.,
Manual de las Repúblicas del Plata, Imprenta The Standard, Buenos Aires, 1868.

Municipalidad de Buenos Aires,
Censo general de la ciudad de Buenos Aires, 1887, 2 ts., Imprenta de la Compañía Sudamericana de Billetes de Banco, Buenos Aires, 1889.

Municipalidad de la Ciudad de Buenos Aires,
Censo General de la Ciudad de Buenos Aires, 1904, Imprenta de la Compañía Sudamericana de Billetes de Banco, Buenos Aires, 1906.

Municipalidad de la Ciudad de Buenos Aires,
Censo General de la Ciudad de Buenos Aires, 1909, Imprenta de la Compañía Sudamericana de Billetes de Banco, Buenos Aires, 1910.

Municipalidad de la Ciudad de Buenos Aires,
Censo General de Población, Edificación, Comercio e Industrias de la ciudad de Buenos Aires en 1904, 3 tomos, Imprenta de la Compañía Sudamericana de Billetes de Banco, Buenos Aires, 1906.
Ibidem, 1887.
Ibidem, 1909.
Ibidem, 1914.

Municipalidad de Buenos Aires,
Evolución Urbana de la Ciudad de Buenos Aires, Buenos Aires, 1960.

Municipalidad de la Ciudad de Buenos Aires,
Anuario Estadístico de la Ciudad de Buenos Aires entre 1891 y 1914, Buenos Aires, 1916.

Municipalidad de la Ciudad de Buenos Aires,
Censo General de Población, Edificación, Comercio e Industria de la Ciudad de Buenos Aires, en 1910, 3 ts., Buenos Aires, Imprenta de la Compañía Sudamericana de Billetes de Banco, Buenos Aires, 1912.

Municipalidad de la Ciudad de Buenos Aires,
Anuario Estadístico de la Ciudad de Buenos Aires, 1891-1910, Buenos Aires, 1891-1910.

Museo de Arte Moderno,
Diseño y Arte Moderno, Imprenta López, Buenos Aires, s/f.

Museo Social Argentino,
Boletín, varios años, varios tomos.

Novella Maranim, Alma,
Inmigrantes en la literatura Argentina, Bulzoni Editori, Roma, 1998.

Ocantos, Carlos M.,
Quilito, Hyspamérica, Buenos Aires, 1985.

Oliva, Silvestre,
La mortalidad infantil en Buenos Aires, desde 1898 hasta 1917, América, Buenos Aires, 1918.

Oliver, María R.,
Mundo, mi casa, Falbo, Buenos Aires, 1965.

330

Ortiz, Ricardo M.,
Historia Económica de la Argentina, Pampa y Cielo, Buenos Aires, 1964.

Ostuni, R. T., y Himschoot, O. E.,
Los cafés de la Avenida de Mayo, Ediciones Club de Tango, Buenos Aires, 1994.

Padroni, Adrián,
Los trabajadores en la Argentina, Buenos Aires, 1897.

Palmade, Guy,
La época de la burguesía, Siglo XXI, Madrid, 1976.

Parapugna, Alberto,
Historia de los coches de alquiler, Corregidor, Buenos Aires, 1980.

Patronato de la Infancia,
Anales, varios años, varios tomos.

Pellegrini, Carlos,
Obras completas, 5 tomos, Jockey Club, Buenos Aires, 1941.

Pérez Amuchástegui, Antonio J.,
Mentalidades argentinas, Eudeba, Buenos Aires, 1972.

Piccirilli, R., Romay, F. y Gianello, L.,
Diccionario Histórico Argentino, 6 tomos, Ediciones Históricas Argentinas, Buenos Aires, 1954.

Pillado, Ricardo,
Anuario de la deuda pública y de las sociedades anónimas en la República Argentina, Buenos Aires, 1899-1900.

Pintos, Juan M.,
Así fue Buenos Aires, Imprenta Coni, Buenos Aires, 1954.

Piñeiro, A. C., Trueba, C. M.,
Balbanera y el Once, Fundación Banco de Boston, Buenos Aires, 1996.

Policía Federal,
Órdenes del día, 8 volúmenes, 8 ts, años 1910-1913.

Posada, Adolfo,
La República Argentina, Hyspamérica, Buenos Aires, 1986.

Prestigiacomo, Raquel,
En busca de la revista perdida. Entre monologuistas y bataclanas, Colihue, Buenos Aires, 1995.

Primer Censo General de la Ciudad de Buenos Aires, 1887,
Imprenta de la Compañía Sudamericana de Billetes de Banco, Buenos Aires, 1888.

Primer Censo Nacional, 1869,
Imprenta del Porvenir, Buenos Aires, 1872.

Puccia, Enrique H.,
Constitución, Fundación Banco de Boston, Buenos Aires, 1990.

Puccia, Enrique H.,
Avenida Santa Fe, Fundación Banco de Boston, Buenos Aires, 1989.
Historia de la Calle Larga, Imprenta Adrogué Editora, Adrogué, 1983.
Barracas en la historia y la tradición, Cuadernos de Buenos Aires, Buenos Aires, 1977.
El Buenos Aires de Ángel G. Villoldo 1860-1919, s/e., Buenos Aires, 1976.

Quintana, Federico M.,
En torno a lo argentino, Imprenta Casa Coni, Buenos Aires, 1941.

Raffo, Juan P.,
"La pederastía y el onanismo", en *Revista Penitenciaria*, Año I, N° 2, Buenos Aires, 1905.

Ramos Mejía, Enrique,
Los Ramos Mejía, Emecé, Buenos Aires, 1988.
Las multitudes argentinas, Tor, Buenos Aires, 1957.

Rawson, Guillermo,
"Estudio sobre las casas de inquilinato en Buenos Aires", en *Escritos Científicos*, Jackson, Buenos Aires, 1953.

República Argentina,
Censo General de 1869. Edición Oficial, Buenos Aires, 1872.

República Argentina,
Censo General de 1914, Edición Oficial, Buenos Aires, 1916.

República Argentina,
Extracto Estadístico correspondiente al año 1915, Imprenta Oficial, Buenos Aires, 1916.

Requeni, Antonio,
Cronicón de las peñas de Buenos Aires, Corregidor, 1986.

Romay, Francisco L.,
El barrio de Monserrat, Cuadernos de Buenos Aires, Talleres Gráficos Marcos V. Durruty, Buenos Aires, 1971.

Romero, José L.,
Las ideas políticas en la Argentina, Fondo de Cultura Económica, México, 1946.

Ruibal, Beatriz C.,
Ideología del control social 1880-1920, CEAL, Buenos
Aires, 1993.

Sáenz Hayes, Ricardo,
Miguel Cané y su tiempo, Guillermo Kraft, Buenos
Aires, 1955.

Saldías, José A.,
La inolvidable bohemia porteña, Freeland, Buenos
Aires, 1963.

Saulquin, Susana,
La moda en la Argentina, Emecé, Buenos Aires, 1990.

Schickendantz, E. y Rebuelto, E.,
Los ferrocarriles en la Argentina, 1857-1910,
Fundación Museo Ferroviario, Buenos Aires, 1994.

Scobie, James R.,
Buenos Aires, del centro a los barrios, 1870-1910,
Hachette, 1977.

Scobie, James R.,
Revolución en las pampas, Solar-Hachette, Buenos
Aires, 1968.

Sievering, Heinrich,
"Historia económica universal", en *Revista de Derecho
Privado,* Madrid, 1941.

Sociedad Rural Argentina,
Anuario 1890-1914.

Sociedad Rural Argentina,
Anales 1890-1914.

Solsona, J., Hunter, C.,
La Avenida de Mayo, Facultad de Arquitectura, Diseño
y Urbanismo de la Universidad de Buenos Aires,
Buenos Aires, 1990.

Soncini, Alfredo L.,
El barrio de Boedo, Centro de Estudios
Internacionales, Buenos Aires, 1984.

Spalding, Hobart,
La clase trabajadora argentina, Galerna, Buenos Aires,
1970.

Taboada, Gabriel,
*El caballo criollo en la Historia Argentina. Siglos XVI a
XIX,* Planeta, Buenos Aires, 1999.

Taullard, A.,
Nuestro antiguo Buenos Aires, Talleres Peuser, Buenos
Aires, 1927.

Tenembaum, León,
Tribunales, Fundación Banco de Boston, Buenos
Aires, 1989.

Tobal, Gastón F.,
Evocaciones porteñas, Guillermo Kraft, Buenos Aires,
1944.

Trueba, Carlos M.,
Almagro, Fundación Banco de Boston, Buenos Aires,
1989.

Universidad de Cambridge,
Historia del mundo en la edad Moderna, t. XI, La Edad
Contemporánea, hasta 1914, Ramón Sopena,
Barcelona, s/f.

Vatuone, Emilio J.,
El barrio de la Floresta, Cuadernos de Buenos Aires,
Talleres Gráficos del Congreso de la Nación, Buenos
Aires, 1977.

Vatuone, Emilio J.,
Barrio de Liniers, Fundación Banco de Boston, Buenos
Aires, 1989.

Vázquez-Rial, Horacio (director),
Buenos Aires 1880-1930, Alianza, Madrid, 1986.

Vecchio, Ofelio,
Cien años de Mataderos, Fundación Banco Boston,
Buenos Aires, 1989.

Yujnovsky, Osvaldo,
"Políticos y viviendas en la ciudad de Buenos Aires
1880-1914", en *Desarrollo Económico, Revista de
Ciencias Sociales,* Buenos Aires, 1976.

NOTA:
Esta bibliografía puede ser consultada en: Biblioteca
Nacional, Biblioteca del Congreso, Biblioteca Mitre,
Biblioteca del Maestro (Palacio Pizzurno), o Biblioteca
del ex Concejo Deliberante. También es posible
encontrarla en las Bibliotecas Populares de los
distintos barrios.
Los diarios no son indicados en las respectivas
hemerotecas, porque no siempre se encuentran en
buen estado de consulta o a disposición del público.

ÍNDICE

INTRODUCCIÓN   **pág. 9**

CIUDAD DINÁMICA Y
COSMOPOLITA   **pág. 19**

COMIDAS RÁPIDAS
Y HOGARES MODERNOS   **pág. 59**

ROPA PRÁCTICA
Y ELEGANTE   **pág. 81**

BELLAS ARTES   **pág. 109**

DISTRACCIONES
POPULARES   **pág. 119**

OCIO, ESPARCIMIENTO
Y JUEGO   **pág. 151**

334

LITERATOS
Y CRONISTAS   pág. 173

SOCIEDAD
Y FAMILIA   pág. 197

EQUILIBRIO
ENTRE CUERPO
Y ESPÍRITU   pág. 225

MARGINALIDAD
Y DELITO   pág. 251

CUESTIONES
LABORALES   pág. 265

CRONOLOGÍA   pág. 315

BIBLIOGRAFÍA   pág. 325

Esta edición
se terminó de imprimir en
Verlap S.A. Producciones Gráficas
Spurr 653, Avellaneda,
en el mes de octubre de 2000.